Schwede   Arbeitsunfall und Berufskrankheit

Arbeitsunfall und Berufskrankheit

Handbuch für die Betriebspraxis

Von Joachim Schwede

3. Auflage 2002

Carl Heymanns Verlag KG · Köln · Berlin · Bonn · München

Bibliografische Information Der Deutschen Bibliothek

Die Deutsche Bibliothek verzeichnet diese Publikation in der Deutschen Nationalbibliografie; detaillierte bibliografische Daten sind im Internet über http://dnb.ddb.de abrufbar.

Das Werk ist urheberrechtlich geschützt. Die dadurch begründeten Rechte, insbesondere die der Übersetzung, des Nachdrucks, der Entnahme von Abbildungen, der Funksendung, der Wiedergabe auf fotomechanischem oder ähnlichem Wege und der Speicherung in Datenverarbeitungsanlagen, bleiben vorbehalten.

© Carl Heymanns Verlag KG · Köln · Berlin · Bonn · München 2002
50926 Köln
E-Mail: service@heymanns.com
http://www.heymanns.com

ISBN 3-452-25293-0

Satz: John + John, Köln
Druck: Grafik + Druck GmbH, München

Gedruckt auf säurefreiem und alterungsbeständigem Papier

Vorwort

Die Zahl der Arbeitsunfälle ist seit vielen Jahren rückläufig, die Zahl der – anerkannten – Berufskrankheiten ebenfalls. Damit, und mit der Tatsache sinkender Beiträge, entwickelt sich die Gesetzliche Unfallversicherung (SGB VII) entgegen dem Trend in den anderen Sozialversicherungszweigen, wie Kranken- und Rentenversicherung. Dieser Trend ist das Ergebnis eines anderen Verständnisses des Wortes »Prävention« und die Folge vielfältiger staatlicher Ansätze und Regulierungen zur Verbesserung der Gesundheit am Arbeitsplatz. Ein Handbuch, das sich mit dem Thema Arbeitsunfall und Berufskrankheit befasst, kann deswegen das Thema Prävention nicht aussparen.

Das vorliegende Buch ist ein Handbuch für die Betriebspraxis – es erläutert die Grundlagen des gesetzlichen Unfallversicherungsrechts und stellt diese in einen Kontext mit allgemeinen Fragen des Arbeitsschutzes. So gehört das Buch in die Hände aller derjenigen, die im Betrieb mit Fragen des Arbeitsschutzes befasst sind, seien es nun Sicherheitsbeauftragte, Fachabteilungsleiter, die Unternehmer selbst (bei kleinen und mittleren Unternehmen) oder Betriebs- und Personalräte. Aber auch die Mitarbeiter der Berufsgenossenschaften und freie Berater auf dem Gebiet des Arbeitsschutzes haben die Möglichkeit, mit dem Buch gezielt und praxisnah Fragestellungen aus dem Betrieb zu bearbeiten. Eine Vielzahl von Beispielen, Praxistipps und Checklisten machen die eher graue Theorie lebendig. Um im Schadensfall auch zu wissen, welche Leistungen in Anspruch genommen werden können, sind auch diese und das damit verbundene Verwaltungsverfahren erläutert worden. Ein eigenes Kapitel zum Thema »Berufskrankheiten«, das sich auch intensiv mit Fragen psychischer Belastungen (die vom Berufskrankheitenrecht nach wie vor weitgehend ignoriert werden) auseinandersetzt, ermöglicht den Aufbau von Grundlagenwissen, das zur Vermeidung dauerhafter gesundheitsschädigender Belastungen notwendig ist.

Das Recht der Gesetzlichen Unfallversicherung ist insbesondere im Bereich der Arbeits- und Wegeunfälle stark durch die Rechtsprechung geprägt: Sehr allgemein formulierte Gesetzestexte lassen einen breiten Auslegungsspielraum zu, den die Rechtsprechung des Bundessozialgerichts und der Landessozialgerichte ausfüllt. Im Buch werden deswegen allgemeine Rechtsregeln anhand zu Beispielen aufbereiteter Rechtsprechung erläutert. Das Buch folgt damit im Ergebnis auch der in der Rechtsprechung entwickelten Meinung. Wegen der Ausrichtung auf die Betriebspraxis wurde auf die Darstellung eher akademischer Probleme vollständig verzichtet.

Der Verlag ermöglicht allen Lesern des Buches eine ständig aktuelle Information durch eine Homepage im Internet, die ebenfalls durch den Autor gepflegt wird. Unter der Adresse http://www.arbeitssicherheit.de findet man Links auf wichtige Gesetze

Vorwort

und Vorschriften, weitere – kommentierte – Links, Hinweise auf wichtige neue Urteile und einiges mehr. Gesetzgebung, Literatur und Rechtsprechung befinden sich im Buch auf dem Stand Juli 2002. Für diese sehr hilfreiche Unterstützung meiner Leser darf ich dem Verlag danken.

Der größte Dank gilt meiner Frau Gabriele für die vielfältigen Arbeiten bei der Erstellung, Korrektur und Durchsicht des Manuskriptes. Sie verantwortet u.a. das umfangreiche Stichwortverzeichnis. Ohne sie und ihre Geduld wäre dieses Buch nicht entstanden.

Da ein Buch sich nur im Sinne seiner Leser entwickeln kann, wenn man diese einbezieht, freuen sich Verlag und Autor über Zuschriften mit Anregungen und Kritik.

Aichach, im Herbst 2002   *Joachim Schwede*

Inhaltsübersicht

Vorwort		V
Abkürzungsverzeichnis		XV
A.	Entwicklung und Bedeutung der gesetzlichen Unfallversicherung	1
B.	Versicherte Personen	11
C.	Prävention und Arbeitsschutz	37
D.	Versicherungsfälle	71
E.	Leistungen der gesetzlichen Unfallversicherung	151
F.	Betriebs- und Personalräte	191
G.	Träger der gesetzlichen Unfallversicherung	201
H.	Verfahrensfragen	211
Stichwortverzeichnis		223

Inhalt

Vorwort	V
Abkürzungsverzeichnis	XV

A.	**Entwicklung und Bedeutung der gesetzlichen Unfallversicherung**	**1**
	I. Historische Entwicklung	1
	II. Bedeutung	3
	1. Wirtschaftliche Bedeutung	3
	2. Aufgaben der gesetzlichen Unfallversicherung	4
	III. Stellung im System der sozialen Sicherung	5
	IV. »Echte« und »unechte« Unfallversicherung	7
	V. Die private Unfallversicherung	8
B.	**Versicherte Personen**	**11**
	I. Versicherte kraft Gesetz	11
	1. Beschäftigte	12
	2. Hausgewerbetreibende, Zwischenmeister u.a.	18
	3. Kinder in Tageseinrichtungen, Schüler und Studierende	21
	4. Ehrenamtlich Tätige	23
	5. Helfer bei Diensthandlungen und Zeugen	24
	6. Helfer im Unternehmen bei Unglücksfällen	25
	7. Helfer bei Unglücksfällen und andere	25
	8. Meldepflichtige Arbeitslose und Sozialhilfeempfänger	28
	9. Tätige beim Selbsthilfebau	30
	10. Pflegepersonen	30
	11. Weitere Versicherte	31
	II. Versicherte kraft Satzung	32
	III. Freiwillig Versicherte	34
	IV. Versicherungsfreie Personen	36
C.	**Prävention und Arbeitsschutz**	**37**
	I. Begriffserklärung und gesetzliche Grundlagen	37
	1. Grundsätzliches	37
	2. Gesetzliche Grundlagen von Arbeitsschutz und Prävention	38
	a) Allgemeines	38
	b) Europäisches Recht	38
	c) Öffentliches Recht	39
	d) Privatrecht	42
	3. Folge der Nichtbeachtung von Vorschriften	43

Inhalt

II.	Zuständigkeiten bei Arbeitsschutz und Prävention	44
1.	Überwachung durch Aufsichtspersonen	46
	a) Begriff und Aufgaben der Aufsichtsperson	46
	b) Rechte der Aufsichtspersonen	47
	c) Schweigepflicht	48
2.	Sicherheitsbeauftragte	48
3.	Fachkraft für Arbeitssicherheit	50
4.	Betriebsarzt	51
5.	Überbetriebliche Dienste	52
III.	Mittel der Prävention – Wie werden Arbeitsunfälle und Berufskrankheiten verhindert?	53
1.	Aufbau von Know-how bei Verantwortlichen und Arbeitnehmern	54
2.	Aufbau von Know-how über Arbeitsplätze, deren Umgebung und ihre spezifischen Gefahren	55
	a) Gefährdungsbeurteilung	55
	b) Belegschaftsbefragungen	58
3.	Mittel der Prävention	58
4.	Erste Hilfe	61
IV.	Prävention und Wegeunfälle	62
V.	Der Umgang mit Gefahrstoffen	63
VI.	Prävention im Kleinbetrieb	65
VII.	Prävention und Suchtmittel	69
D.	**Versicherungsfälle**	**71**
I.	Grundprinzip	71
II.	Der Arbeitsunfall	73
1.	Der Unfall	75
	a) Definition	75
	b) Von außen einwirkendes Ereignis	75
	c) Zeitliche Begrenzung	76
2.	Versicherte Tätigkeit	76
	a) Der Begriff der »versicherten Tätigkeit«	76
	b) Abgrenzung zur »eigenwirtschaftlichen Tätigkeit«	78
	c) Gemischte Tätigkeit	81
	d) Einzelfälle	85
	e) Selbstgeschaffene Gefahr	96
	f) Sonderfall: Die Schädigung durch Kollegen	98
3.	Gesundheitsschäden als Folge des Unfalls	102
	a) Gesundheitsschäden und gleichgestellte Schäden	103

	b)	Ursachenzusammenhang und Gelegenheitsursache	104
	c)	Vorgetäuschter Arbeitsunfall	107
4.		Unfälle mit Arbeitsgerät	107
III. Der Wegeunfall			108
1.		Der Begriff »Weg«	110
2.		Beginn und Ende des Weges	114
3.		Abweichungen vom Weg und Unterbrechungen des Weges . . .	116
	a)	Abweichungen	116
	b)	Gesetzlich vorgesehene Abweichungen	120
4.		Die abweichende Familienwohnung	122
IV. Die Berufskrankheit			123
1.		Bedeutung der Berufskrankheiten für die gesetzliche Unfallversicherung	126
2.		Was ist eine Berufskrankheit?	128
	a)	Krankheiten aufgrund chemischer Einwirkungen	134
	b)	Krankheiten durch physikalische Einwirkungen	135
	c)	Infektions- und Tropenkrankheiten	136
	d)	Erkrankungen der Atemwege und der Lungen, des Bauchfells und des Rückenfells	137
	e)	Hauterkrankungen	139
	f)	Häufigkeit und Schwere dieser Erkrankungen	140
	g)	Quasiberufskrankheiten	141
	h)	Erkrankungen durch psychische Belastungen	142
	i)	Berufskrankheit und Erwerbsunfähigkeit	145
3.		Verfahrensfragen	145
	a)	Beginn der Berufskrankheit	145
	b)	Zuständigkeiten	145
	c)	Sonstige Voraussetzungen	146
	d)	Das Anerkennungsverfahren	146

E. Leistungen der gesetzlichen Unfallversicherung			151
I. Leistungen ohne Schadensfall – Unfallverhütung und Erste Hilfe . . .			151
II. Leistungen nach dem Schadensfall			152
1.		Heilbehandlung	153
	a)	Grundsätzliches	153
	b)	Erbringung der Heilbehandlung	154
	c)	Wiederherstellung oder Erneuerung von Körperersatzstücken (Hilfsmittel)	157
	d)	Versorgung mit Arznei-, Verbands-, Heil- und Hilfsmitteln .	158

Inhalt

	e)	Gewährung von häuslicher Krankenpflege	159
	f)	Stationäre Behandlung in Krankenhäusern und Rehabilitationseinrichtungen	161
	g)	In diesem Zusammenhang: Die Mitwirkungspflichten nach §§ 60 ff. SGB I	162
2.	Rehabilitationsleistungen		164
	a)	Leistungen zur Teilhabe am Arbeitsleben	164
	b)	Leistungen zur Teilhabe am Leben in der Gemeinschaft und ergänzende Leistungen	165
3.	Verletztengeld		166
	a)	Grundsätzliches	166
	b)	In diesem Zusammenhang: Der Begriff der Arbeitsunfähigkeit	169
	c)	Höhe des Verletztengeldes	170
	d)	Leistungen an Arbeitslose	172
4.	Übergangsgeld		173
5.	Verletztenrente		175
	a)	Grundsätzliches	175
	b)	Voraussetzungen der Verletztenrente, insbesondere der Begriff der »Minderung der Erwerbsfähigkeit«	176
6.	Sterbegeld		181
7.	Renten an Hinterbliebene		181
	a)	Grundsätzliches	182
	b)	Höhe der Rente	183
	c)	Witwen- oder Witwerbeihilfe, Waisenbeihilfe, laufende Beihilfe	186
8.	Abfindung von Rentenleistungen		187
	a)	Abfindung für vorläufige Rente	187
	b)	Abfindung für kleine Dauerrenten	187
	c)	Abfindung bei Minderung der Erwerbsfähigkeit ab 40 %	189
	d)	Abfindung bei Wiederverheiratung	189

F. Betriebs- und Personalräte ... 191
   I. Die Rolle des Betriebsrates ... 192
      1. Betriebsratsaufgaben nach dem SGB VII ... 192
      2. Mitbestimmung nach dem Betriebsverfassungsgesetz ... 194
      3. Aufgaben nach dem Arbeitssicherheitsgesetz (ASiG) ... 198
   II. Zusammenfassung ... 199

Inhalt

- G. Träger der gesetzlichen Unfallversicherung 201
  - I. Gewerbliche Berufsgenossenschaften 201
    1. Rechtsform und Organisation 201
    2. Gliederung der gewerblichen Berufsgenossenschaften und ihre Zuständigkeit 202
  - II. Träger der »unechten« Unfallversicherung 208
  - III. Weitere Träger der Unfallversicherung 208
  - IV. Reformansätze 208
  - V. Finanzierung 208

- H. Verfahrensfragen 211
  - I. Anzeigepflichten 211
  - II. Antrags- und Rechtsmittelverfahren 213
    1. Grundsätzliches 213
    2. Das Verfahren vom Leistungsantrag bis zur Klage 213
    3. Die Ablehnung der Leistungsübernahme 214
    4. Der Widerspruch 216
    5. Die Klage zum Sozialgericht 218
    6. Rechtsmittel 221

Stichwortverzeichnis 223

Abkürzungsverzeichnis

a.A.	andere(r) Auffassung
Abs.	Absatz
a.E.	am Ende
a.F.	alte Fassung
AuA	Arbeit und Arbeitsrecht
AFG	Arbeitsförderungsgesetz
Az.	Aktenzeichen
Bereiter-Hahn/Mehrtens	Bereiter-Hahn/Mehrtens, Gesetzliche Unfallversicherung, 5. Auflage; Erich Schmidt Verlag
BG	Berufsgenossenschaft
BSG	Bundessozialgericht
BSGE	Entscheidung zitiert aus der amtlichen Sammlung, jeweils mit Band-Nummer und Seitenzahl
bzw.	beziehungsweise
d.h.	das heißt
D/K/K	Däubler/Kittner/Klebe, Kommentar zum Betriebsverfassungsgesetz, 8. Auflage 2002, Bund Verlag
E (Bandnummer)	Amtliche Sammlung der Entscheidungen des BSG
f.	folgende
ff.	fortfolgende
i.d.F.	in der Fassung
KassKomm-Bearbeiter	Kasseler Kommentar Sozialversicherungsrecht, 2. Auflage, Verlag C.H. Beck
LSG	Landessozialgericht
MDR	Monatsschrift für Deutsches Recht
Mio.	Million
m.w.Nw.	mit weiteren Nachweisen
NZA	Neue Zeitschrift für Arbeitsrecht
NZS	Neue Zeitschrift für Sozialrecht
o.g.	oben genannte(r, n)
Petri u.a.	Petri/Völzke/Wagner, Gesetzliche Unfallversicherung SGB VII, 1998; Bund-Verlag
RVO	Reichsversicherungsordnung
S.	Seite
Schulin-Bearbeiter	Schulin, Handbuch des Sozialversicherungsrechts, Band 2 Unfallversicherungsrecht, 1996; Verlag C.H. Beck
SG	Sozialgericht

Abkürzungsverzeichnis

SGb	Die Sozialgerichtsbarkeit
SGB	Sozialgesetzbuch
Soz-R	Sammlung der Entscheidungen des Bundessozialgerichts, 3. Folge; Carl Heymanns Verlag
u.a.	unter anderem; und andere
usw.	und so weiter
z.B.	zum Beispiel

A. Entwicklung und Bedeutung der gesetzlichen Unfallversicherung

Die Unfallversicherung ist wie die gesetzliche Kranken- und Rentenversicherung ein Zweig der **gesetzlichen Sozialversicherung**. Die wichtigsten **Prinzipien einer Sozialversicherung** sind:

> Prinzipien der Sozialversicherung

- ➢ dem Versicherten steht unabhängig von seinen Beitragsleistungen Versicherungsschutz zu,
- ➢ es erfolgt keine Prüfung der Bedürftigkeit und
- ➢ die Träger dieser Versicherung sind selbstverwaltete Körperschaften des öffentlichen Rechts.

Wichtig ist die sozialpolitische Zielsetzung: unter dem Verzicht auf Gewinnerzielung sozial Bedürftigen zu helfen und die Allgemeinheit vor einer mangelhaften eigenen Absicherung des Bürgers zu schützen.

I. Historische Entwicklung

Mit der industriellen Revolution am Ende des 19. Jahrhunderts verschärfte sich die soziale Situation der Arbeitnehmerschaft massiv. Durch den vermehrten Einsatz von Maschinen am Arbeitsplatz wurde die bereits vorhandene soziale Benachteiligung noch verstärkt. Wegen oftmals noch mangelnder technischer Reife der Maschinen und aufgrund der nicht ausreichenden Ausbildung ihrer Bediener wurden zusätzliche Unfallrisiken geschaffen. Im Zuge der Diskussion über eine Verbesserung der sozialen Situation der Arbeitnehmerschaft wurde die Unfallversicherung als ein weiterer Bestandteil der **Bismarckschen Sozialreform** geschaffen. Nach vielen politischen Auseinandersetzungen um eine sinnvolle gesetzliche Regelung wurde schließlich am 6.7.1884 das Unfallversicherungsgesetz erlassen, dessen wesentliche Grundstrukturen noch heute Bestand haben.

> Historischer Ursprung

Die damit begründete »Gesetzliche Unfallversicherung« wurde als eine Art Unternehmerhaftpflichtversicherung gestaltet. Die Versicherung schützt den Arbeitnehmer vor den

> Unternehmerhaftpflichtversicherung

A. Entwicklung und Bedeutung der gesetzlichen Unfallversicherung

berufsspezifischen Risiken am Arbeitsplatz, der Unternehmer wird im Schadensfall vor der direkten Inanspruchnahme durch den Arbeitnehmer geschützt. Die sehr ungleiche Risikoverteilung führte zu einer gesetzlichen Konstruktion, die im Sozialversicherungsrecht bis heute einmalig ist: Die Beiträge werden allein durch den Unternehmer aufgebracht (in den anderen Zweigen der Sozialversicherung erfolgt grundsätzlich eine Teilung der Beiträge zwischen Arbeitgeber und Arbeitnehmer) und allein der Arbeitnehmer ist berechtigt, Leistungen in Anspruch zu nehmen.

Gesetzesänderungen

Viele Änderungen haben seitdem diesen Rechtsbereich gestaltet, so z.B.

➢ die Schaffung einer eigenen See-Berufsgenossenschaft im Jahre 1888,

➢ die Aufnahme von kaufmännischen und verwaltenden Arbeitnehmern (später: »Angestellte«) in den Schutz der Versicherung im Jahre 1928,

➢ die Erweiterung des Versicherungsschutzes auf Gefangene, Entwicklungshelfer und auf Kinder in Kindergärten, Schüler und Studenten.

➢ 1996 wurde die Unfallversicherung durch das Unfallversicherungs-Einordnungsgesetz (UVEG vom 7.8.1996[1]) **als Siebtes Buch in das Sozialgesetzbuch (SGB VII)** integriert. Das SGB VII ist am 1.1.1997 in Kraft getreten.

»Nachfolger« der RVO

Vorläufer des SGB VII war die Reichsversicherungsordnung (RVO). Der Übergang von der Unfallversicherung der Reichsversicherungsordnung hin zu der des SGB VII war ganz offensichtlich lediglich eine überwiegend »redaktionelle Bearbeitung«[2] des alten, bewährten Rechts. Die Neuerungen sind oftmals nur Fortentwicklungen aus der bisherigen Rechtsprechung. Wird also in diesem Handbuch auf höchstrichterliche Rechtsprechung Bezug genommen, so ist zu beachten, dass diese überwiegend noch zur RVO ergan-

---

1 BGBl. I S. 1254
2 so z.B. Petri u.a., SGB VII, Vorwort S. 5

gen ist. Diese bisher ergangene Rechtsprechung ist aber auch dort dem SGB VII zugrunde zu legen, wo die Grundsätze des alten Rechts fortgelten, auch wenn es strukturelle Änderungen gegeben hat. »Bestandsschutzregelungen« (das sind Regeln, die ältere bereits bestehende Ansprüche vor nachträglichen Änderungen schützen) sehen im Übrigen vor, dass nach altem Recht bessere Leistungen auch bei Geltung des SGB VII weiterhin zu gewähren sind (§ 217 SGB VII).

II. Bedeutung

1. Wirtschaftliche Bedeutung

Im System der sozialen Sicherung hat die gesetzliche Unfallversicherung in der Bundesrepublik Deutschland eine erhebliche Bedeutung: Bei 58 Millionen versicherten Menschen (im Jahr 1999[3]) betrugen die Einnahmen der Versicherungsträger insgesamt 13,4 Milliarden Euro, wovon 13,3 Milliarden Euro wieder ausgegeben wurden.

Um die Bedeutung eines Versicherungszweiges einschätzen zu können, genügt ein Blick auf die Zahl der Versicherungsfälle, die jährlich zu bewältigen sind. Man unterscheidet zwischen Arbeits- und Wegeunfällen und Berufskrankheiten:

Zahl der Versicherungsfälle

Jahr	Arbeitsunfälle in 1000	Wegeunfälle in 1000	Angezeigte Berufskrankheiten in 1000	Anerkennungsquote bei Berufskrankheiten in %
1995	1.800	269	99	32
1999	1.560	248	84	26
2000	1.144	177	71	34
2001	1.060	176	66	35

Der erfreuliche Rückgang der Versicherungsfälle ist auffällig. Wie in keinem anderen Versicherungszweig der gesetzlichen Sozialversicherung macht dies den Erfolg der Präventionsbemühungen deutlich. »Prävention« bedeutet das aktive Eintreten der Versicherungsträger für die Verhinderung des Eintritts von Schäden durch vorbeugende Maßnahmen.

Prävention

---

3 Aktuelle Informationen dazu finden sich regelmäßig auf der Homepage des Statistischen Bundesamtes (http://www.destatis.de).

A. Entwicklung und Bedeutung der gesetzlichen Unfallversicherung

Ein weiterer wichtiger Faktor für den Rückgang der Unfälle und Erkrankungen sind die Beitragszahler, also die Unternehmen selbst. Indem sie die Präventionsbemühungen aktiv unterstützen und damit Versicherungsfälle vermeiden helfen, haben sie in ihrem Versicherungszweig die Höhe ihrer Beiträge ganz wesentlich in der Hand.

Auch die Zahl der tödlichen Unfälle ist rückläufig:

Jahr	Tödliche Arbeitsunfälle	Tödliche Wegeunfälle
2000	825	722
2001	811	669

Diese Zahlen belegen deutlich die große soziale Bedeutung der Unfallversicherung, obwohl sie vom Beitrags- und Leistungsaufkommen her hinter der gesetzlichen Renten- und Krankenversicherung »nur« auf Rang drei steht. Diese Bedeutung ergibt sich vor allem auch daraus, dass ein einzelner Versicherungszweig den Arbeitnehmer vor den vielschichtigen Gefahren am Arbeitsplatz schützt, indem er unter anderem sehr stark auf Prävention, also die Verhütung von Schäden setzt. Die Ausgaben für die Unfallverhütung betrugen 1995 noch 643 Millionen Euro und sind bis 1999 auf 724 Millionen Euro gestiegen.

Um ihren Aufgaben gerecht werden zu können, hat man die Träger der Versicherung (siehe dazu S. 201 ff.) mit eigenen Rechtsetzungsbefugnissen ausgestattet. Sie können Vorschriften erlassen, an die sich alle Beteiligten (Arbeitgeber und Arbeitnehmer) zur Vermeidung von Gefährdungen am Arbeitsplatz zu halten haben. Von dieser Rechtsetzungsbefugnis haben die Berufsgenossenschaften vielfältig Gebrauch gemacht – Ergebnis sind vor allem die bekannten »Unfallverhütungsvorschriften« (UVV), die, bezogen auf den jeweiligen Gewerbezweig, sehr detailliert regeln, was am Arbeitsplatz und im Unternehmen zu tun ist, um Gefährdungen zu vermeiden.

2. Aufgaben der gesetzlichen Unfallversicherung

Grundsätzlich ist es Aufgabe der gesetzlichen Unfallversicherung,

- Arbeitsunfälle und Berufskrankheiten zu verhüten und
- im Versicherungsfall die Versicherten bzw. ihre Hinterbliebenen zu versorgen.

Dieses wird zum einen durch die Unfallverhütungsvorschriften und zum anderen im Schadensfalle durch die leistungsrechtlichen Regelungen des SGB VII bzw. die Berufskrankheiten-Verordnung gewährleistet. Eine Vielzahl weiterer gesetzlicher Regelungen, wie z.B. das Arbeitsschutzgesetz, das Arbeitssicherheitsgesetz, die Arbeitsstätten-Verordnung, die Lastenhandhabungs-Verordnung, die Baustellen-Verordnung usw. tragen ebenfalls dazu bei, einen möglichst weitgehenden Gesundheitsschutz am Arbeitsplatz zu sichern. Diese Regelungen sehen jedoch keine versicherungsrechtliche Absicherung des Arbeitnehmers vor, sondern schaffen Sicherheit durch staatliche Reglementierung erlaubter Arbeitsverfahren bzw. entsprechender Aufsichts- und Zwangsmaßnahmen, die deren Durchsetzung garantieren.

Reglementierung des Arbeitslebens

III. Stellung im System der sozialen Sicherung

Das Unfallversicherungsrecht ist *ein* Zweig der gesetzlichen Sozialversicherung. Zur Sozialversicherung gehören die gesetzliche Kranken- (SGB V) und Rentenversicherung (SGB VI), die Pflegeversicherung (SGB XI) und die Arbeitslosenversicherung (SGB III).

Das Unfallversicherungsrecht ist ein auf Gegenseitigkeit beruhendes Recht. Durch die Beitragszahlung der Unternehmer wird ein Finanzpolster erwirtschaftet, aus dem die sozialen Leistungen für die Arbeitnehmer erbracht werden.

Vollkommen im Gegensatz dazu stehen Sozialgesetze, die ohne jede Beitragsleistung allein aufgrund des Umstandes der Bedürftigkeit Hilfe gewähren. Hierzu gehören z.B. die Sozialhilfe (Bundessozialhilfegesetz – BSHG), das Kinder- und Jugendhilfegesetz (SGB VIII), das Wohngeldgesetz (WoGG) u.a.m.

A. Entwicklung und Bedeutung der gesetzlichen Unfallversicherung

> **Aufbau des Sozialgesetzbuches**

Aufbau des Sozialgesetzbuches

SGB I – Allgemeiner Teil
(materiell-rechtliche Bestimmungen, die für alle Sozialleistungsbereiche gelten)

SGB III – Arbeitsförderung
(Leistungen zur Arbeitsvermittlung und bei Arbeitslosigkeit)

SGB IV – Gemeinsame Vorschriften für die Sozialversicherung
(Vorschriften für Kranken-, Renten-, Unfall- und Pflegeversicherung)

SGB V – Gesetzliche Krankenversicherung
(Sicherung gegen das Risiko »Krankheit«)

SGB VI – Gesetzliche Rentenversicherung
(Sicherung für Berufs- und Erwerbsunfähigkeit sowie das Alter)

SGB VII – Gesetzliche Unfallversicherung
(Sicherung bei Arbeits- und Wegeunfällen sowie gegen Berufskrankheiten)

SGB VIII – Kinder- und Jugendhilfegesetz
(Sicherung und Förderung der Entwicklung von Kindern und Jugendlichen)

SGB IX – Rehabilitation und Teilhabe behinderter Menschen
(Regelungen der bisher vom Schwerbehindertengesetz erfassten Schutzrechte behinderter Arbeitnehmer)

SGB X – Verwaltungsverfahren, Schutz der Sozialdaten, Zusammenarbeit der Leistungsträger

SGB XI – Gesetzliche Pflegeversicherung
(Sicherung gegen das Risiko der Pflegebedürftigkeit)

Das Sozialgesetzbuch in der heutigen Form gibt es seit 1972. Es ist in einzelne Bücher aufgeteilt, die zum Teil aber noch besetzt werden müssen. In Zeiten leerer Kassen sind die erforderlichen Maßnahmen zwischen Parteien und Sozialpartnern aber selbstverständlich noch umstrittener als sonst schon üblich.

Abschließend sei auf eine weitere Besonderheit der Unfallversicherung im System der gesetzlichen Sozialversicherung hingewiesen: in der gesetzlichen Unfallversicherung kommt **der Arbeitgeber allein für die Beiträge auf.** Bei der Kranken- und Rentenversicherung dagegen werden die Beiträge gemeinsam von Arbeitnehmern und Arbeitgebern aufgebracht. Auch die Pflegeversicherung sieht das vor, wenn auch die Kompensation durch die »Abschaffung« eines Feiertages faktisch zu einer überwiegenden Verpflichtung der Arbeitnehmer führt.

Einseitige Beitragsbelastung

IV. »Echte« und »unechte« Unfallversicherung

Die Unterscheidung zwischen »echter« und »unechter« Unfallversicherung hat für den Versicherten selbst nur eine geringe Bedeutung. Die »echte« Unfallversicherung schützt den Arbeitnehmer vor Arbeitsunfällen und Berufskrankheiten, die »unechte« Unfallversicherung erweitert diesen Schutz auf diejenigen, die im Interesse des Gemeinwohls tätig sind (siehe unten B. I.) und vor allem auf Kinder in Kindergärten, Schüler und Studenten. Diese Unterscheidung wird vor allem deshalb vorgenommen, um die Zuständigkeit der einzelnen Träger der gesetzlichen Unfallversicherung abzugrenzen.

Echte/unechte Unfallversicherung

Die Finanzmittel für die Leistungen an die im Interesse des Gemeinwohls Tätigen, Kinder in Kindergärten, Schüler und Studenten werden nicht aus den Beiträgen der Unternehmer erbracht, sondern stammen aus Steuermitteln. Unfälle, die demjenigen zustoßen, der sich für das Wohl der Allgemeinheit einsetzt, so z.B. der Nothelfer, oder derjenige, der einer allgemeinen gesetzlichen Verpflichtung nachkommt, wie etwa der schulpflichtige Schüler, sollen auch von dieser Allgemeinheit reguliert werden.

Finanzmittel der unechten Unfallversicherung

A. Entwicklung und Bedeutung der gesetzlichen Unfallversicherung

Während Träger der echten gesetzlichen Unfallversicherung die Berufsgenossenschaften sind, sind es bei der unechten Unfallversicherung z.b. die Gemeindeunfallkassen. Ansprüche der unechten Unfallversicherung richtet man in der Regel gegen die Körperschaft, für die die Tätigkeit erfolgte. Diese benennt dann den Träger der Unfallversicherung.

V. Die private Unfallversicherung

Wachsende Bedeutung der privaten Absicherung

Die private Vorsorge nimmt einen zunehmenden Stellenwert in der Absicherung sozialer Risiken ein. Die bereits lange diskutierte Mehrsäuligkeit der Sicherungssysteme wird immer mehr zur Realität, sei es in der gesetzlichen Rentenversicherung, in der die private Vorsorge nun steuerlich gefördert wird (durch die so genannte »Riester-Rente«) oder in der gesetzlichen Krankenversicherung, deren Reformansätze vermehrt mit der Rücknahme bislang gesetzlich garantierter Leistungen verbunden sind, die, will man sie auch weiterhin in Anspruch nehmen, privat abgesichert werden müssen.

Berufsunfähigkeitsversicherungen

Auch die Absicherung gegen Unfallrisiken kann sinnvoll durch eine private zusätzliche Absicherung unterstützt werden. So genannte Berufsunfähigkeitsversicherungen, die das Risiko von Einkommensausfällen für den Fall der krankheitsbedingten Unfähigkeit, einer Berufstätigkeit nachzugehen, absichern, können eine nützliche Ergänzung darstellen. Insbesondere seit den letzten Reformen der Rentenversicherung, die die ehemalige Berufsunfähigkeitsrente auf die Jahrgänge, die vor dem 1.1.1960 geboren worden sind, beschränkt haben (Stichtag 1.1.2002), ist ein großer Teil der arbeitenden Generation ohne diesen Schutz. Hier empfiehlt sich eine private Absicherung.

Welche Form privater Absicherung wirklich geeignet ist, kann hier nicht vertieft werden. Insgesamt ist hier ein intensiver Vergleich der Angebote auf dem Markt über ein neutrales Institut angeraten.

V. Die private Unfallversicherung

Praxistipp:
Auch in diesen Versicherungsverträgen ist das »Kleingedruckte« ein intensives Studium wert. Ist eine Erkrankung als Berufskrankheit im Sinne des SGB VII anerkannt, hat dies nicht automatisch die Leistungsverpflichtung der privaten Versicherung zur Folge, wie auch umgekehrt der Leistungsfall der privaten Versicherung nicht automatisch die Anerkennung eines Versicherungsfalles des SGB VII darstellt.

B. Versicherte Personen

Wer Versicherter ist und wer deshalb Ansprüche geltend machen kann, ist für jeden Zweig der Sozialversicherung gesetzlich geregelt. In der gesetzlichen Unfallversicherung regeln dies die §§ 2 ff. SGB VII.

Man unterscheidet zwischen Versicherten

- **kraft Gesetz** (§ 2 SGB VII – siehe unten I.),
- **kraft Satzung** (§ 3 SGB VII – siehe unten II.) und
- denjenigen, die **freiwillig versichert** sein können (§ 6 SGB VII – siehe unten III.).

I. Versicherte kraft Gesetz

§ 2 SGB VII legt den Personenkreis fest, der kraft Gesetz versichert ist, d.h. er nennt die Personengruppen, die aufgrund gesetzlich genannter Umstände unter den Schutz der gesetzlichen Unfallversicherung fallen und definiert damit gleichzeitig die versicherten Tätigkeiten. Die Absätze 1 bis 3 nennen 20 verschiedene Tätigkeiten. Nachfolgend werden die wichtigsten und in der Praxis häufigsten Fälle ausführlicher, die anderen lediglich der Vollständigkeit halber behandelt.

Durchgängiges Prinzip der gesetzlichen Sozialversicherung ist es, den Versicherungsschutz erst einmal davon abhängig zu machen, ob ein Anspruchsteller überhaupt zum versicherten Personenkreis zählt. In Zweifelsfällen ist es deshalb wichtig zu wissen, nach welchen Kriterien dieser Personenkreis festgelegt wird. Gerade in Betrieben, in denen z.B. immer wieder auch Aushilfen oder Freiberufler beschäftigt werden, kann diese Fragestellung oftmals zu Problemen führen.

Versicherter Personenkreis

Beispiel:
Die Spedition S beschäftigt neben ihren angestellten Mitarbeitern auch Fahrer, die als so genannte »Subunternehmer« mit eigenen Fahrzeugen als Freiberufler tätig sind. Als einer dieser

B. Versicherte Personen

Fahrer bei einem Unfall verletzt wird, macht er bei der zuständigen Berufsgenossenschaft Leistungen geltend.

In diesem Fall wird die Berufsgenossenschaft zunächst prüfen, ob der Fahrer überhaupt einen Versichertenstatus genießt. Das wäre möglich, wenn es sich bei ihm nur um einen so genannten »Scheinselbständigen« (siehe dazu unten S. 14) handelt.

1. Beschäftigte

Begriff

Der wichtigste Kreis der versicherten Personen sind die »Beschäftigten« im Sinne des **§ 2 Abs. 1 Nr. 1 SGB VII**. In der Reichsversicherungsordnung[4] wurden diese noch als die in »Arbeits-, Dienst- oder Lehrverhältnissen stehenden Personen« beschrieben. Mit dem allgemeiner klingenden Begriff des »Beschäftigten« ist jedoch keine Erweiterung des versicherten Personenkreises verbunden.

Grundsätzlich regelt § 7 SGB IV, wer »Beschäftigter« ist. Die Vorschrift ist ab 1.1.1999 durch das Gesetz zur Förderung der Selbständigkeit[5] erheblich erweitert worden, um das Scheinselbständigenproblem (siehe unten S. 14) besser in den Griff zu bekommen. Nach § 7 Abs. 1 SGB IV ist die »Beschäftigung die nichtselbständige Arbeit, insbesondere in einem Arbeitsverhältnis.« Damit ist der Beschäftigte üblicherweise der Arbeitnehmer in einem Arbeitsverhältnis.

Vorliegen eines Arbeitsverhältnisses

Das beste Argument für das Vorliegen eines Arbeitsverhältnisses ist immer der **Arbeitsvertrag**. Dieser wird jedoch in einigen Unternehmen nicht korrekt schriftlich gefasst, sondern nur mündlich vereinbart, da auch nur mündlich geschlossene Arbeitsverträge grundsätzlich gültig sind. Seit Juli 1995 ist jedoch im deutschen Arbeitsrecht das Nachweisgesetz[6] in Kraft getreten, das den Arbeitgeber verpflichtet, dem Arbeitnehmer spätestens einen Monat nach Beginn seiner Tätigkeit schriftlich die wesentlichen Ver-

---

[4] § 539 Abs. 1 Nr. RVO
[5] vom 20.12.1999, BGBl. I 2000, S. 2
[6] siehe hierzu genauer Schoden, Nachweisgesetz, Bund-Verlag, 1996

tragsbedingungen auszuhändigen (§ 2 NachweisG). Dieser Nachweis ersetzt nicht den schriftlichen Arbeitsvertrag, ist aber ein gutes Indiz dafür, dass ein sozialversicherungspflichtiges Beschäftigungsverhältnis vorliegt.

> **Praxistipp:**
>
> Die Aushändigung eines Arbeitsvertrages sollte eine Selbstverständlichkeit im Arbeitsverhältnis sein. Die eindeutige Bezeichnung von Rechten und Pflichten ist für beide Vertragsparteien wichtig und hilft, unnötige Auseinandersetzungen zu vermeiden!

Liegt kein Arbeitsvertrag vor und ist auch kein Nachweis nach dem NachweisG zu bekommen, wird es problematischer. Dann muss auf anderem Wege nachgewiesen werden, dass ein Beschäftigungsverhältnis vorliegt. Es wird anhand tatsächlicher Kriterien geprüft, ob eine nichtselbständige Arbeit erbracht wurde.

Eine Tätigkeit liegt vor, wenn eine Dienstleistung erbracht wird und ein Arbeitserfolg herbeigeführt wird. Die **Nichtselbständigkeit** ist in der Regel dann anzunehmen, wenn eine **persönliche Abhängigkeit des Arbeitnehmers** festzustellen ist, die durch folgende Merkmale deutlich wird:

Tatsächliche Kriterien

➢ organisatorische Eingliederung in einen fremden Betrieb,
➢ Erbringung fremdbestimmter Arbeit nach Weisungen,
➢ kein eigenes wirtschaftliches Risiko.

Keine abhängige Beschäftigung liegt dagegen bei so genannten »freien Mitarbeitern« vor.

Freie Mitarbeiter?

Beispiel:
A ist als »freier Mitarbeiter« Kurierdienstfahrer bei B. Ihm werden die Fahrten per Funk von B vermittelt, A selbst darf von Dritten keine Aufträge entgegen nehmen. Die Zeiten der Fahrbereitschaft sind A vorgeschrieben. A erhält pro Fuhre einen prozentualen Anteil an den eingenommenen Gebühren. B führt

B. Versicherte Personen

für A keine Sozialversicherungsbeiträge ab. Auf einer Kurierfahrt verunglückt A und möchte Leistungen der Berufsgenossenschaft in Anspruch nehmen. Die Berufsgenossenschaft teilt dem A mit, dieser sei als »freier Mitarbeiter« kein Beschäftigter und deswegen würde sie für ihn nicht eintreten. Kann A Ansprüche geltend machen?

Dieses Beispiel schildert einen häufigen Fall der aktiven Umgehung von Sozialversicherungsabgaben. Die angespannte Arbeitsmarktlage und die hohe Belastung der Unternehmer mit Lohnnebenkosten durch steigende Sozialversicherungsbeiträge und Steuern führen nach wie vor dazu, dass »freie Mitarbeitsverhältnisse« vereinbart werden. Viele Arbeitnehmer sind froh, auf diese Art und Weise überhaupt einen »Job« zu bekommen und die Arbeitgeber sparen – vermeintlich – Geld.

Nun kommt es aber überhaupt nicht darauf an, wie das Beschäftigungsverhältnis genannt wird, also ob vereinbart wurde, »A ist freier Mitarbeiter«, sondern alleine darauf, was A rein tatsächlich zu tun hat. A musste in o.g. Beispiel

- ➢ bestimmte Bereitschaftszeiten einhalten (= Eingliederung in die Organisation des B),
- ➢ Aufträge fahren, die ihm vermittelt wurden (= fremdbestimmte Arbeit nach Weisungen), und
- ➢ durfte selbst keine Aufträge von Dritten annehmen (= kein eigenes wirtschaftliches Risiko).

Damit war A Beschäftigter im Sinne des § 7 Abs. 1 SGB IV und Versicherter der zuständigen Berufsgenossenschaft. B muss für A also die Beiträge zur Sozialversicherung nachzahlen und A kann Leistungen der Berufsgenossenschaft in Anspruch nehmen.

Scheinselbständigkeit

Durch klare gesetzliche Regelungen wurde die so genannte »Scheinselbständigkeit« weiter eingegrenzt. Es wurden nun vier Kriterien bestimmt, die zu überprüfen sind. Liegen zwei dieser Kriterien vor, so wird vermutet, dass es sich bei dem als »Freiberufler« oder »Selbständigen« Bezeichneten doch um einen Angestellten handelt (die erste Aufregung um diese gesetzliche Neuregelung hat sich schnell gelegt, fraglich ist jedoch, ob der Zweck der Eindämmung der Scheinselbständigkeit wirklich erreicht wurde).

Nach diesen Kriterien sind Scheinselbständige:

1. Personen, die im Zusammenhang mit Ihrer Tätigkeit – mit Ausnahme von Familienangehörigen – keinen versicherungspflichtigen Arbeitnehmer beschäftigen,
2. Personen, die regelmäßig und im Wesentlichen nur für einen Auftraggeber tätig sind,
3. Personen, die für Beschäftigte typische Arbeitsleistungen erbringen, insbesondere Weisungen des Auftraggebers unterliegen und in die Arbeitsorganisation des Auftraggebers eingegliedert sind und
4. Personen, die nicht aufgrund unternehmerischer Tätigkeit am Markt auftreten.

Arbeitnehmer, die von ihrem Arbeitgeber **in das Ausland entsandt** worden sind, unterliegen dem Schutz der zuständigen Berufsgenossenschaft in Deutschland, wenn sie im Ausland einen Arbeitsunfall erleiden. | Arbeitnehmer im Ausland

Auch **Leiharbeitnehmer,** die im Unternehmen tätig werden, unterliegen selbstverständlich dem Versicherungsschutz der gesetzlichen Unfallversicherung. Zuständiger Versicherungsträger für diese Arbeitnehmer ist allerdings die Berufsgenossenschaft, der das Verleihunternehmen angehört, weil dieses auch die Versicherungsbeiträge abführt. | Leiharbeitnehmer

Auszubildende fallen als Beschäftigte nach § 7 Abs. 2 SGB IV unter den vollen Schutz des Unfallversicherungsrechts nach § 2 Abs. 1 Nr. 1 SGB VII. Dieser Schutz erstreckt sich auf alle mit der Ausbildung im Zusammenhang stehenden Tätigkeiten, findet sich also nicht nur im Betrieb selbst, sondern auch in überbetrieblichen Ausbildungsstätten (z.B. öffentlich geförderte Lehrwerkstätten) und damit verbundenen Wegen. Der Besuch der Berufsschule ist nach § 2 Abs. 1 Nr. 8 b SGB VII versichert. | Auszubildende

B. Versicherte Personen

Nicht unter diesen Schutz fallen betriebliche Bildungsmaßnahmen, die überwiegend allgemeinbildenden Charakter haben[7].

Beispiel:
A arbeitet als Bäckermeister in einer Großbäckerei. Der sehr sozial eingestellte Arbeitgeber B bietet seinen Mitarbeitern in der Freizeit Kurse an, die eine sinnvolle Freizeitgestaltung unterstützen sollen, wie z.b. Entspannungstechniken, Modellbaukurse, Sprachkurse für die Ferien.

Anders liegt der Fall dagegen, wenn Bäckermeister A in seiner Freizeit einen Fortbildungskurs der IHK besucht, mit dem er sich auf eine zukünftige Selbständigkeit vorbereitet oder gar nebenher eine Fahrerlaubnis zur Personenbeförderung erwirbt, weil er zukünftig als Busfahrer seinen Lebensunterhalt verdienen will[8]. Hier ist Versicherungsschutz nach § 2 Abs. 1 Nr. 2 SGB VII als Teilnehmer einer Fortbildung gegeben.

Geringfügig Beschäftigte

Eine Besonderheit kennt das Unfallversicherungsrecht zudem bei den **geringfügig Beschäftigten:**

Beispiel:
A ist in einem so genannten »325-Euro-Job« bei B als Putzhilfe beschäftigt. Eines Abends rutscht sie auf dem frisch gebohnerten Parkett aus und bricht sich das linke Bein. Der Unfallarzt meldet den Unfall der zuständigen Berufsgenossenschaft. Diese lehnt eine Kostenübernahme ab, da die A eine geringfügig Beschäftigte im Sinne des § 8 SGB IV sei. Zu Recht?

Geringfügig Beschäftige im Sinne des § 8 SGB IV sind Arbeitnehmer, die derzeit max. 325 Euro im Monat verdienen und die nicht mehr als 15 Stunden pro Woche arbeiten (Regelfall des § 8 Abs. 1 Nr. 1 SGB IV) dürfen. Sie sind in der gesetzlichen Renten- und Krankenversicherung nicht versichert, obwohl Beiträge geleistet werden müssen. Diese Einschränkung gilt jedoch nicht in der gesetzlichen Unfallversicherung. Hier kommt es lediglich auf den Umstand der Beschäftigung an, unabhängig davon, wie umfangreich die-

---

7 Petri u.a., § 2 SGB VII Rn. 15
8 BSG vom 9.12.1976, SozR 2200 § 539 Nr. 30

se ist. Deswegen sind der A die Leistungen durch die Berufsgenossenschaft zu Unrecht verweigert worden.

Geringfügig Beschäftigte werden oft auch in Familienhaushalten eingesetzt. Zuständiger Unfallversicherungsträger ist dann der Gemeindeunfallversicherungsverband in Münster[9], dem die Beschäftigten ohne Nennung eines Namens genannt werden müssen. Für sie ist dann ein geringer pauschaler Beitrag zu entrichten, wenn eine wöchentliche Arbeitszeit von max. 19,25 Stunden vorliegt.

Beschäftigte in Familienhaushalten

Gerade in kleinen Unternehmen (Familienunternehmen) ist es oftmals üblich, dass bei Ausfall eines Arbeitnehmers oder bei plötzlichen »Arbeitsspitzen« Familienmitglieder (Ehepartner, Kinder, andere Verwandte) mithelfen, um der Arbeitsbelastung Herr zu werden. Diese stehen dann ebenfalls unter dem Schutz der gesetzlichen Unfallversicherung, wenn sie wie die anderen Beschäftigten des Unternehmens tätig werden. Diese Abgrenzung ist nicht immer leicht vorzunehmen.

Familienmitglieder als Beschäftigte

Praxistipp:

Um feststellen zu können, ob das mithelfende Familienmitglied wie ein Arbeitnehmer Versicherungsschutz genießt, sind verschiedene Kriterien relevant:

- Die Tätigkeit muss wirtschaftlich als Arbeit zu werten sein,
- sie muss dem Willen des Unternehmers entsprechen und
- die Tätigkeit darf keine »familiäre Verpflichtung« sein.

Diese Kriterien geben jedoch nur Anhaltspunkte, da die Rechtsprechung hierzu sehr uneinheitlich ist.

---

9 Gemeindeunfallversicherungsverband Münster, Salzmannstraße 156, 48159 Münster

B. Versicherte Personen

Die Versicherung »helfender Hände« im Unternehmen erstreckt sich im Übrigen nicht nur auf Familienangehörige, sondern auch auf gute Freunde.

Beschäftigte in AB-Maßnahmen

Insbesondere in den neuen Bundesländern sind viele Arbeitslose als **Beschäftigte in Arbeitsbeschaffungsmaßnahmen (ABM)** untergebracht. Auch diese unterliegen wie sonstige Beschäftigte dem Unfallversicherungsschutz nach § 2 Abs. 1 Nr. 1 SGB VII[10].

2. Hausgewerbetreibende, Zwischenmeister u.a.

§ 2 Abs. 1 Nr. 6 SGB VII regelt den Unfallversicherungsschutz von Hausgewerbetreibenden und Zwischenmeistern sowie ihren mitarbeitenden Ehegatten. Eine Definition dieser Begriffe gibt § 12 SGB IV:

Was sind Hausgewerbetreibende, Heimarbeiter und Zwischenmeister?

§ 12 Hausgewerbetreibende, Heimarbeiter und Zwischenmeister

1. Hausgewerbetreibende sind selbständig Tätige, die in eigener Arbeitsstätte im Auftrag und für Rechnung von Gewerbetreibenden, gemeinnützigen Unternehmen oder öffentlich-rechtlichen Körperschaften gewerblich arbeiten, auch wenn sie Roh- oder Hilfsstoffe selbst beschaffen oder vorübergehend für eigene Rechnung tätig sind.

2. Heimarbeiter sind sonstige Personen, die in eigener Arbeitsstätte im Auftrag oder für Rechnung von gewerbetreibenden, gemeinnützigen Unternehmen oder öffentlich-rechtlichen Körperschaften erwerbsmäßig arbeiten, auch wenn sie Roh- oder Hilfsstoffe selbst beschaffen; sie gelten als Beschäftigte.

3. ... .

---

10 Bereiter-Hahn/Mertens, § 2 SGB VII Rn. 6.37

I. Versicherte kraft Gesetz

> 4. Zwischenmeister ist, wer, ohne Arbeitnehmer zu sein, die ihm übertragene Arbeit an Hausgewerbetreibende oder Heimarbeiter weitergibt.
> 5. ... .

Ausgewählte gesetzliche Regelungen für Heimarbeiter

Die Rechtsverhältnisse dieser »Arbeitnehmer« richten sich nach dem Heimarbeitsgesetz. In der Bundesrepublik gibt es annähernd **160.000 Heimarbeiter**; diese sind zu ca. 90 % Frauen[11]. Das Heimarbeitsgesetz selbst sieht bereits Schutzvorschriften vor: Derjenige, der Heimarbeit aus- oder weitergibt, muss die Heimarbeitnehmer über Unfall- und Gesundheitsgefahren aufklären und zu Maßnahmen und Einrichtungen zur Abwehr dieser Gefahren Hinweise geben (§ 7a Heimarbeitsgesetz). Die Heimarbeitsplätze müssen ebenfalls bestimmten Schutzvorschriften entsprechen (§§ 12 – 14 Heimarbeitsgesetz), die von der Gewerbeaufsicht überprüft werden können (§ 16a Heimarbeitsgesetz). Den Gewerbeaufsichtsämtern sind die Orte der Heimarbeit bekannt, da diese vom Unternehmer nach § 15 Heimarbeitsgesetz angezeigt werden müssen.

Welche Berufsgenossenschaft ist zuständig?

Noch eine Besonderheit: Für diese Versicherten zuständig ist die Berufsgenossenschaft, in deren Gewerbezweig der Versicherte tätig ist, nicht dagegen diejenige des Auftraggebers (§ 122 Abs. 1 SGB VII).

Beispiel:
A stellt in Heimarbeit chemische Mixturen her, die von einem Großhändler G in Auftrag gegeben und dann vertrieben werden. Bei einem Arbeitsunfall wird die A schwer verletzt und wendet sich an die für G zuständige Großhandels- und Lagereiberufsgenossenschaft in Mannheim. Diese lehnt die Übernahme von Leistungen unter Hinweis auf ihre Unzuständigkeit ab.

A muss sich an die für sie zuständige Berufsgenossenschaft der chemischen Industrie in Heidelberg wenden.

---

11 Kittner, Arbeits- und Sozialordnung, S. 830

B. Versicherte Personen

Die Praktikabilität dieser Regelung ist recht zweifelhaft, da der Auftraggeber nach dem Heimarbeitsgesetz zu Unterweisungen und Aufklärung verpflichtet ist, die er oftmals mangels Branchenzugehörigkeit nicht sinnvoll leisten kann (siehe Beispiel oben).

| Mitarbeitende Ehegatten oder gleichgeschlechtliche Lebenspartner |

In der Heimarbeit nicht selten ist der Fall, dass Ehegatten oder gleichgeschlechtliche Lebenspartner, die nach dem Lebenspartnerschaftsgesetz geschützt sind, dem Heimgewerbetreibenden helfen. Dabei unterliegen sie ebenfalls dem Unfallversicherungsschutz.

| Telearbeit |

Eine sehr moderne Form der »Heimarbeit«, die mit der zunehmenden Vernetzung immer weitere Kreise zieht, ist die Arbeit an »Online-Arbeitsplätzen«, die so genannte »Telearbeit«. Die Zahl der Telearbeitsplätze ist von 1994 bis 1999 jährlich um 34 % angewachsen, so dass zwischenzeitlich mehr als 2 Millionen Menschen an solchen Arbeitsplätzen tätig sind[12]. Sie unterscheidet sich erheblich von der klassischen Heimarbeit, da es sich bei Telearbeitnehmern in der Regel um Beschäftigte im Sinne des § 7 SGB IV handelt[13], also um Arbeitnehmer und nicht um Heimarbeiter.

| Kriterien für das Vorliegen von Telearbeit |

Der Arbeitnehmer ist nach § 2 Abs. 1 Nr. 1 SGB VII versichert[14], wenn

➢ er mit dem Hauptrechner des Arbeitgebers verbunden ist (dies entspricht der Eingliederung in die Betriebsorganisation, wobei die Verbindung nicht dauerhaft sein muss; es genügt die Zugriffsmöglichkeit) und

➢ der Arbeitgeber Einfluss auf die Durchführung und die Zeit der Arbeiten nimmt.

In diesen Bereichen tauchen oftmals auch Scheinselbständigenprobleme auf, da die Grenzen zwischen der Eingliederung und der selbstbestimmten Arbeit unscharf sind.

---

12 Kittner, Arbeits- und Sozialordnung, S. 830
13 so auch Kittner, Arbeits- und Sozialordnung, S. 830 m.w.Nw.
14 genauer hierzu Küfner-Schmitt, SGB 1986, 97; KassKomm-Seewald, § 7 SGB IV Rn. 108

I. Versicherte kraft Gesetz

Telearbeiter sind oftmals auch solche Arbeitnehmer, die sowohl am betrieblichen Arbeitsplatz als auch zuhause arbeiten. Insgesamt stellen Telearbeitsplätze hohe Anforderungen an die Prävention (siehe auch S. 37 ff.).

> **Praxistipp:**
>
> Die vielfältigen Probleme, die sich in der Abwicklung betrieblicher Tätigkeiten durch Telearbeitnehmer ergeben, sollten – wenn diese im Unternehmen eine gewisse Bedeutung erlangen – strukturiert gelöst werden. Hierbei handelt es sich um eine Aufgabe, die eine starke Einbeziehung des Betriebsrates ermöglicht: Die eindeutige Klärung der Beschäftigungsverhältnisse (selbständig oder angestellt?), die Gestaltung der Arbeitsplätze, die soziale Eingliederung der Arbeitnehmer in den Betrieb sind nur einige Aspekte.

Es gibt nun eine Rahmenvereinbarung Telearbeit zwischen dem Europäischen Wirtschafts- und Arbeitgeberverband (UNICE) und dem Europäischen Gewerkschaftsbund (EGB), die wesentliche Sozial- und Schutzstandards enthält. Diese kann zur Grundlage betrieblicher Regelungen gemacht werden.

3. Kinder in Tageseinrichtungen, Schüler und Studierende

Die nicht zu unterschätzenden Risiken für Kinder bzw. junge Menschen in Tageseinrichtungen, Schulen (auch Berufsschulen) und Universitäten sind ein wichtiger Zweig der »unechten« Unfallversicherung (siehe oben S. 7). Der Schutz des § 2 Abs. 1 Nr. 8 SGB VII wird unabhängig von der Rechtsform des Ausbildungsinstituts (privat oder öffentlich) gewährt.

Eine neue Dimension gewinnt der Schutz der Kinder in den Schulen auch dadurch, dass die zunehmende Gewalt unter Kindern auch vermehrt zu Schädigungen führt[15]. Der

Gewalt unter Kindern in der Schule

---

15 Übersicht bei Bereiter-Hahn/Mehrtens, § 2 SGB VII Rn. 18.9

B. Versicherte Personen

Schutz wird auf alle mit dem Besuch der Institution in Zusammenhang stehenden Vorgänge ausgedehnt.

Beispiel:
Anlässlich einer Klassenfahrt kommt es nachts in der Jugendherberge zu einer Rangelei zwischen zwei Schülern, bei der einer schwer verletzt wird. Der zuständige Gemeindeunfallversicherungsverband lehnt eine Übernahme der Behandlungskosten ab, da sich der Unfall nach Abschluss der schulischen Gemeinschaftsveranstaltung und außerhalb des organisatorischen Verantwortungsbereichs der Schule zugetragen habe.

Stehen Klassenfahrten unter dem Schutz der Unfallversicherung?

Das BSG hat dazu[16] festgestellt, dass ein Versicherungsschutz zu bejahen sei. Klassenfahrten gehören zum organisatorischen Verantwortungsbereich der Schule, und zwar alle damit im Zusammenhang stehenden Umstände, also auch die Übernachtung.

Grenzen des Schutzes der Unfallversicherung

Wie auch beim Arbeitnehmerschutz liegen die Grenzen dieses Versicherungsschutzes dort, wo es um private Verrichtungen geht. So ist z.B. der Weg zum Nachhilfeunterricht, der privat erteilt wird, nicht versichert[17], ganz im Gegensatz zum zusätzlichen Förderunterricht, der nachmittags von der Schule, selbst auf freiwilliger Basis, angeboten wird.

Unfallversicherungsschutz in Tageseinrichtungen

Mit der Neuregelung im SGB VII wurde der Schutz für Kinder erheblich erweitert. Waren sie bislang nur in Kindergärten geschützt, wurde dies auf alle Tageseinrichtungen ausgedehnt. Damit wurde der Gesetzgeber dem Umstand gerecht, dass berufstätige Eltern oftmals gezwungen sind, ihre Kinder in Ganztageseinrichtungen, wie z.B. Kinderhorten, unterzubringen. Da Kinder ganz besonders schutzbedürftig sind, ist dieser Schutz in Kindergärten und Horten sehr weitgehend. So erkennt die Rechtsprechung es z.B. an, dass ein Kind selbst dann noch den Schutz dieser Versicherung genießt, wenn es sich eigenmächtig aus dem Kindergarten entfernt, ohne dass dies ein Betreuer bemerkt[18].

---

16 vom 5.10.1995, Az.: 2 RU 44/94, SozR 3-2200 § 539 Nr. 34
17 Bereiter-Hahn/Mehrtens, § 2 SGB VII Rn. 18.10 m.w.Nw.
18 Bereiter-Hahn/Mehrtens, § 2 SGB VII Rn. 17.11

I. Versicherte kraft Gesetz

Auch Studierende an Universitäten und anderen Hochschulen, so z.B. den Fachhochschulen, fallen unter den Schutz der gesetzlichen Unfallversicherung. Dabei ist zu beachten, dass sich dieser Versicherungsschutz nur auf die unmittelbar mit dem Studium zusammenhängenden Tätigkeiten erstreckt, so wie z.B. in der Entscheidung des LSG Nordrhein-Westfalen[19], das festgestellt hat, dass der Student auf dem Weg zum Postbriefkasten versichert ist, wenn er sich dorthin begibt, um eine Studienhausarbeit einzuwerfen. Studierende, die z.B. neben dem Studium arbeiten, werden dabei als Beschäftigte unfallversichert.

Studierende an Universitäten und anderen Hochschulen

4. Ehrenamtlich Tätige

Auch ehrenamtlich Tätige, wie z.B. Gemeinde- und Stadträte oder Personen, die für öffentlich-rechtliche Religionsgemeinschaften tätig sind, genießen Versicherungsschutz im Rahmen der gesetzlichen Unfallversicherung (§ 2 Abs. 1 Nr. 10 SGB VII).

Hier ist es oftmals sehr schwierig festzustellen, ob die gerade ausgeübte Tätigkeit in den Bereich des Versicherungsschutzes fällt oder nicht. So sind Ministranten nach der Rechtsprechung des BSG[20] nicht versichert, wenn sie an einer von der Pfarrei veranstalteten Jugendherbergsfahrt teilnehmen. Ein Gemeindebeigeordneter ist z.B. unfallversichert, wenn er auf ein Heimatfest geht, solange er dieses als offizieller Vertreter der Gemeinde tut[21]. Das LSG Nordrhein-Westfalen hat jedoch einer freiwilligen Helferin (Mitglied in der Katholischen Frauengemeinschaft Deutschland) bei einem Pfarrfest, die sich beim Waffelverkaufen das rechte Handgelenk brach, den Versicherungsschutz abgesprochen, weil diese nicht im Rahmen eines Ehrenamtes tätig war[22]. Auch gerichtlich bestellte Betreuer unterliegen diesem Schutz. Geht dieser Betreuer mit seinem Pflegling

Abgrenzungsprobleme

---

19 vom 10.12.1997, NZS 1997, 192
20 BSG vom 8.12.1998, SozR 3-2200 § 539 Nr. 45
21 BSG vom 18.3.1997, SozR 3-2200 § 539 Nr. 38
22 LSG Nordrhein-Westfalen vom 4.12.2001, Presseinformation des LSG vom 12.2.2002

B. Versicherte Personen

spazieren, so kann er unfallversichert sein, wenn dieser Spaziergang als »vertrauensbildende und -erhaltende Maßnahme« anzusehen ist[23].

Mitglieder von Hilfsorganisationen

Nicht unter diesen Versicherungsschutz fallen Mitglieder von Hilfsorganisationen. Der Petitionsausschuss des Deutschen Bundestages hat aber aktuell das Bundesministerium für Arbeit und Sozialordnung aufgefordert, hier Abhilfe zu schaffen[24]. Diesem Vorgang liegt ein Versicherungsfall eines Mitglieds der Deutschen Lebens-Rettungs-Gesellschaft (DLRG) zu Grunde, der als Helfer bei einer Triathlon-Veranstaltung eine Schwimmstrecke abgesichert hatte. Dieser musste einen in einer akuten Notlage befindlichen Schwimmer retten und verlor dabei seine Brille und beschädigte seine Uhr. Ihm wurde kein Versicherungsschutz zugestanden.

5. Helfer bei Diensthandlungen und Zeugen

Begriff der Diensthandlung

Wird ein Bürger zur Hilfe bei Diensthandlungen herangezogen, so ist er unfallversichert (§ 2 Abs. 1 Nr. 11 a SGB VII). Dabei ist als Diensthandlung jede Handlung eines Bediensteten in seinem Funktionsbereich anzusehen (z.B. als Polizeibeamter oder Schülerlotse). Damit wird ein größtmöglicher Schutz des Bürgers erreicht, der zu einer Diensthandlung herangezogen wird und dabei einem höheren Gefahrenpotenzial ausgesetzt ist. Muss ein Bürger z.B. bei einem Unfall auf Anordnung eines Polizisten Absicherungsmaßnahmen vornehmen ohne selbst an dem Unfall beteiligt zu sein, so ist er dabei abgesichert.

Schutzumfang für Zeugen

§ 2 Abs. 1 Nr. 11 b SGB VII schützt Zeugen auf allen mit der Zeugenaussage verbundenen Wegen, wenn sie von einer berechtigten Stelle, in der Regel also vom Gericht oder der Polizei, zur Beweiserhebung herangezogen werden. Für den Versicherungsschutz von Zeugen gilt grundsätzlich, dass dieser Schutz unabhängig davon besteht, ob das Erscheinen

---

23 BSG vom 23.3.1999, SozR 3-2200 § 539 Nr. 46
24 Unfallversicherung für Schäden bei ehrenamtlichen Helfern?, sicherheitsnet.de vom 17.4.2002

I. Versicherte kraft Gesetz

dieses Zeugen vom Gericht angeordnet worden ist oder nicht[25], was z.B. der Fall sein kann, wenn ein Rechtsanwalt einen Zeugen mit zum Gericht nimmt, um ihn gegebenenfalls als so genannten »präsenten Zeugen« einvernehmen zu lassen. Kein Versicherungsschutz besteht für diejenigen, die in eigener Sache vorgeladen werden[26].

> **Praxistipp:**
>
> In vielen Bundesländern gibt es so genannte Schlichtungsstellen, deren Aufgabe es ist, vorgerichtlich eine Einigung streitender Parteien herbeizuführen. Auch hier unterstehen vorgeladene Zeugen dem Unfallversicherungsschutz.

6. Helfer in Unternehmen bei Unglücksfällen

»Unternehmen zur Hilfe« sind alle im öffentlichen Interesse tätigen Organisationen mit dem wesentlichen Zweck, Unglücksfälle zu vermeiden oder nach deren Eintritt Hilfe zu leisten, so z.B. DRK, DLRG, THW, Wasser- und Bergwacht usw.[27]. Personen, die in diesen Unternehmen unentgeltlich als Helfer bei Unglücksfällen tätig sind, so z.B. Ersthelfer, sind dabei versichert (§ 2 Abs. 1 Nr. 12 SGB VII). Dieser Schutz erstreckt sich auch auf entsprechende Ausbildungsveranstaltungen, die Kenntnisse vermitteln, die diese Helfer für ihre Hilfeleistung benötigen.

7. Helfer bei Unglücksfällen und andere

§ 2 Abs. 1 Nr. 13 SGB VII sieht einen größeren Kreis von Personen vor, die – weil sie anderen helfen – dabei geschützt werden sollen:

---

25 KassKomm-Ricke, § 2 SGB VII Rn. 56
26 BSG vom 11.11.1971, SozR 2200 § 539 Nr. 22
27 KassKomm-Ricke, § 2 SGB VII Rn. 59 m.w.Nw.

B. Versicherte Personen

a) Erste Alternative: Helfer bei Unglücksfällen

Begriffe

Der Helfer bei Unglücksfällen ist beim jeweiligen Bundesland (hier in der Regel vertreten durch den Gemeindeunfallversicherungsverband), in dem er lebt, unfallversichert. Um Versicherungsschutz zu erlangen, ist erforderlich, dass

➢ ein **Unglücksfall** (hierunter versteht man eine plötzlich eintretende Situation mit der nahe liegenden Möglichkeit eines Schadens), z.B. ein Autounfall,

➢ eine **gemeine Gefahr** (das ist eine plötzlich oder allmählich entstandene Situation mit der erheblichen Gefahr der Schädigung einer Mehrzahl von Personen oder Sachen), z.b. Unwetter, durchgehende Pferde, Freisetzung von gefährlichen Stoffen,

➢ eine **gemeine Not** (eine Zwangslage für die Allgemeinheit), z.b. Ausfall der Wasser- und Energieversorgung vorliegt oder

➢ ein anderer aus **erheblicher gegenwärtiger Gefahr** für seine Gesundheit gerettet wird (z.b. Hilfsmaßnahmen bei Bergunfällen).

»Hilfe leisten« und »retten«

Die weiteren Voraussetzungen »Hilfe leisten« und »retten« bedeuten ein aktives Tun zur Abwendung dieser Gefahr. Wer z.B. einem Betrunkenen, der bewusstlos im Graben liegt, Hilfe leistet, um Gefahren von diesem abzuwehren und dabei verunglückt, steht unter Versicherungsschutz[28].

Es muss dabei keine rechtliche Pflicht zum Helfen bestehen.

Beispiel:
Autofahrer A weicht dem ihm mit hoher Geschwindigkeit entgegenkommenden und Schlangenlinien fahrenden B durch eine ruckartige Bewegung aus, die dazu führt, dass er selbst ins Schleudern gerät. Dabei kommt sein Wagen von der Straße ab und überschlägt sich. Der Wagen ist vollständig zerstört, A schwer verletzt.

---

28 SG Dortmund vom 9.1.2001, Az.: S 36 (17) U 350/98, Mitteilung von sicherheitsNet.de vom 29.4.2002

I. Versicherte kraft Gesetz

Nach der Rechtsprechung des BSG[29] war A in diesem Fall unfallversichert, auch wenn er durch einen Fehler den Schaden mitverursacht hat, da er – wie ein Nothelfer – Schaden von anderen abgewendet hat. Er kann neben seinem Körperschaden nach § 13 SGB VII auch seinen Sachschaden ersetzt verlangen.

Wird ein Helfer nicht aus eigenem Antrieb tätig, sondern durch einen Amtsträger zur Hilfeleistung verpflichtet, so besteht bereits Versicherungsschutz nach § 2 Abs. 1 Nr. 11 SGB VII (siehe oben 5.).

b) Zweite Alternative: Blut-, Organ- oder Gewebespender

Blut-, Organ- oder Gewebespender (»Gewebe« sind Haut und Knochen) sind während aller mit der Spende zusammenhängenden Vorgänge nach § 2 Abs. 1 Nr. 13 b SGB VII versichert. Dabei wird auch alles versichert, was über die für die Spende sowieso erforderlichen Eingriffe hinausgeht, wie etwa eine Infektion, die sich der Spender z.B. im Krankenhaus zuzieht.

Blutspender sind versichert, wenn sie das Blut einer gemeinnützigen wie auch einer gewerblichen Institution gegen Bezahlung spenden[30]. Anders liegt der Fall, wenn jemand Blut spendet, damit dieses ihm später als Eigenblut, z.B. bei einer Operation oder einer Eigenblutbehandlung, wieder zur Verfügung gestellt werden kann. Hier liegt eine unversicherte eigenwirtschaftliche Tätigkeit (zu diesem Begriff siehe S. 78 ff.) vor[31].

> Versicherungsschutz bei Eigenblutspende?

c) Dritte Alternative: Verfolgung von Straftätern u.ä.

Wer bei der Verfolgung oder Festnahme einer Person hilft, die einer rechtswidrigen Tat verdächtig ist oder wer einem Dritten beisteht, der sich einem rechtswidrigen Angriff gegenübersieht, ist nach § 2 Abs. 1 Nr. 13 c SGB VII gesetzlich unfallversichert. Dabei muss der Verdacht einer Straftat bei

---

29 BSG vom 30.11.1982, BSGE 54, 190
30 BSG vom 22.11.1984, SozR 2200 § 550 Nr. 68
31 Petri u.a., § 2 SGB VII Rn. 57

B. Versicherte Personen

dem Helfer vorhanden sein; unschädlich ist es jedoch, wenn der Helfer die Situation als Laie falsch einschätzt.

Falsche Einschätzung durch Laien

Das kann in der Praxis problematisch sein: Einerseits ist anerkannt, dass eine falsche Einschätzung der Situation durch einen Laien grundsätzlich nicht schadet, andererseits soll der Versicherungsschutz aber erst greifen, wenn eine Straftat vorliegt, nicht etwa eine bloße Ordnungswidrigkeit[32]. In der konkreten Situation, in der ja üblicherweise schnelles Handeln erforderlich ist, kann dies aber von einem Laien nur schwer richtig eingeschätzt werden. Grundsätzlich wird man davon auszugehen haben, dass zumindest eine Gewaltanwendung gegen eine andere Person abzuwehren bzw. zu verfolgen ist[33].

Auch in diesem Fall ist dem Versicherten nach § 13 SGB VII ein eventuell entstehender Sachschaden zu ersetzen.

8. Meldepflichtige Arbeitslose und Sozialhilfeempfänger

Gesetzliche Grundlagen der Meldepflicht

Arbeitslose und Sozialhilfeempfänger sind unfallversichert (§ 2 Abs. 1 Nr. 14 SGB VII), wenn sie ihrer gesetzlichen Meldepflicht nachkommen. Diese Meldepflichten ergeben sich

➢ für Arbeitslose aus den § 309 Abs. 1 SGB III (Bezieher von Arbeitslosengeld), § 180 SGB III (Bezieher von Kurzarbeitergeld) und § 215 Abs. 1 SGB III (Bezieher von Schlechtwettergeld),

➢ für Sozialhilfeempfänger aus § 18 BSHG (der Sozialhilfeträger kann dem Sozialhilfeempfänger auferlegen, sich beim Arbeitsamt zu melden).

Umfang des Versicherungsschutzes

Versichert sind diese Personen auf allen Wegen, die mit der Erfüllung ihrer Meldepflichten im Zusammenhang stehen.

Die Einzelheiten zu den Meldepflichten sind der **Meldeanordnung der Bundesanstalt für Arbeit** zu entnehmen, die man sich als Arbeitsloser oder sonstiger Hilfeempfänger

---

[32] so z.B. Petri u.a., § 2 SGB VII Rn. 58
[33] so auch KassKomm-Ricke, § 2 SGB VII Rn. 76

I. Versicherte kraft Gesetz

vom zuständigen Arbeitsamt aushändigen oder zeigen lassen sollte. Mit der Neuregelung des Rechts der Arbeitsförderung im SGB III wurden die o.g. Meldepflichten vereinheitlicht, aber auch verschärft. Schon deswegen sollte man die Verpflichtungen und die damit verbundenen Anforderungen an den Leistungsempfänger kennen, da sie nicht zuletzt auch Auswirkungen auf den Unfallversicherungsschutz haben.

Wegen der engen Voraussetzungen der Vorschrift des § 2 Abs. 1 Nr. 14 SGB VII (Wortlaut: »einer im Einzelfall an sie gerichteten Aufforderung«) unterliegen diejenigen nicht diesem Unfallversicherungsschutz, die erstmals das Arbeitsamt aufsuchen, um sich arbeitslos zu melden, da nach Auffassung des BSG hiermit keine Erfüllung einer gesetzlich geregelten Meldepflicht vorliegt[34].

Ist die Arbeitslosmeldung versichert?

Nicht jede Vorsprache beim Arbeitsamt unterliegt dem Unfallversicherungsschutz. Grundsätzlich muss eine besondere, an den von § 2 Abs. 1 Nr. 14 SGB VII erfassten Personenkreis im Einzelfall gerichtete Meldeaufforderung der zuständigen Dienststelle vorliegen. Da die Aufforderung jedoch keiner bestimmten Form bedarf[35], kann sie also grundsätzlich auch mündlich erfolgen, was jedoch gegebenenfalls zu erheblichen Beweisproblemen führen kann. Allerdings kann die Aufforderung zur persönlichen Vorsprache auch wesentlich weiter gefasst sein und sich trotzdem ein Versicherungsschutz ergeben:

Einschränkungen des Versicherungsschutzes

Beispiel:
Eine Langzeitarbeitslose, die im Anschluss an das Arbeitslosengeld nun Arbeitslosenhilfe beziehen will, erhält vom zuständigen Arbeitsamt Antragsunterlagen, die sie laut beiliegendem Begleitschreiben »umgehend mit den erforderlichen Unterlagen möglichst persönlich abgeben« soll. Sie verunglückt auf dem Rückweg vom Arbeitsamt nach Hause.

---

34 BSG vom 29.5.1973, BSGE 36, 39
35 BSG vom 8.12.1994, SozR 3-2200 § 539 Nr. 32

B. Versicherte Personen

Das BSG[36] bestätigte die Entscheidung des LSG Thüringen, wonach selbst diese Aufforderung eine Meldepflicht darstellte und damit für alle Wege auch Unfallversicherungsschutz mit sich brachte. Es reiche alleine der Eindruck, der aus dem Schreiben hervorgehe, das persönliche Erscheinen sei notwendig, eine explizite Aufforderung sei gar nicht notwendig.

9. Tätige beim Selbsthilfebau

Umfang des Unfallversicherungsschutzes

Diese Vorschrift (§ 2 Abs. 1 Nr. 16 SGB VII) begünstigt den Bau von Wohnraum, für den mangels Eigenkapital Eigenbauleistungen erforderlich sind. Das betrifft jedoch nicht jedes Bauvorhaben, bei dem der Bauherr aus Ersparnisgründen Eigenleistungen erbringt. Der Schutz ist beschränkt auf den Bau von Familienheimen im Sinne des § 7 des 2. Wohnungsbaugesetzes, entsprechenden Eigentums- (§ 12 dieses Gesetzes) und Genossenschaftswohnungen (§ 13 dieses Gesetzes), die der Bauherr für sich und seine Familie nutzen will.

Versichert sind Selbsthilfearbeiten, die für die Gesamtbaukosten erheblich sind und zwar die Arbeit des Bauherrn selbst, die seiner Angehörigen und anderer Personen, wenn die Hilfe unentgeltlich oder auf Gegenseitigkeit erfolgt. Unentgeltlich ist die Hilfeleistung auch dann noch, wenn die Hilfspersonen z.B. Essen und Getränke erhalten[37].

Es reicht nicht aus, dass die beim Hausbau sowieso in der Regel vom Eigentümer zu erbringenden Leistungen erbracht werden, wie z.B. das Tapezieren oder Verdübeln von Regalen an den Wänden.

10. Pflegepersonen

Welche Pflegepersonen sind versichert?

Pflegepersonen, die z.B. nicht bereits nach Nr. 1 als angestellte Pfleger oder nach Nr. 12 als ehrenamtliche Helfer versichert sind, werden nach § 2 Abs. 1 Nr. 17 SGB VII in

---

36 BSG vom 12.9.2001, Az.: B 2 U 5/01 R, Pressemitteilung des BSG vom 12.9.2001
37 BSG vom 31.1.1984, SozR 2200 § 539 Nr. 85

den Schutz der gesetzlichen Unfallversicherung einbezogen.

Es muss sich um eine Pflegeperson im Sinne des § 19 Pflegeversicherungsgesetz (SGB XI) handeln, die einen Pflegebedürftigen im Sinne des § 14 Pflegeversicherungsgesetz pflegt. Pflegepersonen sind dabei solche Personen, die Pflege nicht erwerbsmäßig erbringen, wenn diese Pflege mindestens 14 Stunden wöchentlich in der häuslichen Umgebung des Pflegebedürftigen erfolgt. Pflegebedürftige sind aufgrund ihrer körperlichen, geistigen oder seelischen Erkrankung und Behinderung nicht in der Lage, die gewöhnlichen und regelmäßig wiederkehrenden Verrichtungen des täglichen Lebens auf Dauer ohne erhebliche fremde Hilfe selbst zu erledigen.

Die Pflege ist dann nicht erwerbsmäßig, wenn die Pflegeperson eine Vergütung erhält, die das Pflegegeld nach § 37 SGB XI nicht übersteigt. Eine ausdrückliche gesetzliche Regelung gibt es hierzu nicht, jedoch wird man § 3 Satz 2 SGB VI, der für diesen Fall eine Pflichtversicherung in der gesetzlichen Rentenversicherung ausschließt, entsprechend anwenden können[38]. Unter diesen Personenkreis fallen vor allem diejenigen, die im Bereich der Körperpflege, der Ernährung, der Fortbewegung und der hauswirtschaftlichen Versorgung tätig werden. Geschützt sind damit auch nahe Familienangehörige, die solche Pflegeleistungen schon aus Gründen des familiären Zusammenhalts erbringen.

Wann findet Pflege erwerbsmäßig statt?

11. Weitere Versicherte

Nach § 2 Abs. 1 SGB VII sind zudem noch pflichtversichert

- ➤ nach Nr. 3: Personen, die auf Grund von Arbeitsschutz- oder Unfallverhütungsvorschriften untersucht werden,
- ➤ nach Nr. 5: Landwirtschaftliche Unternehmer,
- ➤ nach Nr. 7: Küstenschiffer und -fischer,

---

38 Petri u.a., § 2 SGB VII Rn. 65

B. Versicherte Personen

> nach Nr. 9: im Gesundheitsdienst oder bei der Wohlfahrtspflege Tätige,
>
> nach Nr. 15: medizinische und berufliche Rehabilitanden.

Nach § 2 Abs. 2 SGB VII sind auch Gefangene in der Strafhaft oder im Jugendarrest, wenn sie wie Beschäftigte tätig werden, unfallversichert. Entwicklungshelfer sind nach § 2 Abs. 3 Nr. 2 SGB VII unfallversichert.

II. Versicherte kraft Satzung

Die gewerblichen Berufsgenossenschaften haben nach § 34 SGB IV als Körperschaften des öffentlichen Rechts die Pflicht, eine **Satzung** zu erlassen. Inhalte der Satzung können z.b. Verfahrensgrundsätze bei der Festlegung des Gefahrklassentarifs oder Vorschriften zur Handhabung der Unfallverhütung usw. sein. Die Satzung kann auch die Aufnahme von Unternehmern in den Schutzbereich der Berufsgenossenschaft regeln.

Begriff des Unternehmers

Unternehmer ist nach § 121 Abs. 1 SGB VII derjenige, der von dem Betrieb, der Einrichtung oder der Tätigkeit profitieren will. Ist die Versicherung durch Satzung anerkannt, so erstreckt sich der Versicherungsschutz auf alle mit dem Unternehmen verbundenen Tätigkeiten.

Beispiel:
Gastwirt G ist kraft Satzung unfallversichert. An einem Abend begleitet er seinen letzten, etwas angetrunkenen Gast zur U-Bahn, um ihm sicheres Geleit zu geben. Verunglückt G dabei, so ist er unfallversichert[39].

Nach § 3 Abs. 1 Nr. 1 SGB VII müssen Unternehmer sowie deren mitarbeitende Ehepartner Versicherte in der zuständigen Berufsgenossenschaft werden.

Dritte auf der Unternehmensstätte

§ 3 Abs. 1 Nr. 2 SGB VII erweitert diesen Schutz auf Personen, die sich auf der Unternehmensstätte aufhalten. Die

---
39 BSG vom 30.8.1979, SozR 2200 § 548 Nr. 47

II. Versicherte kraft Satzung

»Unternehmensstätte« ist der im Gesetz gewählte Begriff für den Sitz des Unternehmens und alle damit verbundenen Örtlichkeiten und Räumlichkeiten. Dazu gehören bei Bauunternehmen z.B. auch die auswärtigen Baustellen. Zwei wesentliche Einschränkungen sind hier zu beachten:

➢ zum einen kann die Satzung vorsehen, dass der Schutz für Besucher auf bestimmte Besucher beschränkt wird,
➢ zum anderen dürfen sich diese Besucher nur mit Einwilligung des Unternehmers an diesem Ort aufhalten.

Beispiel:
Anwalt A berät den Unternehmer U bereits seit mehreren Jahren. Zu diesem Zweck kommt er immer in das Büro des U. Eines Tages kündigt U dem A das Mandat und teilt diesem schriftlich mit, er wolle ihn »in seinem Laden« nicht mehr sehen. A, der trotzdem zu U fährt, verunglückt dabei auf dem Firmengelände des U.

Ein Versicherungsschutz kraft Satzung über die zuständige Berufsgenossenschaft des U besteht nach § 3 SGB VII deswegen nicht, da A ohne Einverständnis des U auf dessen Gelände unterwegs war.

Zu beachten ist, dass dieser Unfallversicherungsschutz jedoch nachrangig[40] ist, d.h., dass er nicht eintritt, wenn der Besucher des Unternehmens aufgrund seiner Tätigkeit bereits Unfallversicherungsschutz genießt:

<small>Nachrangigkeit des Unfallversicherungsschutzes</small>

Beispiel:
Auf der Baustelle des Bauunternehmers B sind nach Ermittlungen der Bundesanstalt für Arbeit Arbeitnehmer ohne Arbeitserlaubnis tätig. Es werden Beamte auf die Baustelle geschickt, um im Rahmen einer überraschenden Aktion die Arbeitnehmer zu überprüfen. Der zum Schutz der Beamten entsandte Polizeibeamte P stürzt über ein Bauteil und verletzt sich dabei schwer.

Kurz danach kommt ein Beauftragter der zuständigen Berufsgenossenschaft C auf die Baustelle, um die Arbeitnehmer beim Arbeitsschutz zu unterstützen und verletzt sich dort.

---

40 »subsidiär«, KassKomm-Ricke, § 2 SGB VII Rn.5

B. Versicherte Personen

Die Beamten haben sich wahrscheinlich nicht mit Willen des B auf der Baustelle aufgehalten. Somit tritt die Versicherung kraft Satzung nicht ein. P ist aber staatlich gegen Unfallschäden abgesichert. C dagegen hält sich mit dem zu unterstellenden Willen des B auf der Baustelle auf und könnte diesen Schutz genießen. Da er aber bereits Versicherungsschutz im Rahmen seiner Tätigkeit über seine Berufsgenossenschaft genießt, ist der Versicherungsschutz kraft Satzung nachrangig und tritt nicht ein.

Versicherte nach § 3 Abs. 1 Nr. 2 SGB VII

Versichert sind unter diesen Voraussetzungen z.B.:

➢ Mitglieder von Prüfungsausschüssen,
➢ Prüflinge oder Teilnehmer von Veranstaltungen der zusätzlichen Berufsschulung,
➢ Teilnehmer von Unternehmensbesichtigungen,
➢ Teilnehmer im Rahmen der Entwicklungshilfe,
➢ Rechtsanwälte, Steuerberater, Ärzte, Sachverständige usw.,
➢ Mitglieder des Aufsichtsrates, Beirates, Verwaltungsrates sowie des Vorstandes des Unternehmens,
➢ Familienangehörige, die sich im Interesse des Versicherten im Unternehmen aufhalten.

III. Freiwillig Versicherte

Freiwilliger Beitritt von Unternehmern

§ 6 SGB VII sieht vor, dass Unternehmer, die

➢ nicht kraft Gesetz (§ 2 SGB VII) oder
➢ nicht kraft Satzung (§ 3 SGB VII)

bei einer Berufsgenossenschaft versichert sind, sich dieser freiwillig anschließen können. Dies empfiehlt sich, wenn ein Unternehmen rein privaten Belangen dient, aber mit gewissen Risiken verbunden ist, deren Folgen zu nicht abschätzbaren Schäden führen können. Die Satzung der Berufsgenossenschaft regelt in diesem Fall, wie der Beitrag festzusetzen ist, wobei der freiwillig Beitretende einen Betrag

III. Freiwillig Versicherte

innerhalb eines gewissen Rahmens wählen kann. Der Beitritt erfolgt durch einen Antrag, dessen Form von der Satzung vorgeschrieben ist.

Die freiwillige Mitgliedschaft endet durch

> Ende der Mitgliedschaft

- ➢ Beendigung des Unternehmens,
- ➢ Ausschluss aus der Berufsgenossenschaft wegen missbräuchlicher Leistungsherbeiführung,
- ➢ Kündigung und
- ➢ bei Beitragsrückständen, die 2 Monate nach Zahlungsaufforderung noch nicht geleistet wurden.

Beispiel:
U ist am 15.6.1996 freiwillig der Berufsgenossenschaft für Fahrzeughaltungen beigetreten, da er selbst eine kleine Oldtimersammlung pflegt. Er wird von der Berufsgenossenschaft am 4.7.1996 zur Leistung eines Beitragsvorschusses aufgefordert, den er nicht zahlt. Am 15.8.1996 fordert ihn die Berufsgenossenschaft »letztmalig« auf, den Vorschuss zu zahlen, was U wiederum ignoriert. Am 19.10.1996 teilt ihm die Berufsgenossenschaft mit, dass die freiwillige Mitgliedschaft nach § 6 SGB VII deswegen beendet ist. Am 4.11.1996 meldet sich der U erneut bei der Berufsgenossenschaft als freiwilliges Mitglied an. Wenige Tage später verunglückt er bei der Restaurierung seines neuesten Oldtimers tödlich. Die Witwe des U möchte von der Berufsgenossenschaft eine Hinterbliebenenrente.

Die Berufsgenossenschaft muss keine Hinterbliebenenrente an die Witwe des U zahlen, da nach § 6 Abs. 2 SGB VII die Neuanmeldung so lange unwirksam bleibt, bis der rückständige Beitrag oder Beitragsvorschuss entrichtet wurde.

Mit »Beendigung des Unternehmens« endet auch der Versicherungsschutz. Hierbei kommt es sowohl auf die rechtlichen Umstände der Beendigung (z.B. Löschung aus dem Handelsregister, Abwicklung durch Insolvenz etc.) als auch auf tatsächliche Umstände (offenkundig keine Unternehmenstätigkeit mehr) an. Nachgelagerte Tätigkeiten, die zur Beendigung des Unternehmens gehören, unterfallen ebenfalls noch dem Schutz der Versicherung, so z.B. Tätigkeiten

B. Versicherte Personen

zur Abwicklung des Unternehmens, Aufräumungsarbeiten usw.

IV. Versicherungsfreie Personen

Jeder Sozialversicherungszweig regelt immer ausdrücklich, wann bestimmte Personengruppen nicht pflichtversichert sein müssen. In der Regel handelt es sich dabei um Personengruppen, die schon auf Grund ihrer Tätigkeit einen anderen Versicherungsschutz besitzen. In der gesetzlichen Unfallversicherung sind diese Personengruppen in den §§ 4 und 5 SGB VII geregelt. Danach sind versicherungsfrei

- ➢ Personen, die Unfälle im Rahmen eines Dienst- oder Arbeitsverhältnisses erleiden, für das beamtenrechtliche Unfallfürsorgevorschriften oder entsprechende Grundsätze gelten,
- ➢ Personen, die eine Versorgung nach dem Bundesversorgungsgesetz für einen Unfall erhalten,
- ➢ Mitglieder geistlicher Genossenschaften, Diakonissen, Schwestern des Deutschen Roten Kreuzes und Angehörige ähnlicher Gemeinschaften,
- ➢ Ärzte, Zahnärzte, Tierärzte, Heilpraktiker und Apotheker, wenn sie selbständig sind und
- ➢ Verwandte des Haushaltsvorstandes, wenn sie im Haushalt beschäftigt sind.

C. Prävention und Arbeitsschutz

I. Begriffsklärung und gesetzliche Grundlagen

1. Grundsätzliches

Ein zentrales Prinzip des deutschen Sozialversicherungsrechts ist es, Leistungsverpflichtungen, die sich z.b. aus Arbeitsunfällen und Berufskrankheiten ergeben können (siehe dazu Kapitel E, S. 152 ff.), durch vorbeugende Maßnahmen zu verhindern. Man spricht hier von Prävention, was im Wortsinne »Vorbeugung« und »Verhütung« bedeutet.

<small>Begriff der Prävention</small>

Für die Berufsgenossenschaften sind Präventionsmaßnahmen von erheblicher Bedeutung, da jede erfolgreiche und erfolgversprechende Investition in diesem Bereich dazu beiträgt, die wesentlich kostenintensiveren Leistungsverpflichtungen zu verhindern, die entstehen, wenn es zu einem Schaden kommt. Die wirtschaftliche Bedeutung der Prävention für die Berufsgenossenschaften lässt sich deutlich an den steigenden Ausgaben im Präventionsbereich erkennen:

<small>Bedeutung</small>

Jahr	Ausgaben in Mio. Euro
1993	572
1997	683
1999	724
2001	667

Der Erfolg der Präventionsbemühungen lässt sich durch den stetigen Rückgang von Arbeitsunfällen (siehe die Statistiken auf S. 3 f.) beweisen.

Prävention ist jedoch nicht nur eine Aufgabe der Berufsgenossenschaft, sondern obliegt unter dem weiter gefassten Begriff »Arbeitsschutz« allen im Betrieb Tätigen, wie auch entsprechenden öffentlichen Aufsichtsbehörden, so z.B. den Gewerbeaufsichtsämtern. Arbeitsschutz umfasst alles, was dazu geeignet sein kann, die Arbeitsverhältnisse so zu ge-

<small>Aufgabe und Umfang</small>

C. Prävention und Arbeitsschutz

stalten, dass Unfälle oder zu Krankheiten führende Belastungen vermieden werden.

Arbeitsschutz und Prävention sind aber auch eine Frage des Selbstverständnisses von Arbeitgebern und Arbeitnehmern. Diese Aufgaben sozusagen als »unnötigen Zwang« anzusehen, schadet letztlich allen Beteiligten.

> **Was bedeutet Arbeitsschutz?**
>
> Arbeitsschutz umfasst alle rechtlichen, organisatorischen, technischen und medizinischen Maßnahmen, die den Arbeitnehmer bestmöglich vor den Gefahren schützen, die von seinem Arbeitsplatz, von seiner Tätigkeit und der Arbeitsumgebung ausgehen.

2. Gesetzliche Grundlagen von Arbeitsschutz und Prävention

a) Arbeitsschutz und Prävention sind in einer Vielzahl von Vorschriften geregelt, die sich im Europarecht, im deutschen öffentlichen Recht (z.B. Arbeitsschutzgesetz, Arbeitssicherheitsgesetz, SGB VII verbunden mit den Unfallverhütungsvorschriften – UVV – sowie diverse Verordnungen) und im Privatrecht (individuelles und kollektives Arbeitsrecht) finden.

b) Europäisches Recht

Europa wächst stetig zusammen. Vor allem deshalb bestimmen EU-weit geltende Rechtsvorschriften immer mehr die Rechtslage und Gesetzgebung in Deutschland. Maßnahmen europäischer Organisationen im Arbeitsschutz haben einen weitgehenden Einfluss auf technische und rechtliche Entwicklungen im deutschen Recht. Europäische Vorgaben, wie z.B. EU-Richtlinien, sind vom bundesdeutschen Gesetzgeber innerhalb vorgeschriebener Fristen in deutsches Recht umzusetzen. Geschieht dies nicht, so gelten sie unmittelbar im deutschen Recht.

I. Begriffserklärung und gesetzliche Grundlagen

Es gibt allerdings auch europäische Vorschriften, die einer ausdrücklichen Umsetzung gar nicht bedürfen, da sie z.B. grenzüberschreitende Bedeutung haben (u.a. beim Güterkraftverkehr) und deswegen europaweit direkte Geltung erlangen.

c) Öffentliches Recht

Im öffentlichen Recht unterscheidet man zwischen dem staatlichen Arbeitsschutzrecht und dem Arbeitsschutzrecht aufgrund des Unfallversicherungsrechts. Diese Unterscheidung ermöglicht es, sehr allgemein gefasste Regelungen im staatlichen Arbeitsschutzrecht vorzuhalten, die für alle Betriebe gelten, wogegen das Arbeitsschutzrecht aufgrund des Unfallversicherungsrechts sehr betriebsspezifische Regelungen enthält.

Staatliches Arbeitsschutzrecht

Die wichtigsten Gesetze des staatlichen Arbeitsschutzrechts sind u.a.

- Arbeitsschutzgesetz (ArbSchG),
- Arbeitssicherheitsgesetz (ASiG),
- Mutterschutzgesetz (MuSchG),
- Arbeitszeitgesetz (ArbZG).

Hinzu kommen diverse Verordnungen, die die Arbeitsbedingungen bezogen auf spezielle Belastungen und Gefährdungen regeln, so u.a.:

- Bildschirmarbeitsverordnung (BildschirmarbeitsVO),
- Baustellenverordnung (BaustellenVO),
- Arbeitsstättenverordnung (ArbeitsstättenVO),
- Lastenhandhabungs-Verordnung (Lastenhandhabungs-VO),
- Gefahrstoff-Verordnung (GefStoffVO)

Ein wichtiger neuer Ansatz zur Vereinheitlichung und EU-konformen Neuordnung des Betriebs- und Anlagensicherheitsrechts, das derzeit weitgehend in acht Verordnungen

Die neue Betriebssicherheitsverordnung

C. Prävention und Arbeitsschutz

(z.B. Getränkeschrank-, Gashochdruck- oder Aufzugsanlagen) geregelt ist, ist die **neue Betriebssicherheitsverordnung**[41]. Sie vereinheitlicht und vereinfacht damit das Recht im Bereich der Sicherheit und des Gesundheitsschutzes

> ➤ bei der Bereitstellung von Arbeitsmitteln und deren Benutzung bei der Arbeit und
> ➤ der Sicherheit beim Betrieb überwachungsbedürftiger Anlagen.

Durch die Änderung der Arbeitsstättenverordnung (Einfügung eines neuen § 3 a durch die neue Betriebssicherheitsverordnung) wird nun auch der **Nichtraucherschutz am Arbeitsplatz** (siehe dazu unten S. 43) geregelt.

Die Betriebssicherheitsverordnung war im Gesetzgebungsverfahren bei den verschiedenen Verbänden sehr umstritten. So haben insbesondere die Gewerkschaften kritisiert, dass diese Chance zur Vereinheitlichung verschiedener Verordnungen nicht dazu genutzt wurde, im Arbeitssicherheitsrecht weitergehende und damit besser schützende Regelungen zu treffen. Verbände und Gewerkschaften wurden zwar im Gesetzgebungsverfahren angehört, deren Änderungswünsche und Anregungen zum Gesetzentwurf wurden jedoch weitgehend nicht berücksichtigt[42].

Regelungsbereiche der Unfallverhütungsvorschriften

Öffentliches Recht ist aber auch das Unfallversicherungsrecht des SGB VII. Zentrale Vorschrift ist hier § 15 SGB VII, der vorsieht, dass die Berufsgenossenschaften **Unfallverhütungsvorschriften** erlassen können. Unfallverhütungsvorschriften regeln

> ➤ welche **Einrichtungen, Anordnungen und Maßnahmen** der Unternehmer zu treffen hat, um Arbeitsunfälle zu verhüten und wie diese Aufgaben auf andere Personen übertragen werden können,

---

41 vom 27.9.2002, BGBl. I Nr. 70, S. 3777
42 siehe z.B. die Stellungnahme des VDSI, sicherheitsNet.de vom 13.6.2002

I. Begriffserklärung und gesetzliche Grundlagen

- wie sich Versicherte zu **verhalten** haben, um Arbeitsunfälle zu verhindern,
- die notwendigen **ärztlichen Untersuchungen** für Versicherte, bevor sie mit Aufgaben betraut werden dürfen, die für sie und/oder Dritte mit Gesundheitsgefahren verbunden sind,
- die **Maßnahmen**, die der Unternehmer ergreifen muss, um seine Pflichten **aus dem Gesetz** über Betriebsärzte, Sicherheitsingenieure und andere Fachkräfte **für Arbeitssicherheit** (Arbeitssicherheitsgesetz) zu erfüllen,
- die **Sicherstellung einer wirksamen Ersten Hilfe** durch den Arbeitgeber und
- die **Zahl der Sicherheitsbeauftragten**, die zu bestellen sind.

Die Berufsgenossenschaften sind damit befugt, viele Bereiche durch Unfallverhütungsvorschriften zu regeln. Diese Vorschriften regeln z.B. welche Schutzkleidung zur Verfügung zu stellen ist, die richtige Nutzung bestimmter Maschinen bis hin zur Einrichtung von Büros. Hier erweist es sich als Vorteil, dass die Berufsgenossenschaften nach Gewerbezweigen gegliedert sind, denn so können sie ihre Erfahrungen und Kenntnisse gezielt für bestimmte Gewerbezweige einsetzen.

§ 16 SGB VII erweitert in seinen beiden Absätzen den Geltungsbereich der Unfallverhütungsvorschriften. Nach Absatz 1 gelten die Unfallverhütungsvorschriften eines Unternehmers auch für solche Versicherte, die zwar eigentlich einer anderen Berufsgenossenschaft zugehörig sind, die aber im betroffenen Unternehmen gerade tätig sind.

Erweiterung des Geltungsbereichs

Beispiel:
Wartet der Chemie-Ingenieur A, angestellt bei einer Firma, die Laborgeräte herstellt und vertreibt (Zuständigkeitsbereich der Chemie-Berufsgenossenschaft), gerade im Rathaus der Stadt München die Laborgeräte im Umweltamt, so muss er sich während dieser Zeit auch an die Unfallverhütungsvorschriften des zuständigen Gemeindeunfallversicherungsverbandes halten.

C. Prävention und Arbeitsschutz

Ausländische Unternehmer und deren Arbeitnehmer

Nach Absatz 2 unterfallen auch ausländische Unternehmer und ihre Arbeitnehmer den deutschen Unfallverhütungsvorschriften, wenn sie eine Tätigkeit im Inland ausüben, ohne einem Unfallversicherungsträger anzugehören. Damit können die deutschen Aufsichtsbehörden und Berufsgenossenschaften auch solche Unternehmen kontrollieren und überwachen.

d) Privatrecht

Arbeitsschutzrecht und Privatautonomie

Öffentliches Arbeitsschutzrecht (siehe oben S. 39 ff.) wirkt auch in die Privatautonomie hinein, also in die Freiheit, Verträge abzuschließen. Verträge, die gegen arbeitsschutzrechtliche Normen verstoßen, sind nach § 134 BGB nichtig.

Beispiel:
Arbeitgeber A vereinbart in einem Arbeitsvertrag mit dem neu einzustellenden B, dass dieser wöchentlich 50 Stunden arbeiten muss.

Diese Regelung des Arbeitsvertrages verstößt gegen § 3 ArbZG (Arbeitszeitgesetz) und ist damit nach § 134 BGB nichtig. Dieses hat keine Folgen für das Bestehen des Arbeitsvertrages als solchem, da anstelle der nichtigen Vereinbarung über die Arbeitszeit die gesetzlichen Vorschriften (also die Arbeitszeitvorgaben des ArbZG) gelten.

Auch in Tarifverträgen werden oftmals Arbeitszeiten geregelt. Auch diese Vereinbarungen zwischen den Tarifvertragsparteien unterliegen der Überwachung durch staatliches Arbeitsschutzrecht. Selbiges gilt für Betriebsvereinbarungen.

Zentrale privatrechtliche Vorschrift für den Arbeitsschutz ist § 618 BGB, der den Arbeitgeber zum Gesundheitsschutz am Arbeitsplatz verpflichtet. Gestützt auf diese Vorschrift kann der Arbeitnehmer den Arbeitgeber direkt in Anspruch nehmen, um Maßnahmen des Arbeitsschutzes an seinem Arbeitsplatz durchzusetzen.

I. Begriffserklärung und gesetzliche Grundlagen

> **Praxistipp: Rauchen am Arbeitsplatz**
>
> Rauchen am Arbeitsplatz ist ein nach wie vor hitzig diskutiertes Thema. Über viele Jahre hinweg konnten sich Arbeitnehmer ihr Recht auf einen nikotinrauchfreien Arbeitsplatz nur mühevoll erkämpfen. Regelungen auf betrieblicher Ebene waren selten und oftmals nicht ausreichend. Einige Arbeitnehmer haben versucht, einen individuellen Anspruch auf einen nikotinrauchfreien Arbeitsplatz gerichtlich zu erkämpfen und beriefen sich dabei auf § 618 BGB. Das Bundesarbeitsgericht hat diesen Anspruch bei einer konkreten Gesundheitsgefährdung anerkannt[43].
>
> Mit der nun in Kraft tretenden Betriebssicherheitsverordnung (siehe oben S. 40) wird § 3a ArbeitsstättenVO neu eingeführt. Erstmals wird darin der Schutz der nichtrauchenden Beschäftigten für alle Arbeitsstätten geregelt. Kernstück ist die Verpflichtung des Arbeitgebers, durch z.B. technische oder organisatorische Gestaltungen wirksame Schutzmaßnahmen zugunsten der nichtrauchenden Beschäftigten zu treffen. Angesichts der Vielgestaltigkeit der betrieblichen Verhältnisse erhält der Arbeitgeber auch den notwendigen Regelungsspielraum, um den Nichtraucherschutz betrieblich ausgestalten zu können.

Rauchen am Arbeitsplatz

Ebenfalls Gegenstand des Privatrechts ist das kollektive Arbeitsrecht, das in einer Vielzahl von Vorschriften (z.B. im Betriebsverfassungsgesetz, BetrVG) Mitwirkungs-, Mitbestimmungs- und Informationsrechte des Betriebsrates vorsieht (siehe dazu Kapitel F, S. 192 ff.).

3. Folge der Nichtbeachtung von Vorschriften

Vorschriften sind jedoch vollkommen nutzlos, wenn ihre Einhaltung nicht kontrolliert und eine **Missachtung** nicht bestraft wird. Deswegen sieht § 209 SGB VII vor, dass Mitglieder (die Unternehmer) oder Versicherte (die Arbeitnehmer) mit

Bußgeld

---

43 BAG NJW 1999, 162

C. Prävention und Arbeitsschutz

einem **Bußgeld** belegt werden können, wenn sie gegen eine Unfallverhütungsvorschrift verstoßen und dieser Verstoß mit einem Bußgeld bedroht ist. Für solche Verstöße können Geldbußen bis zu 10.000 Euro verhängt werden. § 209 enthält den vollständigen Katalog der mit Bußgeld bedrohten Verstöße.

Auch Verstöße gegen andere öffentlich-rechtliche Arbeitsschutzvorschriften können Bußgelder nach sich ziehen. Unternehmern, die nachhaltig und dauerhaft gegen derartige Vorschriften verstoßen und sich auch durch entsprechende Sanktionen nicht zu besserer Einsicht verleiten lassen, kann in letzter Konsequenz sogar die gewerberechtliche Erlaubnis entzogen werden.

Fristlose Kündigung

Nach der arbeitsgerichtlichen Rechtsprechung kann die Missachtung von Arbeitsschutzvorschriften auch eine **fristlose Kündigung** nach sich ziehen, wenn der Arbeitnehmer deswegen zuvor bereits erfolglos abgemahnt worden ist[44]. Das lässt sich damit begründen, dass Arbeitsschutzvorschriften nicht nur den Arbeitnehmer selbst, sondern auch Dritte schützen sollen und dass der Unternehmer daran auch ein wirtschaftliches Interesse hat, da seine Beiträge zur Berufsgenossenschaft individuell unter Berücksichtigung der Unfallhäufigkeit in seinem Unternehmen festgelegt werden.

Privatrechtlicher Schadensersatzanspruch

Der Verstoß gegen arbeitsschutzrechtliche Vorschriften sieht zudem vor, dass diese zu privatrechtlichen Schadensersatzansprüchen führen können. Diese sind aber subsidiär, also nachrangig: Ist eine Absicherung nach dem SGB VII vorhanden (siehe zur Schädigung durch Kollegen insbesondere S. 98 ff.), so gehen diese Ansprüche vor.

II. Zuständigkeiten bei Arbeitsschutz und Prävention

Im mittelständischen und großen Betrieb gibt es eine Vielzahl von Personen, die dazu verpflichtet sind, die Einhaltung arbeitsschutzrechtlicher Vorschriften zu überwachen und durchzusetzen. Im Kleinbetrieb dagegen ist Arbeits-

---

44 Petri u.a., § 15 SGB VII Rn. 6

schutz eine Aufgabe, die vom Unternehmer wahrgenommen wird (zum Arbeitsschutz im Kleinbetrieb siehe S. 65 ff.). In diesem Buch beschränke ich mich auf die berufsgenossenschaftlichen Aufsichtspersonen und die Sicherheitsbeauftragten. Daneben gibt es weitere Beauftragte, wie z.B. Gefahrstoff- und Gefahrgutbeauftragte, Katastrophen- und Brandschutzbeauftragte, Zuständige für die Anlagensicherheit und den betrieblichen Umweltschutz usw. Ihre Aufgaben sind in diversen Gesetzen und Verordnungen geregelt und können dort bei Bedarf nachgelesen werden.

> **Praxistipp:**
>
> Bei der Bestellung neuer Beauftragter im Betrieb sollte es für den Arbeitgeber eine Selbstverständlichkeit sein, die betroffenen Arbeitnehmer entsprechend regelmäßig an Fortbildungen teilnehmen zu lassen und ihnen dauerhaft einen ausreichenden Etat zur Beschaffung von Fachinformationen zuzugestehen. Nicht ausreichend oder gar uninformierte Beauftragte können ihren Aufgaben nicht nachkommen.
>
> Es genügt nicht, die Beauftragten nur mit den gesetzlichen Vorgaben auszurüsten. Auch im Arbeitsschutzrecht sind gesetzgeberische »Verklausulierungen« in großer Menge vorhanden, so dass der Arbeitgeber nicht davon ausgehen kann, dass der Arbeitnehmer alleine aufgrund dieser Vorschriften seiner Verantwortung gerecht werden kann. Hat der betriebliche Beauftragte Probleme, eine ausreichende Fortbildung oder Ausstattung bei seinem Arbeitgeber durchzusetzen, so hat er kaum rechtliche Mittel, dieses zu erreichen. Im Gegensatz zur Regelung des § 40 BetrVG, der den Betriebsräten einen durchsetzbaren Rechtsanspruch in diesem Bereich gewährt, sieht das Gesetz für die betrieblichen Arbeitsschützer keine derartigen Rechte vor. In diesem Fall sollte sich der Arbeitsschützer auf alle Fälle an die zuständige Berufsgenossenschaft wenden, die ihn gegebenenfalls unterstützen kann.

C. Prävention und Arbeitsschutz

1. Überwachung durch Aufsichtspersonen

Die Aufsichtsperson

Die §§ 17 ff. SGB VII sehen die Überwachung von Unternehmen durch **Aufsichtspersonen** vor. Nach altem Recht (§ 712 RVO) hießen diese Aufsichtspersonen »Technische Aufsichtsbeamte«. An ihren Aufgaben und Rechten hat sich durch die Neubenennung jedoch nichts geändert.

a) Begriff und Aufgaben der Aufsichtsperson

Begriff

Aufsichtspersonen sind Angestellte der Unfallversicherungsträger. Sie haben einen Befähigungsnachweis vorzulegen, der auf einer Ausbildung beim Unfallversicherungsträger aufbaut. Meistens handelt es sich bei ihnen um Ingenieure, die der jeweiligen Fachrichtung der Berufsgenossenschaft angehören, so z.B. um Bauingenieure bei der Bau-BG.

Aufgaben

Die von diesen Personen vorzunehmenden Maßnahmen unterscheidet man in

➢ Überwachung,
➢ Beratung und
➢ Erteilung von Anordnungen für den Einzelfall.

Überwachung und Beratung

Die **Überwachung und Beratung** erfolgt anlässlich von Betriebsbesichtigungen und der Untersuchung von Unfallstellen. Beratungen können jedoch auch auf Anforderung des Unternehmers erfolgen. Gegenstand von Überwachung und Beratung sind alle betrieblichen Abläufe und Einrichtungen. Dabei sind alle sicherheitsrelevanten Aspekte betroffen. Die Aufsichtsperson entscheidet, ob etwas sicherheitsrelevant ist oder nicht.

Beispiel:
In einem Büro findet eine Begehung durch die Aufsichtsperson A der zuständigen Berufsgenossenschaft statt. Dabei bemängelt A, dass hinter diversen Schreibtischen Kabel von Computern, Druckern und Schreibtischlampen einfach herunterhängen und ungesichert auf dem Boden liegen. Der den A begleitende Abteilungsleiter B weist darauf hin, dass dieses letztlich

II. Zuständigkeiten bei Arbeitsschutz und Prävention

egal sei, weil dort sowieso nie jemand hindurchgehe, so dass überhaupt keine sicherheitsrelevante Beanstandung vorliege.

A beanstandet dieses trotzdem schriftlich und fordert den Unternehmer unter Fristsetzung auf, die Kabel zu sichern. B kümmert sich nicht darum, weil er nach wie vor auf dem Standpunkt steht, diese Beanstandung sei »reine Schikane«.

In diesem Fall kann die Berufsgenossenschaft Bußgelder verhängen oder die Sicherungsmaßnahmen sogar per Ersatzvornahme (d.h. durch Einschaltung eines Dritten, dessen Kosten der Unternehmer zu tragen hat) durchführen lassen.

Sieht die Aufsichtsperson einen entsprechenden Bedarf, so hat sie **Anordnungen für den Einzelfall** zu treffen, die

> Anordnungen für den Einzelfall

➢ zum einen auf Unfallverhütungsvorschriften und

➢ zum anderen auf der Abwehr allgemeiner Gefahren für die Sicherheit oder Gesundheit

beruhen. Diese sollen konkrete Hinweise auf die zur Abhilfe vorgesehenen Maßnahmen enthalten, zudem einen Termin, zu dem diese umgesetzt sein müssen. Die Nichtbefolgung dieser Anordnungen hat ein Bußgeld zur Folge. Es gibt weiterhin die Möglichkeit, diese Anordnungen zu vollstrecken.

b) Rechte der Aufsichtspersonen

Um ihren Aufgaben nachkommen zu können, hat die Aufsichtsperson zudem das Recht,

> Rechte

➢ die Unternehmen während der Arbeitszeit zu besichtigen und Einsicht in bestimmte Unterlagen zu verlangen (§ 19 Abs. 1 SGB VII).

➢ Sie kann auch Proben von Arbeitsstoffen entnehmen und

➢ bei drohender Gefahr sofort vollziehbare Anordnungen treffen, um Gefahren abzuwenden.

Sofort vollziehbare Anordnungen können mit Rechtsmitteln nicht angegriffen werden, d.h. sie werden sofort wirksam.

C. Prävention und Arbeitsschutz

Schweigepflicht

c) Schweigepflicht

Aufsichtspersonen unterliegen als Angehörige der Berufsgenossenschaft nach § 207 Abs. 3 SGB VII selbstverständlich einer Schweigepflicht, an die sie nur gegenüber ihrer Berufsgenossenschaft und den sonstigen zuständigen Behörden nicht gebunden sind.

2. Sicherheitsbeauftragte

Bestellung eines Sicherheitsbeauftragten

In Unternehmen mit mehr als 20 Beschäftigten sind nach § 22 Abs. 1 SGB VII ein oder mehrere Sicherheitsbeauftragte zu bestellen. Die Berufsgenossenschaft kann die Mindestzahl der Beschäftigten bei solchen Unternehmenszweigen erhöhen, in denen auffallend niedrige Unfallhäufigkeiten feststellbar sind. Im Einzelfall müsste damit erst ab einer höheren Zahl von Arbeitnehmern ein Sicherheitsbeauftragter bestellt werden.

Beispiel:
Unternehmer U beschäftigt in seinem Schreinereibetrieb 36 Mitarbeiter. Aufgrund größter Sorgfalt und der ständig erfolgenden Sicherheitsüberwachung durch U selbst, ist seit Jahren kein Arbeitsunfall mehr vorgekommen. Die zuständige Berufsgenossenschaft moniert eines Tages bei U, dass dieser keinen Sicherheitsbeauftragten bestellt habe und droht ein Bußgeld an. Unter Berufung auf § 22 SGB VII beantragt U deswegen bei der Berufsgenossenschaft, für sein Unternehmen die Zahl der Arbeitnehmer, ab der ein Sicherheitsbeauftragter zu bestimmen ist, auf 40 heraufzusetzen. Wird U mit diesem Antrag Erfolg haben?

Die Erhöhung dieser Zahl kann von einem Einzelbetrieb nicht beantragt werden. Erst wenn eine ganze Gruppe von Betrieben eine sehr auffällige Unfallseltenheit nachweisen kann, wird die Berufsgenossenschaft über die Anhebung der Zahl entscheiden. U muss daher einen Sicherheitsbeauftragten bestellen.

Mitwirkung des Betriebsrats

Die **Bestellung des Sicherheitsbeauftragten** ist nach § 22 Abs. 1 Satz 1 SGB VII unter **Mitwirkung des Betriebsrats** vorzunehmen. Allerdings kann der Betriebsrat eine vom Ar-

II. Zuständigkeiten bei Arbeitsschutz und Prävention

beitgeber vorgenommene Bestellung nicht ablehnen (siehe dazu auch S. 194).

Der Sicherheitsbeauftragte hat den Unternehmer bei der Durchführung des Unfallschutzes zu unterstützen. Er hat insbesondere zu prüfen, ob vorgeschriebene Schutzvorrichtungen vorhanden sind und genutzt werden. Dazu muss er sich regelmäßig im Unternehmen umsehen, Arbeitsplätze kontrollieren und die Umsetzung der Sicherheitsvorschriften beachten.

Aufgaben

> **Praxistipp:**
>
> Für die Sicherheitsbeauftragten sollte ein »schwarzes Brett« (in größeren Unternehmen natürlich mehrere) zur Verfügung stehen, an dem sie über neue Entwicklungen, neue Sicherheitsvorkehrungen oder entsprechende Schulungen und Unterweisungen berichten können. Werden zur unternehmensinternen Kommunikation auch E-Mails verwendet, kann es nützlich sein, dass der Sicherheitsbeauftragte die Mitarbeiter regelmäßig auch per »Rund-Mail« informiert.

Sicherheitsbeauftragter kann nur sein, wer Mitarbeiter des Unternehmens ist. Externe kommen nicht in Frage. Es kann schwierig sein, einen entsprechend engagierten und belastbaren Kollegen zu finden, der bereit ist, diese verantwortungsvolle Aufgabe zu übernehmen. Hat der Unternehmer damit Probleme, darf er sich aber nicht darauf berufen und deswegen keinen Sicherheitsbeauftragten bestellen. Er muss versuchen, trotzdem einen Beauftragten zu ernennen, z.B. durch Schaffung von Anreizen, wie einer zusätzlichen Entlohnung.

Die Sicherheitsbeauftragten dienen dem Unternehmen freiwillig und haben keine Weisungsbefugnis. Sie können Mitarbeitern nur entsprechende Hinweise geben und müssen bei fortgesetzten Verstößen gegebenenfalls den Vorgesetzten einschalten. Daraus folgt, dass keine straf- oder zi-

Keine Weisungsbefugnis

C. Prävention und Arbeitsschutz

vilrechtliche Verantwortung für ihr Handeln besteht, allerdings auch kein besonderer Kündigungsschutz.

Mit dieser Funktion ist auch keine Freistellung von der Arbeit verbunden oder eine Verpflichtung des Unternehmers gegeben, eine besondere Vergütung zu zahlen. Natürlich dürfen dem Sicherheitsbeauftragten aus seiner Tätigkeit auch keine Nachteile erwachsen (§ 22 Abs. 2 und 3 SGB VII).

3. Fachkraft für Arbeitssicherheit

Begriff

Nach § 5 Abs. 1 Arbeitssicherheitsgesetz (ASiG) muss der Arbeitgeber Fachkräfte für Arbeitssicherheit (Sicherheitsingenieure, -techniker, -meister) bestellen. Der Arbeitgeber kann diese Fachkräfte als Arbeitnehmer einstellen, muss dies aber nicht tun. Anstelle dieser Fachkräfte kann er einen externen Dienstleister beauftragen (siehe S. 52 f.). Auf alle Fälle ist er jedoch verpflichtet, den bei ihm angestellten Fachkräften ihren Freiraum für Fortbildung einzuräumen (durch entsprechende Freistellungen) und er muss dafür sorgen, dass sie zur Erfüllung ihrer Aufgaben über die erforderlichen Mittel verfügen können.

Die Fachkraft für Arbeitssicherheit ersetzt nicht den Sicherheitsbeauftragten und umgekehrt. Sicherheitsbeauftragte können auch nicht zugleich Fachkraft für Arbeitssicherheit sein.

Aufgaben

Die Aufgaben der Fachkraft für Arbeitssicherheit ergeben sich zentral aus § 6 ASiG. Danach müssen sie

> ➢ den Arbeitgeber und die sonst für den Arbeitsschutz und die Unfallverhütung verantwortlichen Personen beraten (z.B. bei Planung, Ausführung und Unterhaltung von Betriebsanlagen, sozialen und sanitären Einrichtungen, bei der Beschaffung von technischen Arbeitsmitteln und der Einführung von Arbeitsverfahren und Arbeitsstoffen, der Gestaltung von Arbeitsplätzen und Arbeitsabläufen),
>
> ➢ Betriebsanlagen und technische Arbeitsmittel sowie Arbeitsverfahren sicherheitstechnisch überprüfen,

II. Zuständigkeiten bei Arbeitsschutz und Prävention

➢ die Durchführung des Arbeitsschutzes und der Unfallverhütung beobachten (z.B. durch regelmäßige Begehungen, Vorschlagen von Mängelbeseitigungsmaßnahmen, Ursachenuntersuchung von Arbeitsunfällen) und
➢ vor allem darauf hinwirken, dass sich alle im Betrieb Beschäftigten den Anforderungen des Arbeitsschutzes und der Unfallverhütung entsprechend verhalten.

Fachkräfte für Arbeitssicherheit bedürfen nach § 7 ASiG einer entsprechenden Ausbildung, sie müssen über die »erforderliche sicherheitstechnische Fachkunde« verfügen.

4. Betriebsarzt

Der Arbeitgeber muss nach § 2 ASiG einen Betriebsarzt bestellen. Dieser hat nach § 3 ASiG u.a. folgende Aufgaben: `Aufgaben`

➢ Beratung des Arbeitgebers und der sonst für den Arbeitsschutz und die Unfallverhütung verantwortlichen Personen, insbesondere auch bei der Organisation der Ersten Hilfe und bei Fragen des Arbeitsplatzwechsels sowie der Eingliederung und Wiedereingliederung Behinderter in den Arbeitsprozess,
➢ Untersuchung und arbeitsmedizinische Beurteilung und Beratung der Arbeitnehmer, insbesondere Erfassung und Auswertung von Untersuchungsergebnissen,
➢ Durchführung des Arbeitsschutzes und der Unfallverhütung, z.B. durch regelmäßige Begehungen und
➢ Sicherstellung der Einhaltung des Arbeitsschutzes und der Unfallverhütung im Betrieb, insbesondere durch Belehrung und Schulung der Helfer in Erster Hilfe.

Nicht zu den Aufgaben des Betriebsarztes gehört es ausdrücklich, Krankmeldungen der Arbeitnehmer auf ihre Berechtigung hin zu überprüfen (§ 7 Abs. 3 ASiG).

Der Betriebsarzt bedarf nach § 4 ASiG neben seiner Berechtigung, den ärztlichen Beruf auszuüben, einer arbeitsmedizinischen Fachkunde.   `Qualifikation`

C. Prävention und Arbeitsschutz

5. Überbetriebliche Dienste

Auslagerung unternehmerischer Pflichten

Gerade in kleineren Unternehmen kann es dem Arbeitgeber grundsätzlich nicht zugemutet werden, Fachkräfte für Arbeitssicherheit und Betriebsärzte einzustellen. § 19 ASiG sieht deswegen vor, dass der Arbeitgeber dieser Verpflichtung auch nachkommen kann, indem er einen überbetrieblichen Dienst von Betriebsärzten oder Fachkräften für Arbeitssicherheit zur Wahrnehmung dieser Aufgaben bestimmt. Diese Verpflichtung verstößt nach der Rechtsprechung des BSG nicht gegen höherrangiges Recht, insbesondere nicht gegen verfassungsrechtliche Vorschriften[45].

Je nach Betriebsgröße haben die einzelnen Berufsgenossenschaften für ihren Zuständigkeitsbereich jeweils festgelegt, wie viele Einsatzstunden die Fachkraft für Arbeitssicherheit und der Betriebsarzt leisten müssen[46]. Dementsprechend kann ein überbetrieblicher Dienst verpflichtet werden. Die Betreuung gerade kleiner Betriebe durch überbetriebliche Dienste ist nach einer aktuellen Untersuchung der Bundesregierung[47] noch nicht optimal, so dass das Bundesarbeitsministerium nun Effektivität und Effizienz verschiedener betriebsärztlicher Betreuungsmodelle für Kleinbetriebe untersuchen lässt.

> **Praxistipp:**
>
> Auch größere Unternehmen haben die Möglichkeit, die Dienstleistungen von Fachkräften für Arbeitssicherheit oder Betriebsärzten nach § 19 ASiG auszulagern, wenn sich dieses z.B. aus Kostengründen anbietet. Hierbei handelt es sich jedoch um **eine mitbestimmungspflichtige Maßnahme** nach § 87 Abs. 1 Nr. 7 BetrVG.

Anschlusszwang

Nach § 24 Abs. 2 S. 1 SGB VII besteht ein Anschlusszwang des Unternehmers an den überbetrieblichen Dienst, wenn

---

45 BSG vom 2.11.1999, SozR 3-2200 § 708 Nr. 1
46 in der BGV A6 »Fachkräfte für Arbeitssicherheit« bzw. der BGV A7 »Betriebsärzte« (zu beziehen über den Carl Heymanns Verlag)
47 Bericht von sicherheitsNet.de vom 10.4.2002

der Unternehmer die entsprechenden Fachkräfte nicht oder nicht in ausreichender Zahl bestellt.

III. Mittel der Prävention – Wie werden Arbeitsunfälle und Berufskrankheiten verhindert?

Gesetzliche Vorschriften, Verordnungen und Unfallverhütungsvorschriften bieten ein breites Spektrum von Maßnahmen, die dazu beitragen sollen, Arbeitsunfälle und Berufskrankheiten zu verhindern. Der technische Fortschritt, neue Herausforderungen an Arbeitsplätze und der stetig wachsende Druck, der sich aus einer schwierigen gesamtwirtschaftlichen Situation ergibt, tragen jedoch dazu bei, immer neue Risiken zu schaffen, denen sich der Arbeitsschutz gegenüber sieht.

Beispiel:
Eine neue Herausforderung, die sich durch die zunehmende Ausstattung der Arbeitsplätze mit Computern sehr verstärkt hat, ist die »Informationsflut am Arbeitsplatz«. Nach einer aktuellen Untersuchung[48] fühlt sich jeder zehnte Arbeitnehmer dieser Studie durch Informationsüberflutung psychisch gestresst. Auslöser ist dabei nicht die »Werbeflut im elektronischen Postkasten«, sondern der ganz normale Geschäftsverkehr. Über elektronische Medien lässt sich schnell Kontakt mit den Mitarbeitern direkt aufnehmen. Dieser einfachere Zugang verhindert Filter, wie z.B. die Postauszeichnung oder die Verteilung und verkürzt Bearbeitungszeiten der Post von mehreren Tagen auf einzelne Tage oder gar Stunden.

Informationsflut am Arbeitsplatz

Experten haben bei der Untersuchung von zehn E-Mail-Programmen bis zu 19 Funktionen entdeckt, die sich gegen derartige Informationsüberflutungen einsetzen lassen, die viele in der Studie Befragten jedoch weder kannten noch je ausprobiert hatten. Hier könnte eine entsprechende Medienschulung hilfreich sein.

Es ist deswegen nicht ausreichend, sich auf gesetzliche Vorgaben zu verlassen. Vielmehr bedarf es großer Phantasie und ständiger Beobachtung des Wandels der Arbeitswelt,

---

48 Bericht über einen Workshop der BAuA am 20.3.2002 in Dresden bei sicherheitsNet.de vom 22.3.2002

C. Prävention und Arbeitsschutz

um sicher zu stellen, dass Arbeitsschutz auch modernen Herausforderungen gewachsen ist.

Nachfolgend sollen einige wichtige Aspekte von Prävention und Arbeitsschutz dargestellt werden:

1. Aufbau von Know-how bei Verantwortlichen und Arbeitnehmern

Zentrale Voraussetzung für die Verhütung von Arbeitsunfällen und Berufskrankheiten ist, dass bei Vorgesetzten, Arbeitnehmern und betrieblichen Beauftragten ein entsprechendes Fachwissen vorhanden ist. Dieses kann durch

➢ Schulungen,
➢ Informationsmaterial, wie Fachbücher und Datenbanken,
➢ Erfahrungsaustausch und
➢ vielfältige Informationsquellen im Internet

aufgebaut werden.

BG-Lehrgänge

Die Berufsgenossenschaften müssen nach § 23 SGB VII Aus- und Fortbildungslehrgänge anbieten. Sie sollen insbesondere auch die Unternehmer dazu anhalten, den Mitarbeitern eine rege Teilnahme zu ermöglichen. Diese Ausbildungslehrgänge richten sich an die Unternehmer selbst, deren Stellvertreter, Abteilungsleiter, Betriebs- und Personalräte, Sicherheitsbeauftragte usw.. Der Kreis derjenigen, die an diesen Schulungen teilnehmen sollten, ist eher weit zu ziehen, um eine größtmögliche Sicherheit im Unternehmen zu gewährleisten.

Kostenübernahme

Für die mit der Ausbildung in unmittelbarem Zusammenhang stehenden **Kosten** (Schulung, Unterkunft, Verpflegung, Reisekosten) kommt die Berufsgenossenschaft auf, für die uneingeschränkte **Lohnfortzahlung** in dieser Zeit der Arbeitgeber.

III. Mittel der Prävention

Gegenstand dieser Schulungen sind alle Sicherungsmaßnahmen, die in einem Unternehmen anfallen können, insbesondere der Inhalt von Unfallverhütungsvorschriften u.ä.

Gegenstand

Daneben gibt es eine Vielzahl von Seminaranbietern, die Fortbildungen anbieten.

Schulung bedeutet aber auch, dass Sicherheitsbeauftragte und Fachkräfte für Arbeitssicherheit intern die Mitarbeiter schulen – sei es in einzelnen Gesprächen oder in Gruppen.

> **Praxistipp:**
> Viele Verlage veröffentlichen in ihrem Programm zwischenzeitlich auch Schulungsunterlagen, zu denen auch Folien im PDF®- oder MS-Powerpoint®-Format gehören, die zu eigenen Schulungszwecken eingesetzt werden können.

2. Aufbau von Know-how über Arbeitsplätze, deren Umgebung und ihre spezifischen Gefahren

Neben grundsätzlichen Regeln zum Arbeitsschutz, die im gesamten Unternehmen gelten, muss zur Vermeidung von Arbeitsunfällen und Berufskrankheiten ein spezielles Knowhow über die einzelnen Arbeitsplätze, ihre Umgebung und ihre spezifischen Gefahren aufgebaut werden. Dieses Wissen ermöglicht es den Arbeitnehmern an ihrem Arbeitsplatz die Regeln einzuhalten, die der spezifischen Gefährdungssituation gerecht werden.

a) Gefährdungsbeurteilung

Ein wichtiges Mittel, dieses Wissen zu erarbeiten, ist die in § 5 Abs. 1 Arbeitsschutzgesetz (ArbSchG) vorgeschriebene Gefährdungsbeurteilung, die u.a. anhand vorgefertigter Fragebögen von der Fachkraft für Arbeitssicherheit oder den Sicherheitsbeauftragten (oder beiden gemeinsam) durchgeführt wird. Diese Fragebögen gibt es in vielfältiger

Gefährdungsbeurteilung

C. Prävention und Arbeitsschutz

Varianten bei den zuständigen Berufsgenossenschaften oder in Verlagspublikationen.

> **Praxistipp:**
>
> Vorgefertigte Formulare verleiten leicht dazu, sie ohne genaue Überlegung einfach »abzuarbeiten«, ohne die tatsächlichen Gegebenheiten des einzelnen Arbeitsplatzes zu berücksichtigen. Hier sind insbesondere die Betriebspraktiker gefragt, auf die jeweiligen Arbeitsplätze bezogene Anpassungen der Fragebögen vorzunehmen.
>
> Es empfiehlt sich auch, die betroffenen Arbeitnehmer selbst in die Anpassung der Fragebögen einzubeziehen.

Beurteilungsarten

Gefährdungsbeurteilungen sind durchzuführen als

➢ **Erstbeurteilung** an bestehenden Arbeitsplätzen,

➢ **Änderungsbeurteilung** (z.B. bei Änderung von Arbeitsstoffen oder Arbeitsverfahren, Neubeschaffung von Maschinen oder Geräten, Änderung des Standes der Technik) und

➢ **Nachuntersuchung** (bei Auftreten von Arbeitsunfällen, Beinahe-Unfällen oder Berufskrankheiten).

Beurteilungsschema

> **Praxistipp:**
>
> Eine Gefährdungsbeurteilung kann nach folgendem Schema ablaufen:
>
> 1. Systematische Untergliederung des Betriebes durch Festlegung von Betrachtungsbereichen (Arbeitsplatz – Tätigkeit – Person): Woran sollen die Gefährdungen »festgemacht« werden?
>
> 2. Ermittlung und Beurteilung der Gefährdungen in den Betrachtungsbereichen durch vorausschauende oder zurückschauende Untersuchungen: Verwendung von Fragebögen, Gespräche am Arbeitsplatz, Beobachtung von Abläufen usw.

> 3. Festlegung erforderlicher Arbeitsschutzmaßnahmen. Welche Maßnahmen sind geeignet, Gefährdungen zu vermeiden?
> 4. Durchführung und Überprüfung der Wirksamkeit dieser Maßnahmen: Festlegung der Zuständigkeiten, Umsetzung der Maßnahmen in die Praxis; Überprüfungstermine festlegen!

Gefährdungsbeurteilungen sind nicht auf bestimmte offensichtlich »gefährliche Arbeitsbereiche« (Maschinenarbeitsplätze etc.) beschränkt, sondern in jedem Arbeitsbereich anzuwenden, der eine Gefährdung der Gesundheit möglich macht.

Anwendung der Gefährdungsbeurteilung

Beispiel:
Arbeitsunfälle, die auf Ausrutschen, Stolpern und Stürzen zurück zu führen sind, stellen eine hohe Zahl der insgesamt festgestellten Arbeitsunfälle dar. Diese Unfälle sind ausgesprochen schmerzhaft, bedürfen häufig einer sehr langwierigen medizinischen Behandlung und kosten Arbeitgeber und Berufsgenossenschaften viel Geld. 20 % aller Rutsch- und Stolperunfälle ereignen sich nach einer Untersuchung der Berufsgenossenschaft Druck und Papierverarbeitung[49] auf Treppen beim Abwärtsgehen und überwiegend auf der ersten und letzten Stufe.

Werden in einem Unternehmen derartige Unfälle festgestellt, so kann im Rahmen einer Gefährdungsbeurteilung nun genau untersucht werden,

➢ was Ursache dieser Unfälle war (z.B. Verwendung rutschiger Bodenmaterialien),

➢ wie diesen Ursachen abzuhelfen ist (z.B. Verwendung rutschsicherer Bodenbeläge) und

➢ ob nach einer gewissen Zeit die getroffenen Maßnahmen den gewünschten Erfolg, also die Verhinderung weiterer Unfälle, erbracht haben.

---

49 Bericht von sicherheitsNet.de vom 20.3.2002

C. Prävention und Arbeitsschutz

| Dokumentations-pflicht | Alle Gefährdungsbeurteilungen müssen nach § 6 Abs. 1 ArbSchG dokumentiert werden. Diese Dokumentation kann aus verschiedenen Unterlagen bestehen, aus denen |

➢ das Ergebnis der Gefährdungsbeurteilung,

➢ die entsprechend festgelegten Maßnahmen des Arbeitsschutzes und

➢ das Ergebnis der Überprüfung dieser Maßnahmen

ersichtlich sind. Diese Dokumentationsverpflichtung entfällt in Kleinbetrieben (nach § 6 Abs. 1 ArbSchG: Betriebe mit weniger als 10 Arbeitnehmern). Der Europäische Gerichtshof hat diese »Kleinbetriebsklausel« aber als rechtswidrig aufgehoben[50]. Nach der entsprechenden Rahmenrichtlinie der Europäischen Union war eine Herausnahme von Kleinbetrieben aus dieser Verpflichtung nicht vorgesehen, so dass der Gesetzgeber hier nun »nachbessern« muss. Die Bundesregierung trägt dieser Rechtsprechung durch eine Änderung des § 14 Abs. 2 ASiG Rechnung. Hierbei handelt es sich um eine rein formale Veränderung, die an der Befreiung der Kleinbetriebe von der Dokumentationspflicht letztlich nichts ändert. Der Deutsche Gewerkschaftsbund (DGB) hat diese Reaktion des Gesetzgebers als nicht ausreichend kritisiert[51].

b) Belegschaftsbefragungen

| Belegschafts-befragungen | Werden in Betriebsabteilungen Häufungen von Unfällen oder Erkrankungen bekannt, so ist die Durchführung einer Belegschaftsbefragung ein geeignetes Mittel, den Ursachen auf den Grund zu gehen (siehe auch Kapitel F, S. 195 f.). |

3. Mittel der Prävention

Die Personen, die für Arbeitsschutz und Prävention zuständig sind, können sich folgender Mittel bedienen:

| Information | ➢ **Information:** Zentrale Aufgabe ist es, die Arbeitnehmer über Gefährdungen am Arbeitsplatz regelmäßig und |

---

50 EuGH vom 7.2.2002, Az.: C-5/00
51 Arbeit- & Ökologie-Briefe Nr. 7/2002, S. 9 ff.

III. Mittel der Prävention

praxisnah zu informieren. Hierzu kann man sich persönlicher Gespräche, Informationsbroschüren, Schulungen usw. bedienen.

> **Praxistipp:**
> Die Information muss so praxisnah wie möglich sein. Erst die Bezugnahme auf die konkrete Arbeitssituation bewirkt beim betroffenen Mitarbeiter die Erkenntnis, dass dieser selbst von einer Gefährdung betroffen sein könnte.

- **Beratung:** Über die allgemeine Information hinaus ist es erforderlich, an den verschiedenen Arbeitsplätzen konkret zu beraten, d.h. auf mögliche Veränderungen des Arbeitsplatzes hinzuweisen, Tipps zur Organisation zu geben und auf konkrete Fragen der Mitarbeiter einzugehen.

    Beratung

- **Veränderung von Arbeitsplätzen und Abläufen:** Werden gesundheitsschädigende Arbeitsplätze oder Arbeitsabläufe erkannt, so ist es wichtig, verändernd einzugreifen, um einer dauerhaften Schädigung vorzugreifen. Die Veränderung sollte mit dem betroffenen Arbeitnehmer gemeinsam umgesetzt werden, um wirklich erfolgreich zu sein. In solche Prozesse sind jedoch erfahrungsgemäß wesentlich mehr Beteiligte im Betrieb einzubeziehen, da die zunehmende Vernetzung von Tätigkeiten im Unternehmen dazu führt, dass selbst kleinste Veränderungen im Ablauf deutliche Auswirkungen auf andere Arbeitsbereiche haben.

    Prävention bei Veränderung von Arbeitsplätzen etc.

> **Praxistipp:**
> Veränderungen können stets auch rechtliche Aspekte haben. Veränderungen in betrieblichen Abläufen unterliegen nicht nur weitgehend der betrieblichen Mitbestimmung, sondern können auch Eingriffe in arbeitsvertragliche Vereinbarungen nach sich ziehen. Das sollte unbedingt im Vorhinein bedacht werden!

C. Prävention und Arbeitsschutz

Kontrolle der Umsetzung

➢ **Kontrolle:** Information, Beratung und Veränderung werden nur dann erfolgversprechend sein, wenn ihre Umsetzung auch kontrolliert wird, wenn also geprüft wird, ob Veränderungsprozesse überhaupt umgesetzt wurden und gegebenenfalls zu den gewünschten Ergebnissen geführt haben.

> **Praxistipp:**
>
> Klare Termine, zu denen Veränderungsprozesse umgesetzt und beendet sein müssen, sind eine wichtige Grundvoraussetzung. Diese sollten von Anfang an realistisch (vor allem unter Einbeziehung der betrieblichen Abläufe und der entsprechenden zeitlichen Belastung der betroffenen Mitarbeiter) geplant werden und regelmäßig einer Kontrolle unterliegen.

Partnerschaftlichkeit und Kooperation sind in modernen Betrieben heute eine Selbstverständlichkeit. Unter diesen Aspekten sollten auch die genannten Präventionsmittel eingesetzt und gesehen werden. Dabei darf jedoch nicht außer Acht gelassen werden, dass es Fälle gibt, die einer entsprechenden nachhaltigen Durchsetzung arbeitsschutzrechtlicher Interessen bedürfen und in denen Partnerschaftlichkeit unter Umständen zurückstehen muss.

Beispiel:
In einem sehr modern geführten Unternehmen werden alle wichtigen Entscheidungen in so genannten »Teamrunden« gemeinsam erarbeitet und beschlossen. Der vom Unternehmer bestellte Sicherheitsbeauftragte stellt nun fest, dass die vorhandenen Bildschirmarbeitsplätze nicht den Anforderungen der Bildschirmarbeitsplatzverordnung entsprechen und regt in der Teamsitzung entsprechende Veränderungen an. Diese werden im Laufe weiterer Teamsitzungen immer weiter diskutiert und »zerredet«.

Der Sicherheitsbeauftragte muss nun gemeinsam mit dem Unternehmer – unter Umständen auch gegen die persönlichen Interessen der Kollegen gerichtet – Maßnahmen treffen, um für die Gesundheit an den Bildschirmarbeitsplätzen zu sorgen.

4. Erste Hilfe

An der Grenze zwischen den schadensverhütenden Präventionsleistungen und den Entschädigungsleistungen stand im alten Recht nach § 721 RVO die Verpflichtung des Unternehmers für eine ausreichende Erste Hilfe zu sorgen. Diese Pflicht ist in § 10 ArbSchG geregelt. Konkretisiert wird diese Pflicht durch § 39 Arbeitsstätten-Verordnung, der wie folgt lautet:

> **§ 39 Mittel und Einrichtungen zur Ersten Hilfe**
>
> (1) In den Arbeitsstätten müssen die zur Ersten Hilfe erforderlichen Mittel vorhanden sein. Sie müssen im Bedarfsfall leicht zugänglich und gegen Verunreinigung, Nässe und hohe Temperaturen geschützt sein. Wenn es die Art des Betriebes erfordert, müssen Krankentragen vorhanden sein.
>
> (2) Bei Arbeitsstätten mit großer räumlicher Ausdehnung müssen sich Mittel zur Ersten Hilfe und, sofern es die Art des Betriebes erfordert, Krankentragen an mehreren gut erreichbaren Stellen befinden.
>
> (3) Die Aufbewahrungsstellen von Mitteln zur Ersten Hilfe und Krankentragen müssen als solche gekennzeichnet sein.

Eine weitere Konkretisierung erfolgt durch die BGV A 5[52], die als Unfallverhütungsvorschrift den Bereich »Erste Hilfe« genauer umschreibt.

Nach § 6 BGV A 5 sind in Betrieben mit bis zu 20 Mitarbeitern ein Ersthelfer, in größeren entsprechend mehr Ersthelfer zu bestellen, die bei einer in § 7 BGV A 5 genannten Organisation ausgebildet sein müssen (z.B. Deutsches Rotes Kreuz, Malteser Hilfsdienst, Johanniter Unfallhilfe usw.). Für diese Ausbildungskosten kommt nach § 23 Abs. 2 SGB VII

---

[52] ehemals VBG 109 – »Erste Hilfe« (zu beziehen über den Carl Heymanns Verlag)

C. Prävention und Arbeitsschutz

die Berufsgenossenschaft auf, allerdings nur in Höhe der Lehrgangsgebühren.

IV. Prävention und Wegeunfälle

Prävention bei Wegeunfällen

Prävention bezieht sich in der betrieblichen Praxis oftmals schwerpunktmäßig auf die betrieblichen Abläufe und Umstände. Allerdings gehört auch die Verhütung von Wegeunfällen zu den Präventionsaufgaben. Kontrolle ist hier aber kein praktikables Mittel.

Hier sind vor allem Beratung und Schulung die optimalen Präventionsmittel. Wie bei einer Gefährdungsbeurteilung können die im Betrieb für die Arbeitssicherheit Zuständigen (möglichst gemeinsam mit dem Betriebsrat) Gefährdungssituationen aufdecken und Gegenmaßnahmen festlegen.

Checkliste:

1. Feststellung, welche Verkehrsmittel verwendet und welche Wege von den Mitarbeitern zurückgelegt werden (z.B. durch eine Belegschaftsbefragung)
2. Ausarbeitung der entsprechenden Gefährdungspotentiale
3. Auswahl und Vorbereitung darauf zielender Schulungsmaßnahmen
4. Umsetzung dieser Schulungsmaßnahmen mit den Mitarbeitern
5. Nachbereitung: Hat sich die Sicherheit auf dem Weg zu oder von der Arbeit verbessert?

Wie Arbeitsunfälle sollten auch Wegeunfälle einer entsprechenden Dokumentation im Betrieb unterliegen. Die Häufung solcher Unfälle auf bestimmten Wegen ist ein deutliches Indiz für Schulungs- und Unterweisungsbedarf.

> **Praxistipp:**
> Ein wesentlich höherer Schulungsbedarf ergibt sich in Unternehmen, in denen ein Außendienst vorhanden ist, der berufsbedingt zusätzliche Wege zurücklegen muss, oder in Speditionen, in denen naturgemäß ein großer Teil der Arbeitnehmer seinen Lebensunterhalt mit dem Befahren von Straßen verdient. Unfälle, die derartige Arbeitnehmer auf ihren berufsbedingten Wegen zurücklegen, sind keine Wegeunfälle im Sinne des Gesetzes, sondern Arbeitsunfälle. Die zuständigen Berufsgenossenschaften unterstützen diese Ausbildungsprozesse mit umfangreichen Materialien.

V. Der Umgang mit Gefahrstoffen

Gefahrstoffe sind alle diejenigen Stoffe, die nach der auf dem Chemikaliengesetz (ChemG) beruhenden Gefahrstoff-Verordnung (GefStoffVO) als solche eingestuft worden sind. Gefahrstoffe findet man nicht nur dort, wo man im allgemeinen damit rechnet (Labore, chemische Industrie usw.), sondern auch an vordergründig »sicheren« Arbeitsplätzen, wie z.B. im Büro, in Werkstätten und anderen Handwerksbetrieben. Gefahrstoffe sind auch solche Stoffe, Zubereitungen und Erzeugnisse, die bei der Herstellung gefährlicher Stoffe oder Zubereitungen arbeits- oder verfahrensbedingt entstehen oder freigesetzt werden. Gefahrstoffschutz muss auch für solche Arbeitnehmer gewährleistet sein, die nur im Umfeld dieser Stoffe arbeiten, also gar nicht mit diesen in Berührung kommen.

Begriff »Gefahrstoff«

C. Prävention und Arbeitsschutz

> **Gefahrstoffe im Büro**
>
> **Praxistipp: Gefahrstoffe im Büro**
>
> Büromöbel, Teppichböden, Tapeten, Reinigungsmittel oder Tonerfarben enthalten gesundheitsgefährdende Bestandteile. Schlecht gelüftete Innenräume fördern Schimmelpilze und Bakterien, so dass die Zahl der im Büro vorhandenen Gefahrstoffe und ihre gesundheitsschädigenden Auswirkungen nicht zu unterschätzen sind. Hierzu gehören u.a. CO_2, Formaldehyd[53], Lindan, PCB, PCP, Styrol[54], Toluol und flüchtige organische Komponenten.
>
> Um feststellen zu können, ob und in welcher Konzentration solche Stoffe vorhanden sind, sollte regelmäßig in allen Bürobereichen eine Messung stattfinden, auf alle Fälle aber dort, wo höhere Konzentrationen möglich sind. Eine derartige Untersuchung ist dringend angeraten, wenn Mitarbeiter über anders nicht erklärbare körperliche Beeinträchtigungen, wie z.B. Kopfschmerzen, klagen.

Den richtigen Umgang mit Gefahrstoffen regelt zentral die GefStoffVO; daneben finden sich Regelungen in vielen anderen Vorschriften, wie z.B. dem ChemG. Werden Gefahrstoffe verwendet, müssen alle Mitarbeiter, die damit in Berührung kommen, entsprechend geschult werden.

> **Praxistipp:**
>
> Die »Verwendung von Gefahrstoffen« ist nicht nur die aktive Verwendung, z.B. in Produktionsprozessen, sondern schon das bloße Vorhandensein dieser Stoffe in der Arbeitsumgebung!

---

53 BGI 614 – »Merkblatt: Formaldehyd und Paraformaldehyd« (zu beziehen über den Carl Heymanns Verlag)
54 BGI 613 – »Merkblatt: Styrol und styrolhaltige Zubereitungen« (zu beziehen über den Carl Heymanns Verlag)

Betriebsanweisungen[55], die – klar und deutlich formuliert – Hinweise zum Umgang mit den Stoffen geben, müssen gut sichtbar angebracht und regelmäßig auf Lesbarkeit und Aktualität hin überprüft werden. Für die Erstellung von Betriebsanweisungen gibt es mittlerweile auch sehr nützliche PC-Programme[56].

> **Praxistipp:**
>
> Die Kennzeichnung gefährlicher Stoffe durch entsprechende Symbole macht die Risiken, die von den Stoffen ausgehen, offenkundig. Auch die Kennzeichnung durch Symbole funktioniert gut mit Hilfe von PC-Programmen[57]. Wirkliche Sicherheit erreicht man im Betrieb jedoch nur dann, wenn auch alle Betroffenen wissen, was diese Symbole bedeuten – Schulung und Unterweisung sind auch hier das »A und O«.

VI. Prävention im Kleinbetrieb

Gerade in kleinen Betrieben entsteht oftmals ein »Vakuum« im Bereich der Prävention, da dieses Thema selten relevant zu sein scheint. Kleinunternehmer mit wenigen Angestellten oder gar »Einzelkämpfer« unterliegen jedoch selbstverständlich nicht nur der Versicherungspflicht in der gesetzlichen Unfallversicherung, sondern auch den Arbeitsschutzvorschriften im weitesten Sinne.

Arbeitsschutz auch im Kleinbetrieb

---

55 siehe u.a. BGI 566 – »Betriebsanweisungen für den Umgang mit Gefahrstoffen«, BGI 660 – »Arbeitsschutzmaßnahmen für den Umgang mit Gefahrstoffen«, TRGS 555 (zu beziehen über den Carl Heymanns Verlag)
56 z.B. »Gefahrstoffkataster und Betriebsanweisung« (zu beziehen über den Carl Heymanns Verlag)
57 z.B. Symbole für die betriebliche Praxis (sicherheitsNet.de GmbH), »Heymanns Große Symbolbibliothek« (zu beziehen über den Carl Heymanns Verlag)

C. Prävention und Arbeitsschutz

> **Praxistipp:**
>
> Arbeitsbedingte Erkrankungen und Ausfallzeiten durch die Folgen von Arbeitsunfällen können Kleinunternehmer wesentlich härter in ihrer wirtschaftlichen Existenz treffen, als dies bei großen Unternehmen der Fall ist. Der Ausfall des Unternehmers selbst oder nur einer der Mitarbeiter kann für das Unternehmen bereits existenzgefährdend sein!

Verantwortlichkeit

Das Arbeitsschutzrecht sieht für die Kleinunternehmen zwar Ausnahmeregelungen vor, wie z.B. die Möglichkeit der Inspruchnahme überbetrieblicher Dienste oder die Möglichkeit, auf Dokumentationen nach § 6 ArbSchG zu verzichten (siehe oben S. 58), bindet jedoch ansonsten die Unternehmen ebenso. Zentral verantwortlich für den Arbeitsschutz ist hier der Kleinunternehmer selbst, der diese Aufgaben kaum oder gar nicht delegieren kann.

Unterstützung durch die Berufsgenossenschaften

Die Berufsgenossenschaften unterstützen Kleinunternehmer mit einer Vielzahl von Arbeitsmitteln und Informationen, die es ermöglichen, den rechtlichen Verpflichtungen des Arbeitsschutzes ohne allzu großen zeitlichen Aufwand nachzukommen. Auch die Inanspruchnahme des überbetrieblichen medizinischen Dienstes wie auch der überbetrieblichen Fachkräfte für Arbeitssicherheit sollte deswegen aktiv genutzt werden, um Risiken zu vermeiden.

Checkliste für Kleinunternehmer

Auf alle Fälle kann der Kleinunternehmer selbst durch folgende Checkliste[58], die er regelmäßig überprüfen sollte, für entsprechende sichere Arbeitsumstände sorgen:

---

58 angelehnt an ein Beispiel der Verwaltungsberufsgenossenschaft

VI. Prävention im Kleinbetrieb

Checkliste:

- Wurden alle Arbeitsplätze auf Stolperfallen überprüft[59]?
- Wurden alle Arbeitsplätze ergonomisch gestaltet?
- Sind alle Arbeitnehmer aktuell über die zuständige Berufsgenossenschaft, die Adresse des Betriebsarztes und die Adresse der Fachkraft für Arbeitssicherheit informiert (z.B. durch einen Aushang)?
- Sind Verbandskästen[60] auf dem neuesten Stand und jedem im Betrieb zugänglich (weiß jeder Mitarbeiter, wo diese sich befinden?)?
- Gibt es (mindestens) einen Mitarbeiter, der als Ersthelfer[61] ausgebildet ist?
- Sind ausreichend Feuerlöscher[62] vorhanden?
- Entsprechen die Flucht- und Rettungswege den Anforderungen? Sind diese bekannt?
- Werden im Unternehmen Gefahrstoffe verwendet und wenn ja, wissen die Mitarbeiter, wie man sicher mit diesen umgeht?
- Sind Besuchstermine der Fachkraft für Arbeitssicherheit und des Betriebsarztes eingeplant? Wissen Ihre Mitarbeiter davon?

Die zunehmende Zahl von Telearbeitsplätzen (siehe dazu S. 20 f.) stellt auch den Arbeitsschutz vor neue Herausforderungen. Folgende Fallgestaltungen sind denkbar:

Prävention und Telearbeit

➢ Konnte man in den üblichen betrieblichen Strukturen auf annähernd jeden Arbeitsplatz zugreifen, so schafft die hier meistens vorhandene räumliche Distanz Probleme. Zudem sind Telearbeitsplätze in der Regel nicht nach ergonomischen Gegebenheiten eingerichtet. Sie folgen dem, was die häusliche Umgebung gestattet.

---

59 BGI 643 – »Auf Nummer Sicher gehen. Stolpern und Ausrutschen vermeiden!« (zu beziehen über den Carl Heymanns Verlag)
60 BGV A5 »Erste Hilfe« (zu beziehen über den Carl Heymanns Verlag)
61 siehe Fn. 60
62 siehe hierzu die BG-Regel »Ausrüstung von Arbeitsstätten mit Feuerlöschern« BGR 133 (erhältlich beim Carl Heymanns Verlag)

C. Prävention und Arbeitsschutz

> ➢ Bei Telearbeitsplätzen kommt das Problem der »sozialen Vereinsamung« hinzu: Die betroffenen Arbeitnehmer haben nicht den regelmäßigen persönlichen Kontakt mit ihrer Arbeitsumwelt. Probleme, die im Betrieb auf dem kurzen, persönlichen Weg geklärt werden, erfordern hier oftmals ein formalisierteres Vorgehen und werden deswegen nicht weiter verfolgt (»geschluckt«).

> ➢ Die »Freiheit« des Telearbeitsplatzes, z.b. bei der Gestaltung der Arbeitszeiten, kann sich in das Gegenteil verkehren: Zeit wird nicht oder nachlässig erfasst, Arbeitszeit, die über das Übliche hinausgeht, wird selbstverständlich.

> ➢ Telearbeitsplätze sind zudem oft Arbeitsplätze, die von erziehenden Elternteilen eingenommen werden, um Kind(er) und Beruf vereinbaren zu können. Auch dabei entsteht ein erhöhtes Stresspotenzial, das so am betrieblichen Arbeitsplatz nicht vorhanden ist.

Checkliste Telearbeitsplätze

Nachfolgende Checkliste kann einen ersten Ansatz geben, auch an diesen Arbeitsplätzen einen möglichst optimalen Arbeitsschutz zu gewährleisten:

Checkliste Telearbeitsplätze

- Sind alle Telearbeitsplätze dem Arbeitsschutz bekannt?
- Wer sind die Vorgesetzten, die diese Telearbeitsplätze steuern/verantworten?
- Sind diese Vorgesetzten über die arbeitsschutzrechtliche »Sonderstellung« dieser Arbeitsplätze informiert?
- Werden diese Arbeitsplätze regelmäßig besucht (Vorgesetzter, Betriebsrat, Arbeitsschutz usw.)?
- Sind die Telearbeitnehmer über gesundheitliche Risiken ihrer Arbeit und Arbeitsumgebung informiert?
- Sind die Arbeitsplätze ergonomisch und unter arbeitsmedizinischen Gesichtspunkten optimal gestaltet?
- Ist sichergestellt, dass im Falle räumlicher oder organisatorischer Veränderungen am Telearbeitsplatz die im Betrieb Zuständigen davon Kenntnis erlangen?

- Ist für eine ausreichende soziale Einbindung der Telearbeitnehmer gesorgt (z.B. regelmäßiger Kontakt, Gratulation zum Geburtstag, Teilnahme an Betriebsveranstaltungen usw.)?
- Hat der Telearbeitnehmer alle Kontaktdaten der für ihn wichtigen Ansprechpartner im Unternehmen?

VII. Prävention und Suchtmittel

Alkohol am Arbeitsplatz, Drogenmissbrauch und Medikamente tragen dazu bei, ein erhöhtes Gefährdungspotenzial zu schaffen (siehe z.B. zu Arbeitsunfällen unter Alkoholeinfluss S. 94 ff.). Arbeitsschutzverantwortliche haben in diesem Bereich ebenfalls eine große Verantwortung. Bereits im Vorfeld muss durch Aufklärung und Schulung das Risiko aufgezeigt werden, das durch die Einnahme dieser Mittel am Arbeitsplatz entstehen kann.

Suchtmittel als Gefährdungspotenzial

Dabei ist zu beachten, dass nicht nur der Suchtmittelmissbrauch bedeutsam ist, sondern dass auch die regelmäßige »Halbe Bier« zum Mittagessen oder die eigentlich »harmlosen« Kopfschmerztabletten erheblichen Einfluss auf Reaktionsfähigkeit, Konzentration und Aufmerksamkeit haben können. Aufklärung über diese Risiken muss von Seiten des Arbeitsschutzes kommen, sinnvollerweise gemeinsam mit dem Betriebsrat.

Nicht nur Missbrauch

Liegt ein Fall von Missbrauch vor, der oftmals den Kollegen nicht verborgen bleibt, ist es wichtig, nicht »wegzuschauen«, sondern aktiv zu helfen.

Was tun bei Missbrauch?

Wichtig ist hier: Dem Betroffenen ist seine Abhängigkeit meistens nicht bewusst, die Bereitschaft, Hilfe in Anspruch zu nehmen, ist oft gering. Es bringt nichts, mit dem Verlust des Arbeitsplatzes zu drohen, es ist dagegen oft sinnvoll, externe Hilfe in Anspruch zu nehmen (Drogenberatungsstellen, Anonyme Alkoholiker usw.).

D. Versicherungsfälle

Für den Bezug von Sozialversicherungsleistungen müssen drei wesentliche Voraussetzungen erfüllt sein. Es muss

> ein Versicherungsverhältnis vorliegen (d.h. der Leistungsbeansprucher muss Versicherter der gesetzlichen Sozialversicherung sein, siehe oben B.),
> die beantragte Leistung muss eine Leistung der sozialen Sicherung sein und
> es muss ein Versicherungsfall vorliegen.

Grundsätzliche Voraussetzungen für den Leistungsbezug

Die gesetzliche Sozialversicherung benennt in ihren Zweigen jeweils nur wenige Versicherungsfälle (z.B. Krankheit, Alter, Berufs- und Erwerbsunfähigkeit, Pflegebedürftigkeit), die wegen ihrer oftmals sehr generalklauselartigen Umschreibung die Leistungsbeanspruchung nicht gerade erleichtern.

In der gesetzlichen Unfallversicherung unterscheidet man zwischen drei Versicherungsfällen:

> Arbeitsunfall,
> Wegeunfall und
> Berufskrankheit.

Versicherungsfälle der gesetzlichen Unfallversicherung

I. Grundprinzip

Bei allen nachfolgenden Erwägungen stößt man auf ein zentrales Grundprinzip, das deswegen vorab zu erläutern ist. Prüft der Versicherungsträger, in der Regel also die Berufsgenossenschaft, ob ein Leistungsfall der gesetzlichen Unfallversicherung, d.h. ein Versicherungsfall, vorliegt, so werden immer nachfolgende Schritte vollzogen:

Der Versicherungsfall

Es wird überprüft, ob

> **anlässlich** einer versicherten Tätigkeit
> ein Arbeitsunfall oder ein Wegeunfall geschehen oder eine Berufskrankheit eingetreten ist,
> die zu einem Schaden geführt haben.

D. Versicherungsfälle

Kausalitätsverhältnis
Es fallen die Beziehungsworte »anlässlich« und »die zu ... geführt haben« auf. Sie umschreiben das »Kausalitätsverhältnis«. Es muss also immer eine ursächliche Beziehung zwischen den einzelnen Aspekten bestehen, wenn das Vorliegen eines Versicherungsfalles bejaht werden soll. Die einzelnen Voraussetzungen müssen jeweils vorliegen und voneinander abhängen. Ist diese Kausalität nicht gegeben, beruht der Unfall also nicht auf der versicherten Tätigkeit oder ist der Schaden nicht auf den Unfall zurückzuführen, so ist ein Anspruch gegen die Berufsgenossenschaft als Trägerin der Leistungen der gesetzlichen Unfallversicherung von vornherein ausgeschlossen.

Beispiel:
1. A wird beim Hantieren mit Werkzeug während der Arbeit an der Hand verletzt.
2. A hantiert den ganzen Tag mit Werkzeug, nachmittags bekommt er Kopfschmerzen, weil er migräneanfällig ist.

Im ersten Beispiel liegt eine offenkundige Kausalität vor: Weil A mit Werkzeug hantiert (anlässlich einer versicherten Tätigkeit), verletzt er sich an der Hand (Arbeitsunfall = Verletzung der Hand), was zu einem Schaden führt (= verletzte Hand). Im zweiten Beispiel beruht die mögliche Schädigung, die Kopfschmerzen, nicht auf dem Umstand, dass A mit Werkzeug hantiert, sondern darauf, dass er migräneanfällig ist. Es gibt also keine Kausalität zwischen der Tätigkeit und dem »Schaden«.

Praxistipp:

Wird ein Arbeitsunfall gemeldet oder wird versucht, eine Erkrankung als berufsbedingte Erkrankung anerkennen zu lassen, ist es daher sehr wichtig, dass die Beziehung und der Zusammenhang zwischen der ausgeübten Tätigkeit und dem sich daraus ergebenden Schaden deutlich beschrieben und herausgearbeitet werden.

II. Der Arbeitsunfall

Nach der gesetzlichen Definition des § 8 SGB VII ist ein Arbeitsunfall ein Unfall des Versicherten infolge einer versicherten Tätigkeit, der zu einem Gesundheitsschaden oder zum Tod führt.

»Arbeitsunfall«

Geschieht also ein Unfall, von dem die Beteiligten (die Unfallteilnehmer selbst, Vorgesetzte oder der behandelnde Arzt) annehmen, es könne sich hierbei um einen Arbeitsunfall handeln, so ist grundsätzlich zu überprüfen,

Unfall, versicherte Tätigkeit, Gesundheitsschaden

➢ ob überhaupt ein Unfall (zum Begriff siehe unten) im Sinne des Gesetzes vorliegt,
➢ ob es sich um eine »versicherte Tätigkeit« handelt, ob also eine Tätigkeit vorliegt, die unter dem Schutz der Unfallversicherung steht und
➢ ob ein »Gesundheitsschaden« eingetreten ist, ob es sich also um eine Schädigung des Versicherten handelt, die entschädigungsfähig ist.

Dabei muss immer im Auge behalten werden, dass alle diese Aspekte voneinander abhängen, also kausal zusammenhängen müssen (siehe dazu oben I. am Ende).

Versicherte Tätigkeit → **Unfall** → Körperschaden

§ 8 SGB VII gibt eine klare Umschreibung dessen, was unter einem Arbeitsunfall zu verstehen ist:

---

§ 8 SGB VII Arbeitsunfall

(1) Arbeitsunfälle sind Unfälle von Versicherten infolge einer den Versicherungsschutz nach §§ 2, 3 oder 6 begründenden Tätigkeit (versicherte Tätigkeit). Unfälle sind zeitlich begrenzte, von außen auf den Körper einwirkende Ereignisse, die zu einem Gesundheitsschaden oder zum Tod führen.
(2) Versicherte Tätigkeiten sind auch

D. Versicherungsfälle

> 1. das Zurücklegen des mit der versicherten Tätigkeit zusammenhängenden unmittelbaren Weges nach und von dem Ort der Tätigkeit,
> 2. das Zurücklegen des von einem unmittelbaren Weg nach und von dem Ort der Tätigkeit abweichenden Weges, um
>   a) Kinder von Versicherten (§ 56 des Ersten Buches), die mit ihnen in einem gemeinsamen Haushalt leben, wegen ihrer, ihrer Ehegatten oder ihrer Lebenspartner beruflichen Tätigkeit fremder Obhut anzuvertrauen oder
>   b) mit anderen Berufstätigen oder Versicherten gemeinsam ein Fahrzeug zu benutzen,
> 3. das Zurücklegen des von einem unmittelbaren Weg nach und von dem Ort der Tätigkeit abweichenden Weges der Kinder von Personen (§ 56 des Ersten Buches), die mit ihnen in einem gemeinsamen Haushalt leben, wenn die Abweichung darauf beruht, dass die Kinder wegen der beruflichen Tätigkeit dieser Personen oder deren Ehegatten oder ihrer Lebenspartner fremder Obhut anvertraut werden,
> 4. das Zurücklegen des mit der versicherten Tätigkeit zusammenhängenden Weges von und nach der ständigen Familienwohnung, wenn die Versicherten wegen der Entfernung ihrer Familienwohnung von dem Ort der Tätigkeit an diesem oder in dessen Nähe eine Unterkunft haben,
> 5. das mit einer versicherten Tätigkeit zusammenhängende Verwahren, Befördern, Instandhalten und Erneuern eines Arbeitsgeräts oder einer Schutzausrüstung sowie deren Erstbeschaffung, wenn diese auf Veranlassung der Unternehmer erfolgt.
>
> (3) Als Gesundheitsschaden gilt auch die Beschädigung oder der Verlust eines Hilfsmittels.

Trotzdem sind eine Vielzahl von Besonderheiten zu beachten, die nachfolgend erläutert werden.

II. Der Arbeitsunfall

Die folgenden Beispiele aus der Praxis und der Rechtsprechung haben alle eines gemeinsam: Sie sind zwar als »Präzedenzfälle« in der Rechtsprechung anerkannt und werden deswegen immer wieder zitiert und als Beleg verwendet, nichtsdestotrotz sieht das bundesdeutsche Recht vor, dass der Richter in seiner Entscheidung unabhängig und deswegen daran nicht gebunden ist[63]. Deswegen empfiehlt es sich, den Anspruch in allen Einzelheiten so zu belegen, dass die gesetzlichen Voraussetzungen als erfüllt gelten können. Nur so werden im Streitfall Gegenseite und Gericht davon zu überzeugen sein, dass ein Arbeitsunfall vorliegt.

1. Der Unfall

a) Definition

Der Unfall wird in § 8 SGB VII gesetzlich definiert als »ein von außen einwirkendes, körperlich schädigendes, zeitlich begrenztes Ereignis, das vom regelmäßigen Lebensverlauf abweicht«. Diese Definition eines Unfalles kann alleine nicht helfen. Die einzelnen Begriffe müssen klarer umschrieben werden:

> Was ist ein Unfall?

b) Von außen einwirkendes Ereignis

Der Begriff »von außen einwirkendes Ereignis« ist weit zu fassen. Darunter sind alle Vorgänge zu verstehen, die auf den Körper einwirken, also z.B. der Schlag, der einem Sturz folgt, eine Quetschung, Verbrühen, Verbrennen, eine Vergiftung, das Eindringen eines Gegenstandes – aber auch von Viren – in den Körper, darüber hinaus auch Bewegungen, wie Heben, Laufen usw. Neben diesen eher mechanischen Vorgängen liegt ein Unfall z.B. auch dann vor, wenn elektromagnetische Wellen einen Herzschrittmacher stören.

> Von außen einwirkendes Ereignis

Nicht von außen einwirkende Ereignisse sind Vorgänge, die aus dem Menschen selbst kommen, so z.B. ein Schlaganfall, ein Herzinfarkt oder eine andere plötzlich eintretende Er-

---

[63] im Gegensatz zum amerikanischen »case-law«, in dem Präzedenzfälle oftmals die gesetzliche Begründung eines Anspruchs ersetzen

D. Versicherungsfälle

krankung. Ist die Erkrankung auf ein von außen einwirkendes Ereignis, z.b. auf einen Virus (Schimmelpilze, Bakterien), zurück zu führen, so könnte ein Unfall vorliegen, weil dann körperinnere Vorgänge die Folge eines von außen einwirkenden Ereignisses sind.

c) Zeitliche Begrenzung

Plötzliches Ereignis

Wichtig ist die zeitliche Begrenzung, man spricht auch von einem »plötzlichen Ereignis«. »Plötzlich« ist hier nicht, wie im allgemeinen Sprachgebrauch, ein sehr enger Zeitraum, sondern kann einen Zeitraum von maximal einer Arbeitsschicht umfassen. Einwirkungen, die diesen Zeitraum überschreiten, sind nicht »plötzlich« und deswegen gegebenenfalls unter dem Gesichtspunkt der Berufskrankheit zu untersuchen.

Beispiel:
Wird ein Arbeiter während des Hantierens mit giftigen Stoffen vergiftet, weil diese plötzlich freigesetzt werden, so liegt ein Unfall vor. Arbeitet er dagegen in einer Umgebung, in der Giftstoffe dauernd vorhanden sind, und wird dadurch seine Gesundheit über einen längeren Zeitraum hinweg beeinträchtigt, so könnte eine Berufskrankheit vorliegen.

2. Versicherte Tätigkeit

Der Unfall muss in Folge einer »versicherten Tätigkeit« geschehen sein. Dieses ist die zentrale, aber auch schwierigste Voraussetzung bei der Überprüfung der Umstände, die einer Anerkennung eines Unfalls als Arbeitsunfall vorausgeht.

a) Der Begriff der »versicherten Tätigkeit«

Vorbemerkung: Im Folgenden wird von Unfällen bei der Arbeit ausgegangen, also von Versicherten, die in einem Beschäftigungsverhältnis im Sinne des § 2 Abs. 1 Nr. 1 SGB VII stehen (siehe oben S. 12 ff.). Die hier dargestellten Grundsätze des Unfallversicherungsrechts gelten selbstverständlich aber auch für alle anderen Versicherten, obwohl es – bedingt durch den Kreis dieser Personen (z.B. Schüler, Nothelfer usw.) – einige Besonderheiten hinsichtlich der versicherten Tätigkeit gibt.

Die »versicherte Tätigkeit« ergibt sich damit grundsätzlich daraus, ob jemand zum Kreis der versicherten Personen zu zählen ist. Wie oben (siehe B.) deutlich wurde, ist jemand diesem Kreise erst dann zugehörig, wenn er eine der dort aufgeführten Tätigkeiten ausübt. Das klingt einfach, doch wird nachfolgend deutlich, welche Vielzahl von Einschränkungen dabei zu beachten sind.

»Versicherte Tätigkeit«

Die versicherte Tätigkeit findet üblicherweise am Arbeitsplatz statt, kann aber in Ausnahmefällen auch an anderen Orten denkbar sein.

Orte der »versicherten Tätigkeit«

Beispiel:
Der Bankangestellte B wird am Abend zu Hause von den Verbrechern V1 und V2 als Geisel genommen, damit es dem Verbrecher V3 ermöglicht wird, den Safe der Bank zu leeren. B wird dabei von den Verbrechern verletzt. Hier liegt eine versicherte Tätigkeit vor, obwohl B nicht direkt an seinem Arbeitsplatz in der Bank war. Es kommt alleine darauf an, für welchen Zweck B tätig wurde, hier also in seiner Funktion als Bankangestellter.

Ausschlaggebend ist also die Zweckrichtung der Tätigkeit. Damit sind alle Tätigkeiten versichert, die der eigentlichen Arbeit dienen, also alle diejenigen, zu denen die Beschäftigten auf Grund ihrer Beschäftigungsverhältnisse und damit im Zusammenhang stehender Weisungen von Vorgesetzten verpflichtet sind.

Zweckrichtung der Tätigkeit

Selbstverständlich gibt es Beschäftigungsverhältnisse, in denen sich das nicht eindeutig abgrenzen oder auf einen so genannten »Kernbereich« beschränken lässt. Handelt der Beschäftigte nach eigenen Entscheidungen, weil er das darf oder gar muss, ist eine versicherte Tätigkeit schon dann anzunehmen, wenn der Beschäftigte für diese Tätigkeit davon ausgehen kann, dass sie dem Betrieb nützlich ist. Hierfür wird üblicherweise ein großzügiger Maßstab angesetzt. Lediglich vollkommen abwegige Vorstellungen von dem, was dem Unternehmer nützen könnte, sind auszuschließen.

D. Versicherungsfälle

Beispiel:
A ist als Vertriebsmitarbeiter im Außendienst tätig. Während aller damit verbundenen Tätigkeiten (Fahrten, Beratungsgespräche, Befüllen von Regalen usw.) steht er unter dem Versicherungsschutz der Unfallversicherung. Dabei ist es vollkommen ohne Bedeutung, ob A sich die Routen selbst zusammenstellt, da er davon ausgehen kann, dass er diese ja im Interesse seines Arbeitgebers fährt. Betätigt sich A jedoch als Pannenhelfer, weil er meint, er könne damit etwas für das Bild seines Unternehmens in der Öffentlichkeit tun, ist dieses keine versicherte Tätigkeit[64].

b) Abgrenzung zur »eigenwirtschaftlichen Tätigkeit«

Abgrenzungskriterium für die »versicherte Tätigkeit« ist die »eigenwirtschaftliche Tätigkeit«.

Versicherte Tätigkeit ↔ Eigenwirtschaftliche Tätigkeit

»Eigenwirtschaftliche Tätigkeit«

Eigenwirtschaftliche Tätigkeiten sind solche, die alleine der Verfolgung privater Zwecke durch den Versicherten dienen. Sie sind nicht unfallversichert. Eigenwirtschaftliche Tätigkeiten fallen üblicherweise im privaten Leben an, so z.B. das Essen, Trinken, Waschen, Schlafen usw. Aber: Diese Tätigkeiten können durchaus versicherte Tätigkeiten sein, wenn sie in einem außerordentlich engen Zusammenhang mit der Tätigkeit für das Unternehmen stehen.

Beispiel:
A arbeitet in einem Stahlwerk. In seiner Werkhalle herrschen betriebsbedingt Temperaturen von ca. 45 – 50 Grad Celsius. Auf Grund der großen Hitze müssen die Arbeiter ständig viel trinken, um keine Gesundheitsschäden zu erleiden. A verletzt sich dabei, als er eine in die Wasserflasche geratene Biene »trinkt« und ihn diese in den Hals sticht.

Hier dient das eigentlich eigenwirtschaftliche Trinken dem Erhalt der Arbeitsfähigkeit in so besonderem Maße, dass auch dieses unter den Schutz der Unfallversicherung fällt[65]. Ist, wie im vorgenannten Beispiel, das Trinken am Arbeits-

---

64 Es könnte allenfalls Versicherungsschutz als Nothelfer vorliegen!
65 so das BSG für den Fall eines Arbeiters in der Zentralwerkstatt eines Bergbauunternehmens, BSG vom 14.5.1985, SozR 2200 § 548 Nr. 73

II. Der Arbeitsunfall

platz notwendig, um die Arbeitsfähigkeit zu erhalten, so ist auch der Weg zur Besorgung dieser Getränke eine versicherte Tätigkeit[66].

Die Grenzen sind hier fließend, Grundsätzlichkeiten nur schwer festzustellen. So wurde Unfallversicherungsschutz auch anerkannt, weil ein Arbeitnehmer bedingt durch seine Tätigkeit besonders hastig essen musste und dabei ein Holzstäbchen verschluckte[67], obwohl üblicherweise das Essen als solches als eigenwirtschaftlich und damit sonst immer als unversichert angesehen wird. Die Einzelfallrechtsprechung des BSG in diesem Bereich sorgt dafür, dass auch Fälle, die nach den oben geschilderten Umständen das Vorliegen versicherter Tätigkeiten erwarten lassen, vollkommen gegensätzlich entschieden werden.

Beispiel:
Bauarbeiter A befindet sich auf einer auswärts gelegenen Baustelle, die das Übernachten in einem Hotel notwendig macht. Auf der Baustelle wird er sehr stark mit Staub und Glaswolle verschmutzt. Er fährt nach der Arbeit umgehend ins Hotel und duscht dort (Waschmöglichkeiten waren auf der Baustelle nicht vorhanden), wobei er ausrutscht und sich den Arm bricht. Das BSG hat hier das Vorliegen einer versicherten Tätigkeit abgelehnt[68], obwohl die Reinigung der betriebsbedingten Verschmutzung, hätte sie am Arbeitsplatz stattfinden können, versichert gewesen wäre.

Die Rechtsprechung geht sogar noch weiter, indem sie an sich eigenwirtschaftliche Tätigkeiten unter den Versicherungsschutz zieht, wenn diese im Verhältnis zur versicherten Tätigkeit sehr kurzfristig sind und deswegen nicht ins Gewicht fallen.

Ausweitung des Versicherungsschutzes durch die Rechtsprechung

Beispiel:
A ist Bote in einem großen Chemiewerk. Während er Unterlagen von einer Abteilung in die andere bringt und dabei Fußwege von bis zu 10 Minuten zurücklegt, trifft er seinen Freund B, mit dem er ein kurzes privates Gespräch führt. Dabei wird A

---

66 BSG vom 27.6.2000, NZS 2001, 153
67 BSG vom 7.3.1969, Breithaupt 1969, 755
68 BSG vom 4.6.2002, Az.: B 2 U 21/01 R, Pressemitteilung des BSG vom 5.6.2002

D. Versicherungsfälle

von einem Staplerfahrer angefahren und schwer verletzt. Die Berufsgenossenschaft lehnt eine Leistung ab, da der »Schwatz« eine eigenwirtschaftliche Tätigkeit gewesen sei.

Unterbrechung der versicherten Tätigkeit

Hierzu hat die Rechtsprechung festgestellt: Wenn die Unterbrechung im Verhältnis zur Tätigkeit kurzfristig ist, liegt keine eigenwirtschaftliche Tätigkeit vor, der »Schwatz« war also versichert. Die Richter sind in diesem Bereich allerdings nicht wirklich konsequent. Während die Aufnahme von Nahrung nach deren Auffassung in erster Linie nur dem persönlichen Wohl des Menschen dient[69], ist der Weg in die Werkskantine wegen des rechtlichen Zusammenhangs mit dem Betrieb versichert[70]. Man kann nun darüber streiten, ob ein hungriger Arbeitnehmer dem Unternehmer nützt oder nicht, ob also die Nahrungsaufnahme wirklich nur eigenwirtschaftlich ist, und warum gerade der Weg zu dieser Nahrungsaufnahme versichert sein soll. An die Maßstäbe, die die Sozialgerichte für die Auslegung dieser Normen gesetzt haben, ist die Praxis allerdings gebunden.

Innerer Zusammenhang

Zusammenfassend ist festzustellen, dass es immer auf eine zentrale Fragestellung ankommt: Ist bei der Tätigkeit, die zum Unfall geführt hat, **ein innerer Zusammenhang mit der versicherten Tätigkeit** festzustellen, ist also die eine ohne die andere gar nicht oder kaum denkbar?

> **Praxistipp:**
>
> Dieser Bereich ist sehr stark durch Einzelfallrechtsprechung gekennzeichnet, wie schon die wenigen Beispiele oben gezeigt haben und die nachfolgenden noch zeigen werden. Ist ein solcher Fall strittig, wird man im Zweifel um die **Einschaltung eines Rechtsbeistandes** (Rechtsanwältin/Rechtsanwalt, möglichst Fachanwalt für Sozialrecht) nicht herumkommen, denn nur er ist in der Lage, relevante Einzelfälle, die bereits entschieden wurden, für die Nutzung zur Stärkung der eigenen Argumentation zu verwenden.

---

69   BSG vom 30.6.1990, BSGE 12, 247
70   BSG vom 6.12.1989, SozR 2200 § 548 Nr. 97

II. Der Arbeitsunfall

c) Gemischte Tätigkeit

Bei der Abgrenzung der eigenwirtschaftlichen von der versicherten Tätigkeit sind besonders die Fälle der gemischten Tätigkeit problematisch. Der »Kirschenpflücker-Fall«[71] ist ein wichtiges Beispiel:

Abgrenzungsprobleme

Beispiel:
A ist in einer Obstplantage als Kirschenpflücker beschäftigt. Ihm wird vom Eigentümer als Lohnbestandteil zugestanden, während der Arbeitszeit 20 Kisten Kirschen für seinen eigenen Bedarf zu pflücken. Während der Ernte stürzt A vom Baum und bricht sich ein Bein. Bestand nun Versicherungsschutz, obwohl nicht auszuschließen war, dass A gerade dabei war, seine eigenen Kirschen zu pflücken?

Die Relevanz dieser Fälle ist insbesondere bei Dienstreisen oder auch bei den so genannten Incentivreisen hervorzuheben. Der Begriff kommt vom englischen »incentive« und bedeutet Anreiz, Ansporn. Der Arbeitgeber vergibt diese Reisen an erfolgreiche Mitarbeiter als Anerkennung ihrer bisherigen Leistungen und Motivation für die Zukunft. Incentivreisen neigen geradezu dazu, nicht immer ausschließlich dienstlicher Natur zu sein:

Dienstreisen, Incentivreisen

Beispiel:
A fährt zu einer Dienstbesprechung mit einem Partnerunternehmen seines Arbeitgebers. Diese findet alljährlich in einem Hotel mit großer Tennisanlage statt und nimmt immer folgenden Verlauf: Am Freitag ab 13.00 Uhr trifft man sich bereits an den Tennisplätzen und spielt dann bis zum Mittag des Samstag, unterbrochen von Essenspausen und der Nachtruhe. Die geschäftlichen Besprechungen finden am Rande der Tennisplätze und beim Essen statt. A bricht sich beim Tennisspiel das linke Handgelenk, das nicht mehr voll funktionsfähig wird. Die Berufsgenossenschaft lehnt die Übernahme von Leistungen ab, zu Recht, wie das BSG in diesem Fall festgestellt hat[72].

Ein Versicherungsschutz rund um die Uhr kann bei Dienstreisen nicht angenommen werden. Bei diesen ist nur die rein dienstliche Tätigkeit versichert. Auch bei der Teilnahme

---

71 nach Schulin, Sozialrecht, Düsseldorf, 1993, S. 149
72 BSG vom 27.5.1997, AuA 1998, 99

D. Versicherungsfälle

an Incentivreisen, die der Arbeitgeber veranstaltet, um seine Mitarbeiter besonders zu motivieren, lehnt das BSG jeglichen Versicherungsschutz ab[73].

> **Praxistipp:**
>
> Sollen Incentivreisen für die beteiligten Arbeitnehmer mit einem möglichst weitgehenden Schutz verbunden sein, so sollten diese arbeitgeberseitig mit betriebsbezogenen Seminarbestandteilen versehen werden. So sind An- und Abreise und zumindest diese Veranstaltungsbestandteile versichert. Ob bei so genannten »Teambildungsseminaren«, anlässlich derer die Mitarbeiter auch extremen Belastungen unterzogen werden (Abseilübungen, Nachtmärsche, Überleben in der freien Natur usw.), überhaupt Versicherungsschutz besteht, ist zu bezweifeln, da das Risiko regelmäßig nicht dem üblicherweise versicherten Risiko entspricht.

Differenzierung bei Dienstreisen

Bei Dienstreisen muss man differenzieren. Grundsätzlich gilt, dass Dienstreisen versichert sind, wenn sie ihrem Inhalt und der Bedeutung nach wesentlich – nicht überwiegend! – versicherten Zwecken dienen sollen[74]. Folgende Beurteilungskriterien sind dabei zu beachten: Wird die Reise, die auch privaten Zwecken dient, genauso vorgenommen, wenn sie nur dienstlichen Zwecken gedient hätte, ist von einer versicherten Tätigkeit auszugehen. Anders ist das, wenn eine private Reise durchgeführt wird, anlässlich derer ein dienstliches Geschäft sozusagen »miterledigt« wird, das man ansonsten vielleicht nur telefonisch vorgenommen hätte. Dann ist lediglich der dienstliche Teil dieser Reise versichert, nicht dagegen die sonstige Reise.

Beispiel:
A will mit seiner Frau ein »Kulturwochenende« in Dresden verbringen. Er fährt mit ihr dorthin und am Nachmittag des Samstags kurz zu einem dort ansässigen Geschäftsfreund, um »alte Kontakte« zu pflegen. Verunglückt A nun auf dem Weg

---

73 BSG vom 25.8.1994, SozR 3-2200 § 548 Nr. 21
74 BSG vom 28.2.1964, BSGE 20, 215

nach oder von Dresden oder am Wochenende in Dresden, so fällt unter den Schutz der Unfallversicherung alleine der Besuch beim Geschäftsfreund.

Umgekehrt ist es jedoch genauso: Während einer gemischten Reise, die man grundsätzlich als versicherte Tätigkeit anerkennt, sind ausschließlich private Abschnitte und Bestandteile nicht versichert.

Beispiel:
A fährt zu einem Seminar, das in einem Tagungshotel stattfindet. Wegen der etwas ungünstigen Anfangszeit des Seminars übernachtet A bereits am Vorabend dort. Am Abend sucht er die hoteleigene Sauna auf, rutscht aus und verletzt sich tödlich am Hinterkopf.

In einem ähnlich gelagerten Fall wurde den Hinterbliebenen eine Versorgung durch die Unfallversicherung versagt, da der Saunabesuch – trotz Einbindung in eine dienstlich verursachte Reise – als eigenwirtschaftlich anzusehen ist[75]. Auch Spaziergänge, die im Zusammenhang mit Dienstreisen unternommen werden, unterliegen als rein eigenwirtschaftlicher Bestandteil dieser Reise nicht dem Versicherungsschutz[76].

Zusammenfassend lässt sich für den Versicherungsschutz auf Dienstreisen Folgendes feststellen: Jede dienstliche Obliegenheit und jede damit verbundene Tätigkeit ist versichert, nicht versichert dagegen ist jedes Handeln, das nur privaten Interessen dient.

Die Rechtsprechung nimmt immer dann eine versicherte Tätigkeit an, wenn bei gemischten Tätigkeiten das Handeln auch dem Unternehmenszweck dienen kann. Das war im oben geschilderten Kirschenpflückerfall zumindest nicht ausgeschlossen, da nicht festzustellen war, wann A seine eigenen und wann er die Kirschen des Eigentümers pflückte.

> Tätigkeit im Interesse des Unternehmenszwecks?

---

75 BSG vom 27.7.1989, SozR 2200 § 548 Nr. 95
76 BSG vom 11.8.1998, AiB 1999, 460

D. Versicherungsfälle

In einer aktuellen Entscheidung hat das BSG einem Waldarbeiter, der sein »Deputatholz« aus dem Wald abtransportiert hat und dabei verunglückte, ebenfalls Unfallversicherungsschutz zugestanden[77]. Da das Deputat ein Lohnbestandteil sei, ist dieser Weg ebenso versichert, wie der Weg in das Lohnbüro, um sich dort seinen Lohn auszahlen zu lassen.

Abgrenzungsprobleme bei Telearbeitsplätzen

Telearbeitsplätze sind – schon wegen der zunehmenden Zahl (siehe oben S. 20 f., 67 ff.) – von wachsender Bedeutung für die Unfallversicherung. Hier vermischt sich eigenwirtschaftliches und privates Handeln sehr stark, der Schutz des Arbeitnehmers könnte dabei ins Hintertreffen geraten. Auch unter den Aspekten der Prävention sind diese für die »Arbeitsschützer« im Unternehmen eine besondere Herausforderung. Die Einflussmöglichkeiten sind gering (Arbeitsplätze gestalten sich meistens eher nach den Vorgaben der privaten Wohnungsnutzung) und die Problematik der Abgrenzung, wann und ob bei einem Schadensfall eine versicherte Tätigkeit vorlag, ist groß. Hier kann es vor allem auch zu Beweisproblemen kommen, da Zeugen selten vorhanden sind oder sie aus dem Familienkreis des Verletzten stammen, womit es sich um Zeugen handelt, denen man in diesen Fällen »oft weniger glaubt«.

> **Praxistipp:**
> Im sozialrechtlichen Verfahren herrscht der Untersuchungsgrundsatz des § 20 SGB X (zum Begriff siehe unten S. 218 f.). Damit sind die Versicherungsträger und später die Sozialgerichte an vorgebrachte Beweise nicht gebunden[78]. Trotzdem sollte im Falle eines Unfalles an einem Heim- oder Telearbeitsplatz rechtzeitig daran gedacht werden, dass es unter Umständen später problematisch sein könnte, den tatsächlichen Ablauf zu beweisen. Alles, was also sofort dazu dienlich sein könnte (Beobachtungen der Mitbewohner, Nachbarn, sonstige Indizien), sollte frühzeitig gesammelt werden.

---

77 BSG vom 4.5.1999, SozR 3-2200 § 548 Nr. 34
78 KassKomm-Krasney, § 20 SGB X Rn. 10

II. Der Arbeitsunfall

d) Einzelfälle

Der Begriff der »versicherten Tätigkeit« ist stark durch die Auslegung der Rechtsprechung geprägt. Die Kataloge der Einzelfallentscheidungen füllen viele Seiten der Fachliteratur. Um hier eine gewisse »Gesetzmäßigkeit« erkennen zu können, wird nachfolgend versucht, Fallgruppen zu bilden und dazu typische Bewertungen der Sozialgerichtsbarkeit herauszuarbeiten. Da allerdings jede Entscheidung, ob ein Arbeitsunfall vorliegt oder nicht, eine Ermessensentscheidung im Einzelfall ist, können die nachfolgenden Hinweise nur Anhaltspunkte für die Bewertung geben.

> **Praxistipp:**
>
> Bei der Prüfung, ob eine versicherte Tätigkeit vorliegt oder nicht, wird es deswegen immer nützlich sein, eine Zuordnung zu Fallgruppen zu untersuchen, um hierzu ergangene Entscheidungen zur Stützung der eigenen Argumentation zu nutzen. Aber Vorsicht: Die Herbeiziehung bereits ergangener Entscheidungen ersetzt nie die eigene Argumentation und Beweisführung! Genauso kann es durchaus von Erfolg gekrönt sein, mit eigenen Argumenten gegen eine in der Rechtsprechung erkennbare Linie vorzugehen, da diese ja wandelbar ist, vor allem dann, wenn es neue Entwicklungen gibt, wie z.B. bei der Telearbeit oder aber technische Fortschritte zu neuen Gefährdungen führen.

(1) Begründung und Beendigung von Arbeitsverhältnissen

Die Arbeitssuche ist dann versichert, wenn ein Arbeitsloser aufgrund einer Meldeanordnung der Bundesanstalt für Arbeit (also durch sein zuständiges Arbeitsamt) zum Vorstellungsgespräch geschickt wird (siehe oben S. 28 ff.).

Unfallversicherungsschutz bei der Arbeitssuche

Sucht der Arbeitssuchende auf eigene Initiative ein Unternehmen auf (»Blindbewerbung«), so ist allenfalls noch ein Schutz des Arbeitssuchenden auf dem Gelände des Unternehmers denkbar, wenn eine Versicherung kraft Satzung

D. Versicherungsfälle

des Unternehmers nach § 3 Abs. 1 Nr. 2 SGB VII vorliegt, die die Besucher des Unternehmers schützen kann, die sich mit dessen Willen auf seinem Gelände aufhalten (siehe oben S. 32 ff.). Da einerseits der Unternehmer möglicherweise einen Vorteil davon haben könnte, dass sich jemand bewirbt (er könnte eine wertvolle neue Arbeitskraft gewinnen), andererseits dieses nicht als aktive Willensäußerung anzusehen ist, wird man keinen Versicherungsschutz annehmen können.

Bei der Beendigung von Arbeitsverhältnissen ist der Gang zum Personalbüro versichert, wenn dort z.B. die Arbeitspapiere (Zeugnis usw.) abgeholt werden.

(2) Alltägliche Tätigkeiten und Gefahren

Essen und Trinken

Essen und Trinken sind nur dann versichert, wenn eine besondere betriebliche Veranlassung besteht, so z.B. große Hitze am Arbeitsplatz (siehe oben S. 78 f.). Dient das Essen dem Kraftschöpfen vor überraschend angeordneter Mehrarbeit, ist dieses ebenfalls versichert.

Während der Weg zur Essensaufnahme auf dem Betriebsgelände versichert ist[79], und Wege vom Betriebsgelände zu Restaurants oder Supermärkten als Wegeunfall versichert sind, endet der Versicherungsschutz dann, wenn der Supermarkt oder das Restaurant betreten wurden[80].

Beispiel:
Kann A seine Mittagspause in der werkseigenen Kantine verbringen, so sind die Wege von seiner Arbeitsstelle zur Kantine und zurück, wie auch die Wege in der Kantine versichert, nicht dagegen die Essensaufnahme selbst.

Will A sich eine »Brotzeit« im nahe gelegenen Supermarkt holen oder in einem Restaurant außerhalb des Betriebsgeländes zu Mittag essen, so ist der Weg dorthin und zurück versichert. Dieser Weg endet jedoch mit Betreten des Supermarktes oder des Restaurants. Rutscht A dort also aus

---

79 BSGE 4, 210, 223 m.w.Nw.
80 BSG vom 2.7.1996, SozR 3-2200 § 550 Nr. 15

II. Der Arbeitsunfall

und verletzt sich, so liegt kein Versicherungsschutz mehr vor. Diese Abgrenzung nimmt die Rechtsprechung vor, um der Berufsgenossenschaft nicht ein Risiko zurechnen zu müssen, auf das diese durch vorbeugende Maßnahmen aus rein tatsächlichen Gründen gar keinen Einfluss nehmen kann.

Umkleiden und Waschen sind durch die gesetzliche Unfallversicherung nur dann geschützt, wenn eine besondere betriebliche Veranlassung vorliegt, so z.B. die Pflicht zu besonderer Sauberkeit, etwa in Krankenhäusern und Laboratorien (insbesondere natürlich dann, wenn diese sogar ausdrücklich vorgeschrieben ist!), oder die Pflicht, Dienst- oder Schutzkleidung zu tragen. Aber auch hier gilt: keine Regel ohne Ausnahme. Die Körperreinigung ist versichert, wenn sie z.B. durch große Hitze am Arbeitsplatz notwendig ist, das Übliche dieses Vorganges aber nicht überschreitet. Ist sie dagegen mit einem zwar abkühlenden, aber nicht ungefährlichen Kopfsprung in den Baggersee verbunden, so liegt kein Versicherungsschutz mehr vor[81]. Die Rechtsprechung schränkt dergestalt weiter ein, dass – wenn das Waschen ein versicherter Vorgang sein soll – dieses am Arbeitsplatz zu geschehen habe.

Umkleiden und Waschen

Beispiel:
A ist Richtmeister eines Bauunternehmens auf einer weit von seinem Wohnort entfernten Baustelle. Dort ist er starken Einwirkungen von Staub und Glaswolle ausgesetzt. Da er auf der Baustelle nicht duschen kann, fährt er ins Hotel, um dort zu duschen. Dabei verunglückt er. Das BSG versagte hier den Versicherungsschutz[82].

Auch der Bekleidungswechsel findet in der Rechtsprechung keine klare Linie: Wechselt ein Arbeitnehmer seine Alltagsbekleidung in einen so genannten »Blaumann«, weil er am Arbeitsplatz üblicherweise – allerdings ohne Anordnung – getragen wird, so soll das versichert sein[83], wechselt er in

---

81 BSG vom 30.3.1962, SozR 2200 § 542 Nr. 53
82 BSG vom 4.6.2002, Az.: B 2 U 21/01 R
83 Kater/Leube, § 2 SGB VII Rn. 66 m.w.Nw.

D. Versicherungsfälle

andere Kleidung, um seine Alltagskleidung zu schonen, obwohl das nicht üblich ist, so ist das nicht versichert[84].

Der Versicherungsträger kann sich nicht darauf berufen, dass der Verletzte Opfer einer alltäglichen Gefahr geworden ist, weil ihm der Unfall auch in seiner Freizeit hätte passieren können (z.B. Stolpern am Arbeitsplatz). Entscheidend ist allein, dass

➢ der Versicherte den Unfall gerade nicht erlitten hätte, wäre er nicht am Arbeitsplatz gewesen, und

➢ vor allem, dass ein innerer Zusammenhang mit der versicherten Tätigkeit besteht (Stolpern auf einem Dienstgang).

Spaziergang

Beispiel:
A macht während der Arbeitszeit einen Spaziergang, da er gerade nicht viel zu tun hat, dabei knickt er um und verstaucht sich den Fuß. In diesem Fall liegt kein Versicherungsschutz vor, dagegen schon, wenn an seinem Arbeitsplatz besonders stickige Luftverhältnisse herrschen und A zur Erhaltung seiner Arbeitsfähigkeit an die frische Luft gehen muss[85]. Das BSG hat in einer neuen Entscheidung Versicherungsschutz für solche Spaziergänge auch dann abgelehnt, wenn diese notwendig seien, um die Arbeitsfähigkeit wieder herzustellen[86]. In diesem Fall hatte die Arbeitnehmerin starke Magenbeschwerden, die sie mit einem Spaziergang an der frischen Luft lindern wollte. Dabei war sie ausgerutscht und hatte sich erheblich verletzt. Versicherungsschutz besteht selbstverständlich auch, wenn der Arbeitnehmer während eines dienstlichen Ganges umknickt.

Spaziergänge können aber durchaus auch versichert sein. Macht der gerichtlich bestellte Betreuer mit seinem Pflegling einen Spaziergang, der – wie das BSG entschied[87] – als vertrauensbildende und -erhaltende Maßnahme anzusehen ist, so können Unfälle anlässlich dieser Spaziergänge versichert sein.

---

84 Kater/Leube, § 2 SGB VII Rn. 66; a.A. KassKomm-Ricke, § 8 SGB VII Rn. 121
85 LSG Baden-Württemberg vom 24.6.1968, Breithaupt 1969, 296
86 BSG vom 26.6.2001, Az.: B 2 U 30/00 R
87 BSG vom 23.3.1999, SozR 3-2200 § 539 Nr. 46

II. Der Arbeitsunfall

(3) Betriebs- und Personalratstätigkeit

Auch die Tätigkeit als Betriebs- und Personalrat dient den unternehmerischen Interessen und ist deswegen – einschließlich des Besuchs geeigneter Fortbildungsveranstaltungen – unfallversichert. Für diese Fortbildungsveranstaltungen gilt jedoch das, was bereits zu Seminaren allgemein gesagt wurde (siehe oben S. 82): Versichert sind nur die Aktivitäten, die auch mit dem Seminar im direkten Zusammenhang stehen, nicht die damit verbundenen Freizeitaktivitäten.

Der Besuch bei der zuständigen Gewerkschaft, um sich einen Rat oder Unterstützung für die betrieblichen Aufgaben einzuholen, unterliegt ebenfalls diesem Schutz. Suchen Gremienmitglieder dagegen Veranstaltungen auf, die allgemeiner oder politischer Natur sind (Demonstrationen usw.), sind sie nicht versichert.

<small>Besuch bei der Gewerkschaft</small>

Die Teilnahme von Arbeitnehmern an Veranstaltungen, die das Betriebsverfassungsrecht vorsieht, z.B. der Betriebsversammlung oder der Betriebsratswahl ist ebenfalls versichert.

<small>Betriebsversammlung</small>

(4) Streikmaßnahmen

Nicht versichert ist die Teilnahme an einem Streik, auch wenn dieser rechtmäßig ist. Davon betroffen sind jedoch nur die Arbeitnehmer, die auch an diesem Streik aktiv teilnehmen.

<small>Streik</small>

Beispiel:
Als A, wie jeden Tag, mit dem Auto in die Arbeit kommt, wird er am Werkstor von einem Streikposten aufgehalten, der ihm erklärt, dass heute wegen des Streiks nicht gearbeitet wird. A beteiligt sich nicht an dem Streik, wird jedoch von seinem Vorgesetzten nach Hause geschickt, da das Unternehmen lahmgelegt sei. A ist auf der Hin- und Rückfahrt unfallversichert.

Auch Arbeitnehmer, die ausgesperrt werden, sind auf den Wegen zum und vom Arbeitsplatz unfallversichert.

D. Versicherungsfälle

(5) Betriebliche Sozialveranstaltungen

Betriebsausflug

Diese sind regelmäßig versichert. Nimmt ein Arbeitnehmer an einem **Betriebsausflug** teil,

➢ der dazu dient, die Verbundenheit zwischen Geschäftsleitung und Angehörigen des Unternehmens zu erhalten oder zu vertiefen, und

➢ der vom Arbeitgeber oder vom Betriebsrat (mit Billigung des Arbeitgebers) durchgeführt wird,

so sind alle damit üblicherweise verbundenen Tätigkeiten (Wandern, Mahlzeiten, Tanzveranstaltungen usw.) und die damit verbundenen Wege versichert.

Betriebsfest

Dieser Grundsatz gilt auch für **Betriebsfeste** mit folgenden Einschränkungen:

Beispiel:
A feiert seinen 50. Geburtstag im Büro mit den Kollegen und dem Geschäftsführer. Solche Feiern werden vom Unternehmer gebilligt. Der mitfeiernde B verschluckt sich an einer im Lachs versteckten Gräte und erstickt. Die Berufsgenossenschaft lehnt Leistungen an die Hinterbliebenen ab.

Private Feiern

Das BSG hat hier entschieden, dass sich Billigung und Förderung der Veranstaltung durch den Arbeitgeber auf den betrieblichen Zweck (»Vertiefung der Verbundenheit«) beziehen muss[88]. Dieser Zweck liegt nicht vor, wenn Ursache der Festivität ein privater Grund, wie ein Geburtstag, ist und der Arbeitgeber lediglich billigt, dass diese Feiern im Unternehmen, gegebenenfalls sogar während der Arbeitszeit stattfinden.

Eine Teilnahmeverpflichtung an Betriebsfesten und Betriebsausflügen muss nicht bestehen, sie müssen jedoch von einem wesentlichen Teil der Belegschaft besucht werden, wobei die Rechtsprechung bereits 26 % als wesentlich ansieht[89].

---

88 BSG vom 10.12.1975, BSGE 41, 58
89 BSG vom 26.6.1958, BSGE 7, 249

Beispiel:
Verleger B mietet das Münchner Stadttheater, um dort für seine Mitarbeiter den berühmten Pianisten Börnstein auftreten zu lassen. Da nicht alle Mitarbeiter Platz haben werden, dürfen nur leitende Angestellte und 200 weitere Mitarbeiter teilnehmen, die nach der Reihenfolge der Anmeldung berücksichtigt werden.

Ein Unfall anlässlich dieser Veranstaltung wäre nicht versichert, da sie von vornherein nicht allen Mitarbeitern offen steht und damit dem von der Rechtsprechung anerkannten Zweck der Schaffung von Verbundenheit widerspricht[90]. Bei sehr großen Unternehmen, die aus rein tatsächlichen Gründen keine gemeinsamen Veranstaltungen mehr durchführen können, kann eine sachlich nachvollziehbare Begrenzung, z.B. auf einzelne Abteilungen, allerdings stattfinden[91].

Feiern des Betriebsrats

Versicherte Betriebsfeiern sind auch Feiern des Betriebsrates an denen nur Betriebsrats- und Ersatzmitglieder teilnehmen, allerdings ist es auch hier erforderlich, dass der Arbeitgeber am Zustandekommen, am Ablauf und an der Finanzierung der Veranstaltung beteiligt ist.

Beispiel:
Der Betriebsrat der Firma A beschließt, am späten Nachmittag gemeinsam mit den Ersatzmitgliedern einen Biergarten zu besuchen und dort die gerade abgeschlossene Betriebsvereinbarung zu feiern.

Diese Feier steht nicht unter dem Schutz der Unfallversicherung[92].

Alkoholische Exzesse

Betriebsfeste und -ausflüge sind nicht immer frei von Exzessen, die oftmals auf übermäßigen Alkoholgenuss zurückzuführen sind. Folgen dieser Exzesse sind, wie in anderen Fällen der Herbeiführung von Arbeitsunfällen durch Alkohol (siehe unten S. 94 ff.), nicht unfallversichert. Wird z.B. im Rahmen einer Betriebsfeier ein auf dem Nachbargrundstück befindliches Haflinger-Pferd ohne Zaum- und Sattelzeug bestiegen,

---

90 in einem anderen Fall: BSG vom 16.5.1984, BSGE 56, 283
91 KassKomm-Ricke, § 8 SGB VII Rn. 78 m.w.Nw.
92 BSG vom 20.2.2001, NZS 2001, 496

D. Versicherungsfälle

um den Kollegen zu zeigen, »wie man so etwas richtig macht«, so sind damit verbundene Unfälle unversichert[93].

Betriebsausflug/ Incentivreise

Von den Betriebsausflügen abzugrenzen sind so genannte **Incentivreisen** (zum Begriff, siehe S. 81 f.) , die einzelnen Mitarbeitern oder ausgewählten Abteilungen gewährt werden, um besondere Motivationseffekte zu erreichen. Sie dienen nicht den gleichen Zwecken wie ein Betriebsausflug und sind als solche auch nicht versichert[94].

Personalkauf

Eine weitere betriebliche Sozialeinrichtung vieler Unternehmen ist der so genannte »**Personalkauf**«, der entweder anlässlich einer Sonderveranstaltung oder während des normalen Tagesablaufes im Unternehmen stattfindet (z.B. im Kaufhaus). Wege und Handlungen, die damit verbunden sind, sind nicht versichert, da diese im eigenen wirtschaftlichen Interesse des Arbeitnehmers liegen.

Beispiel:
A ist Verkäufer in einem Kaufhaus. Alle Wege, die er im Kaufhaus zurücklegt, weil diese durch seine Tätigkeit anfallen (Nachfüllen von Waren, Beratung von Kunden, Entgegennahme von Anrufen an einem zentralen Telefon usw.) sind versichert. Nicht versichert ist A, wenn er selbst Waren für seinen Bedarf einkauft. Auch hier können die Grenzen durchaus fließend sein, wenn A z.B. auf dem Weg zum nächsten Kunden eine schicke Jacke entdeckt, die er schnell erwirbt, um sie sich für sich selbst zu »sichern«.

> **Praxistipp:**
>
> Meldet sich der Mitarbeiter vor Erledigung dieser Gänge beim Vorgesetzten ab und im Nachhinein wieder an, ist der Zeitraum dieser Abwesenheiten – vor allem auch im Interesse der Arbeitnehmer – klar umgrenzt. Der Weg zum Ab- oder Rückmelden ist natürlich versichert, weil er Bestandteil der versicherten Tätigkeit ist – sie beruht auf einer Verpflichtung aus dem Arbeitsverhältnis.

---

93 BSG vom 27.6.2000, NZS 2001, 45
94 BSG vom 16.3.1995, SozSich 1997, 36

II. Der Arbeitsunfall

Auch bei Ferien in vom Arbeitgeber bereitgestellten Ferienwohnungen sind Unfälle in diesen Wohnungen nicht versichert.

Vom Arbeitgeber gestellte Ferienwohnung

Betriebliche Sozialleistungen sind oftmals auch Angebote im Bereich **Betriebssport**. Unfälle bei diesen Veranstaltungen und auf allen damit verbundenen Wegen sind unter folgenden Voraussetzungen versichert:

Schutz beim Betriebssport

➢ Der Zweck der Veranstaltung dient dem Ausgleich einseitiger körperlicher, geistiger oder seelischer Arbeitsbelastungen (dies trifft auf viele Sportarten zu, nicht jedoch auf Schach oder Skat[95]).

➢ Die Sportart hat keinen vordergründigen Wettkampfcharakter: Das ist wegen der größeren Attraktivität solcher Sportarten sicher problematisch, zumindest erkennt das BSG einen Versicherungsschutz bei gelegentlichen Vergleichswettkämpfen an[96]. In derartigen Fällen verneint das Bundessozialgericht eine betriebssportliche Tätigkeit nicht, da hierbei der Ausgleichszweck im Vordergrund steht.

➢ Die Übungen müssen regelmäßig stattfinden, mindestens einmal monatlich.

➢ Die Teilnehmer müssen im wesentlichen Betriebsangehörige sein, was auch dann zutrifft, wenn mehrere Unternehmen sich eine Betriebssportanlage teilen und der Sport dabei gemeinsam ausgeübt wird, wenn damit nicht in erster Linie Wettkämpfe verbunden sind[97]. Öffnen sich dagegen Betriebssportgemeinschaften vollkommen, um auch andere Mitglieder aufnehmen zu können, führt das zum Verlust des gesetzlichen Unfallversicherungsschutzes!

➢ Die Organisation muss betriebsbezogen sein, der Betrieb muss den maßgeblichen gestaltenden Einfluss

---

95 dazu Schwede, NZS 1996, 562 m.w.Nw.
96 BSG vom 2.7.1996, SozR 3-2200 § 548 Nr. 29
97 BSG vom 28.11.1961, BSGE 16, 1

D. Versicherungsfälle

haben (eine rein stillschweigende Duldung durch den Arbeitgeber ist nicht ausreichend[98]).

➤ Zeit und Dauer der Übung stehen in einem engen Zusammenhang mit dem Ausgleichszweck, was z.b. nicht gegeben ist, wenn der Sport nur am Sonntag stattfindet.

Nicht versichert ist das gesellige Beisammensein, das sich der sportlichen Betätigung anschließt.

> **Praxistipp:**
>
> Wollen Betriebssportgemeinschaften an Wettbewerben teilnehmen und/oder sich einem breiteren Kreis von Mitgliedern öffnen, so empfiehlt sich ein Beitritt zum zuständigen Landessportverband, der für die Vereinsmitglieder eine private Versicherung gegen Unfallschäden vorsieht, die zu einem recht geringen Preis abgesichert werden können.

(6) Trunkenheit am Arbeitsplatz

Volltrunkenheit

Volltrunkenheit am Arbeitsplatz schließt jeglichen Versicherungsschutz aus, da allein schon dieser Zustand des Arbeitnehmers eine irgendwie geartete versicherte Tätigkeit unmöglich macht. Volltrunkenheit wird dann angenommen, wenn eine zweckgerichtete Tätigkeit gar nicht mehr möglich ist[99]. Standardisierte »Promillegrenzen«, wie man sie aus dem Straßenverkehrsrecht kennt, gibt es im Unfallversicherungsrecht nicht; dieser Zustand ist deshalb jeweils im Einzelfall festzustellen[100]. Die Feststellung muss nicht nur anhand oftmals nicht greifbarer Blutalkoholwerte erfolgen, sondern kann sich auch aufgrund anderer Eindrücke (Beobachtungen durch Kollegen, sachverständige Beurteilung des Unfallherganges usw.) ergeben. Volltrunkene Arbeitnehmer sind allerdings gegen Unfälle abgesichert, die mit

---

98 BSG vom 19.3.1991, SozR 3-2200 § 548 Nr. 10
99 BSG vom 30.4.1991, Az.: 2 RU 11/90
100 BSG vom 28.6.1979, BSGE 48, 224

II. Der Arbeitsunfall

der Trunkenheit als solcher in keinem Zusammenhang stehen[101]. Der Ausschluss des Versicherungsschutzes betrifft nur die alkoholtypischen Einschränkungen der Leistungsfähigkeit. Damit sind alle Umstände des Unfalls auch in diesem Falle einer Bewertung zu unterziehen.

Problematisch sind die Fälle der Alkoholisierung, die nicht den Grad der Volltrunkenheit erreichen. Hier ist darauf abzustellen, ob allein die Trunkenheit Ursache des Unfalls war[102]. Ist das der Fall, ist kein Versicherungsschutz gegeben. Dabei ist im Einzelfall zu prüfen, ob der Versicherte nach den Erfahrungen des täglichen Lebens bei der selben Sachlage wahrscheinlich nicht verunglückt oder gar nicht erst in diese Situation gekommen wäre[103]. Auch hier wird es keine pauschale Festlegung durch eine festgestellte Blutalkoholkonzentration geben, sondern es müssen alle Umstände des Einzelfalles in die Prüfung einbezogen werden.

Trunkenheit

Beispiel:
Der trinkfeste Bierfahrer B hat sein tägliches Quantum an Haustrunk (6 halbe Liter) während seiner täglichen Lieferfahrt geleert. Beim Einfahren auf den Speditionshof übersieht er eine Betonsäule und prallt mit seinem Lastwagen gegen diese. Trotz der beim Unfall erlittenen Verletzungen, sieht die Berufsgenossenschaft keine Veranlassung, Leistungen an B zu erbringen.

In diesem Fall ist zu prüfen, ob B dieser Unfall auch passiert wäre, wenn er nüchtern auf den Hof gefahren wäre. Hier sind also neben der alkoholbedingten Beeinträchtigung der Leistung des B auch alle anderen Umstände, die zu dem Unfall geführt haben, genau zu untersuchen.

Während der Weg zur Besorgung von nichtalkoholischen Getränken innerhalb des Betriebes unter dem Schutz der Unfallversicherung steht, hat das BSG den Weg zur Besor-

---

101 BSG vom 30.4.1991, Az.: 2 RU 11/90
102 BSG vom 28.6.1979, BSGE 48, 228
103 BSG vom 26.4.1977, BSGE 43, 293

D. Versicherungsfälle

gung alkoholischer Getränke aus einem Getränkeautomaten auf dem Werksgelände als unversichert angesehen[104].

Andere Suchtmittel

Diese Grundsätze sind im Übrigen auch anzuwenden, wenn es um den Missbrauch anderer Suchtmittel am Arbeitsplatz geht, wie z.B. Medikamente, Rauschgift. Das Thema »Suchtmittel am Arbeitsplatz« ist damit auch ein wichtiges Präventionsthema[105].

Medikamente am Arbeitsplatz

Insbesondere die Gefährdung durch Medikamente wird sehr leicht unterschätzt. Zwischen 15 und 20 % aller Schmerzmittel wirken sich nachteilig auf die Konzentrationsfähigkeit des Konsumenten aus. Verlängerte Reaktionszeiten, Gleichgewichtsstörungen, Einschränkungen des Gesichtsfeldes, Verlangsamung der Informationsverarbeitung, nachlassende Geschicklichkeit und erhöhte Blendempfindlichkeit zählen unter anderem zu den Folgen – selbst einer verordnungsgemäßen – Einnahme von Medikamenten. Vor Einnahme aller Medikamente sollten deswegen die Hinweise auf den Beipackzetteln, vor allem aber die Anweisungen des behandelnden Arztes beachtet werden. Im Zweifel schadet auch eine Rückfrage beim Betriebsarzt nicht.

e) Selbstgeschaffene Gefahr

Begriff

Grundsätzlich ist der Unfallversicherungsschutz nicht schon deswegen ausgeschlossen, weil sich der Versicherte selbst in eine gefährliche Lage, in eine so genannte »selbst geschaffene Gefahrenlage«, bringt. Eine selbst geschaffene Gefahrenlage wird durch ein in hohem Grade leichtfertiges Verhalten verursacht, bei dem der Versicherte mit einer Schädigung geradezu rechnen muss. In diesen Fällen besteht der Versicherungsschutz nur dann fort, wenn das Motiv für das gefährliche Verhalten nach wie vor in der versicherten Tätigkeit liegt.

---

104 BSG vom 27.6.2000, NZS 2000, VIII
105 BGI 799 – »Suchtmittelkonsum im Betrieb« (zu beziehen über den Carl Heymanns Verlag)

II. Der Arbeitsunfall

Überquert z.B. ein Arbeitnehmer Bahngleise an einer gefährlichen Stelle, um einen eiligen Botengang zu beschleunigen, so ist er nach wie vor versichert[106]. Nicht versichert wäre der Arbeitnehmer dagegen, wenn er nur einen bequemeren Weg nehmen wollte. In einem vom Landessozialgericht Baden-Württemberg entschiedenen Fall war ein Arbeitnehmer aus Gründen der Zeitersparnis auf einem Fließband mitgefahren und verunglückt, obwohl ihm bewusst war, wie gefährlich dies war. Auch in diesem Fall wurde ihm Versicherungsschutz zugestanden.

Gefahrenlage im Unternehmensinteresse?

Auch hier sind die Grenzen zum nicht mehr versicherten Verhalten fließend. Überwiegen die persönlichen Motive (wenn im o.g. Fall z.B. der Arbeitnehmer die Gleise überquert, weil der kürzere Weg bequemer ist), wird kein Versicherungsschutz gewährt.

Beispiel:
A sonnt sich auf dem Dach eines fahrenden Tankzuges. Er will einerseits das schöne Wetter ausnutzen, andererseits auf dem weitläufigen Betriebsgelände schneller vorankommen. Dabei verunglückt A.

Das BSG[107] hat in diesem Fall ein Überwiegen persönlicher Motive angenommen und den Versicherungsschutz versagt.

In der Praxis der Rechtsprechung des BSG werden die Fälle der selbst geschaffenen Gefahr nur unter sehr engen Voraussetzungen vom Versicherungsschutz ausgenommen. Gerade die neueren Urteile machen immer wieder deutlich, dass die Rechtsprechung bemüht ist, einen Erstattungsanspruch gegen den Versicherungsträger nicht an diesem Merkmal scheitern zu lassen. Verschiedene Autoren fordern deswegen vermehrt die Abschaffung dieses Instituts[108].

---

106 BSG vom 2.11.1988, BSGE 64, 159
107 BSG vom 2.11.1988, SozR 2200 § 548 Nr. 93
108 z.B. Petri, § 8 SGB VII Rn. 34 m.w.Nw.

D. Versicherungsfälle

Spielerei am Arbeitsplatz

In diesem Zusammenhang ist auch die so genannte Spielerei am Arbeitsplatz zu sehen, die grundsätzlich unversichert ist[109]. Wird die Arbeit »spielerisch« erledigt und ereignet sich dabei ein Unfall, ist – wie bei der Trunkenheit am Arbeitsplatz – zu ermitteln, ob die Spielerei Ursache des Unfalls war oder nicht.

Beispiel:
A und B sind Gepäckfahrer am Flughafen. Sie müssen mit kleinen Elektrokarren Gepäckstücke zu Flugzeugen bringen. Während sie damit unterwegs sind, vereinbaren sie ein Wettrennen, bei dem B mit seinem Fahrzeug umstürzt und sich verletzt.

Hier liegt eine spielerische Erledigung der Arbeit vor, die auch dem Betriebszweck dient, da das Gepäck trotz des »Rennens« zum Flugzeug kommt. Bei der Untersuchung des Unfalles im Hinblick darauf, ob ein Arbeitsunfall vorliegt, wird zu prüfen sein, ob das Umstürzen des Karrens allein auf die hohe Geschwindigkeit, die durch das Wettrennen bedingt war, zurückzuführen war. Nur dann würde der Schutz der Unfallversicherung versagt werden.

Arbeitnehmer, die Opfer einer Spielerei von Kollegen werden, wenn diese ihnen z.B. einen Streich spielen, sind selbstverständlich versichert.

Beispiel:
Auf einer Baustelle beginnen mehrere Maurerlehrlinge eine »Mörtelschlacht«. Der an der Schlacht unbeteiligte A wird dabei von einem Mörtelbrocken so unglücklich am linken Auge getroffen, dass er 90 % der Sehfähigkeit auf diesem Auge einbüßt. Die Berufsgenossenschaft verweigert unter Bezugnahme auf das Vorliegen einer unversicherten Spielerei am Arbeitsplatz die Übernahme von Leistungen. Das Sozialgericht Osnabrück entschied dagegen zu Gunsten des A[110].

f) Sonderfall: Die Schädigung durch Kollegen

Rückgriff durch die Berufsgenossenschaft

Die Spielerei kann nur der Ausgangspunkt sein: Eine Neckerei wird zu einer Auseinandersetzung bis hin zur Tätlichkeit

---

109 BSG vom 20.5.1976, BSGE 42, 42
110 Az.: 12 U 6/96, MDR 1998, R 9

– das ist leider alltäglich. Selbstverständlich sind Arbeitnehmer am Arbeitsplatz auch bei Verletzungen geschützt, die auf einem Fehlverhalten von Kollegen beruhen. Die Berufsgenossenschaft kann, sollte dieses Fehlverhalten zu einer Schadensersatzpflicht des schädigenden Mitarbeiters führen, nach § 116 SGB X Rückgriff gegen diesen nehmen. Hier spielen allerdings noch die arbeitsrechtlichen, von Bundesarbeitsgericht und Bundesgerichtshof entwickelten Haftungsbeschränkungen eine Rolle. Nach diesen Grundsätzen haftet der Arbeitnehmer nur in solchen Fällen, in denen er fahrlässig oder vorsätzlich gehandelt hat[111]. **Grob fahrlässig** handelt ein Arbeitnehmer, wenn er jegliche Sorgfaltspflichten (arbeitsvertragliche wie auch andere, die offenkundig sind!) außer Acht lässt. **Vorsätzlich** handelt er dann, wenn er den Schaden wissentlich und willentlich herbeiführen will. Für **fahrlässiges Verhalten** besteht die Haftung nach Abwägung aller Einzelheiten. So kann die Haftung z.B. geschmälert werden, wenn die Arbeit mit besonderen Risiken verbunden ist oder der Arbeitnehmer nicht ausreichend eingewiesen worden ist.

Daneben sieht § 105 Abs. 1 SGB VII eine Haftung des schädigenden Arbeitnehmers direkt gegenüber dem verletzten Kollegen bzw. dessen Hinterbliebenen für die Fälle vor, in denen dieser die Verletzung im Rahmen einer betrieblichen Tätigkeit vorsätzlich herbeigeführt hat (siehe oben zum Begriff »Vorsatz«). Die Schädigung muss also im Rahmen einer »betrieblichen Tätigkeit« erfolgen. Dieser Begriff umfasst alle mit dem Betriebszweck zusammenhängenden Aktivitäten und ist sehr weit zu fassen. Darunter fallen in diesem Zusammenhang sogar alkoholbedingte Vorgänge, die ansonsten (siehe oben S. 94 ff.) dazu führen würden, dass gar keine versicherte Tätigkeit mehr vorliegt[112].

Haftung des Arbeitnehmers

§ 105 SGB VII ist keine eigene Anspruchsgrundlage, d.h. der Geschädigte kann sich in einem Schadensersatzprozess gegen den Schädiger nicht direkt darauf berufen, sondern

---

111 Palandt-Putzo, § 611 BGB Rn. 157
112 Bereiter-Hahn/Mehrtens, § 105 SGB VII Rn. 3

D. Versicherungsfälle

muss sich auf einschlägige zivilrechtliche Schadensersatznormen, z.B. § 823 Abs. 1 BGB stützen, um seinen Anspruch geltend zu machen. § 105 SGB VII stellt nur klar, dass diese beiden Ansprüche nebeneinander geltend gemacht werden können, der Schädiger sich somit nicht darauf berufen kann, dem Geschädigten sei durch die Inspruchnahme der Berufsgenossenschaft schon genug geholfen.

Die Haftung des § 105 SGB VII ist dann nicht auf Vorsatz beschränkt, wenn ein Arbeitnehmer einen anderen anlässlich eines versicherten Weges schädigt. Der versicherte Weg ist derjenige Weg, der auch im Rahmen des »Wegeunfalls« (siehe unten S. 108 ff.) versichert ist, d.h. in der Regel der Weg von und zur Arbeitsstätte. Dem Geschädigten soll nicht die Möglichkeit genommen werden, den Schädiger selbst in Anspruch zu nehmen.

Beispiel:
A wird auf dem Weg zur Arbeit bei einem Autounfall verletzt, den sein Kollege B fahrlässig herbeiführt. A kann nun

➢ sowohl die Berufsgenossenschaft im Rahmen eines Wegeunfalls in Anspruch nehmen,

➢ als auch den B im Rahmen dessen zivilrechtlicher Haftung für die Schädigung im Straßenverkehr.

Damit kann A gegenüber der Berufsgenossenschaft auf alle Fälle seine Körperschäden (Regelungen des SGB VII) geltend machen, gegen B direkt dagegen Ansprüche auf Schmerzensgeld, weitergehende Schäden am Fahrzeug, Nutzungsausfall (Regelungen des Bürgerlichen Gesetzbuches) usw.

Nicht unter diese Haftungserweiterung auch auf Fahrlässigkeit fallen dagegen betriebliche Wege, also Wege, die eine betriebliche Tätigkeit im o.g. Sinne sind.

Beispiel:
A bringt im Rahmen eines Botenganges ein Paket von einer Abteilung in die andere. B legt ihm »Spaßes halber« ein Bein, A stürzt und bricht sich den Arm.

II. Der Arbeitsunfall

A kann nun von der Berufsgenossenschaft

➢ die Behandlungskosten
➢ und von B direkt Schmerzensgeld auf dem zivilrechtlichen Wege verlangen,

da B vorsätzlich (»Spaßes halber« lässt darauf schließen, dass B damit rechnen musste, dass sich A bei einem Sturz auch verletzen kann) handelte und der Weg eine betriebliche Tätigkeit war. Hätte B fahrlässig gehandelt (B stößt A unabsichtlich um), hätte A nur Ansprüche gegen die Berufsgenossenschaft. Geschieht dieser »fahrlässige Unfall« zwischen A und B auf dem Heimweg von der Arbeit (Wegeunfall), greift wiederum die o.g. parallele Haftung von Berufsgenossenschaft und B.

Für Schäden, die aus Streitigkeiten zwischen Arbeitnehmern eines Unternehmens resultieren, wird dann der Unfallversicherungsschutz gewährt, wenn der Streit betrieblich bedingt ist, also allein aus der Tätigkeit resultiert[113].

Streit unter Kollegen

Beispiel:
Streiten sich zwei Arbeiter darum, wer das bessere Werkzeug verwenden darf und schlagen sie sich um dieses, so besteht für daraus resultierende Verletzungen Versicherungsschutz, nicht dagegen, wenn sich die Zwistigkeit um private Belange, wie etwa den Verdacht des Ehebruchs, dreht. Diese Schäden sind auf dem Zivilrechtsweg zu verfolgen.

In einem Fall des Bayerischen Landessozialgerichts[114] konnte ein Fuhrmann, der aufgrund einer Auseinandersetzung mit mehreren Konkurrenten wegen unlauteren Wettbewerbs von diesen verprügelt wurde, Versicherungsschutz bei der zuständigen Berufsgenossenschaft für sich in Anspruch nehmen.

Die Vergewaltigung am Arbeitsplatz ist ein schwerwiegender Eingriff in die Persönlichkeitsrechte der verletzten Person. Sie ist nach den oben genannten Grundsätzen als Ar-

Vergewaltigung am Arbeitsplatz

---

113 BSG vom 30.10.1979, SozR 2200 § 548 Nr. 48
114 Urteil vom 21.10.1998, Az.: L 2 U 86/97 – einblick 5/99

D. Versicherungsfälle

beitsunfall zu qualifizieren und selbstverständlich eine Straftat. Eine aktuelle Entscheidung des BSG lässt diesen Schluss zu, da zwar im entschiedenen Fall[115] Versicherungsschutz verneint wurde, aber nur deswegen, weil die Vergewaltigung nicht auf dem Betriebsgelände oder auf dem Weg von oder zur Arbeit stattgefunden hatte.

Mobbing

Schädigende Auseinandersetzungen am Arbeitsplatz müssen nicht nur solche sein, bei denen es zu körperlichen Tätlichkeiten kommt. Immer stärker thematisiert wird das so genannte »Mobbing«, das zu massiven seelischen aber auch körperlichen »Verletzungen« des geschädigten Arbeitnehmers führen kann. Bei Mobbing handelt es sich um schikanöses, tyrannisierendes, ausgrenzendes Verhalten oder auch Psychoterror am Arbeitsplatz. Dieses umfasst nicht nur vereinzelt auftretende, alltägliche Konfliktsituationen zwischen Arbeitnehmern bzw. Arbeitnehmern und Vorgesetzten, sondern auch Situationen, die – gemessen an der Intensität, Schwere oder Systematik der Einwirkung – über den alltäglichen, beruflichen Ärger hinausgehen[116]. Da es bei Mobbing nicht um eine »plötzliche« Einwirkung geht, sondern diese regelmäßig über einen längeren Zeitraum erfolgt, sind Folgen dieser Einwirkungen unter dem Gesichtspunkt der Anerkennung als Berufskrankheit zu untersuchen (siehe dazu S. 143 f.).

3. Gesundheitsschäden als Folge des Unfalls

Folge des Unfalls muss ein Gesundheitsschaden (»echter Körperschaden«) oder ein gleichgestellter Schaden (»unechter Körperschaden«) sein, wobei der Unfall ausschlaggebende Ursache für den Schaden sein muss.

---

115 BSG vom 28.6.2001, Az.: B 2 U 25/00 R, Pressemitteilung des BSG Nr. 36/2001 vom 28.6.2001
116 Kittner/Zwanziger/Becker, Arbeitsrecht, § 73 Rn. 80

II. Der Arbeitsunfall

a) Gesundheitsschäden und gleichgestellte Schäden

Gesundheitsschäden sind alle regelwidrigen körperlichen, geistigen und seelischen Zustände sowie der Tod[117]. Gleichgestellte Schäden sind nach § 8 Abs. 3 SGB VII solche an Körperersatzstücken oder orthopädischen Hilfsmitteln. Auch ein Verlust dieser Hilfsmittel wird als unechter Körperschaden angesehen.

Begriff

Beispiel:
A, der in einem Labor tätig ist, muss mit stark übelriechenden Flüssigkeiten arbeiten, was dazu führt, dass er sich übergeben muss. Dabei verliert A sein Gebiss in der Toilette.

Brillen und Hörgeräte werden bei einer Beschädigung ebenfalls von den Trägern der gesetzlichen Unfallversicherung ersetzt.

Ersatz von Brillen und Hörgeräten?

Als Gesundheitsschaden gilt auch der »Verschlimmerungsschaden«, der dann anzunehmen ist, wenn ein bereits vorhandenes Leiden durch den Unfall verschlimmert worden ist. Es ist nicht erforderlich, dass das vorher vorhandene Leiden auch bereits bekannt oder gar diagnostiziert ist oder dass dieses Leiden auf eine betriebliche Verursachung zurückzuführen ist. Dabei ist zu beachten, dass bei einem Unfall, der auf ein bereits bestehendes Grundleiden einwirkt und dieses in eine geänderte Erscheinungsform bringt, das Grundleiden nicht als Unfallfolge anerkannt wird. Hier wird der Gesamtgesundheitsschaden, der aus Grundleiden und Verschlimmerung besteht, in die für die Bewertung relevanten Einzelteile zerlegt und nur der durch den Unfall bedingte Teil ist für den Eintritt der Unfallversicherung ausschlaggebend[118].

Verschlimmerungsschaden

Beispiel:
A leidet an einer inaktiven Tbc, die durch eine Brustkorbverletzung, die er sich am Arbeitsplatz zuzieht, wieder ausbricht.

---

117 Bereiter-Hahn/Mehrtens, § 8 SGB VII Rn. 11
118 Bereiter-Hahn/Mehrtens, § 8 SGB VII Rn. 9.11 m.w.Nw.

D. Versicherungsfälle

Hier ist der Versicherungsfall (»Brustkorbverletzung am Arbeitsplatz«) rechtlich relevante Ursache des Gesamtgesundheitsschadens (»wieder aktivierte Tbc«). Bei der Beurteilung des Gesamtzustandes des verschlimmerten Leidens sind jedoch nur die Umstände mit einzubeziehen, die berufsbedingt waren[119]. Das kann in der Praxis zu ausgesprochen schwierigen Abgrenzungsfällen führen[120], die unter Umständen auch im Rahmen der »Gelegenheitsursache« (siehe unten b.) ausschlaggebend sein könnten.

b) Ursachenzusammenhang und Gelegenheitsursache

Wie bereits festgestellt wurde, muss der Unfall die ausschlaggebende Ursache gewesen sein, die zu dem Gesundheitsschaden geführt hat. Man spricht von »Kausalität« und meint damit, dass der Unfall nicht hinweggedacht werden kann, ohne dass die Schädigung der Gesundheit entfällt.

Beispiel:
A wird am Arbeitsplatz von einem herabfallenden Bauteil getroffen und verletzt.

Hier sind Ursache (herabfallendes Bauteil) und Wirkung (Verletzung) und der entsprechende Ursachenzusammenhang (Verletzung durch herabfallendes Bauteil) offenkundig.

Gelegenheitsursachen

Problematischer liegt der Fall bei den so genannten »Gelegenheitsursachen«.

Beispiel:
A hebt bei der Arbeit eine schwere Kiste hoch, was sonst nicht zu seinem Aufgabenbereich gehört. Dabei kommt es zu einem Bandscheibenvorfall, der nachfolgend operativ behoben werden muss. Bei den entsprechenden ärztlichen Untersuchungen stellt sich heraus, dass die betroffene Bandscheibe des A durch eine altersbedingte Degeneration bereits vorgeschädigt war. Die zuständige Berufsgenossenschaft lehnt eine Übernahme der Behandlungskosten mit der Begründung ab, das Heben der Kiste wäre eine »Gelegenheitsursache« gewesen, also ein rechtlich unerhebliches äußeres Ereignis.

---

119 BSGE 7, 53
120 so auch KassKomm-Ricke, vor § 26 SGB VII Rn. 4

II. Der Arbeitsunfall

Die Rechtsprechung[121] beurteilt das Vorliegen einer Gelegenheitsursache nach folgenden Gesichtspunkten: Sie ist dann anzunehmen, wenn der Schaden wahrscheinlich auch

Kriterien der Rechtsprechung

- etwa zur selben Zeit,
- etwa im selben Umfang,
- spontan (d.h. ohne weiteres äußeres Ereignis) oder
- unter alltäglicher Belastung

eingetreten wäre. In diesem Falle wird eine Absicherung des erlittenen Schadens aus der gesetzlichen Unfallversicherung abgelehnt.

Beispiel:
Zieht A aus dem vorherigen Beispiel sich den Bandscheibenvorfall während eines Spazierganges (spontan, ohne weiteres äußeres Ereignis) oder unter einer alltäglichen Belastung (Anheben einer Mineralwasserkiste im Getränkemarkt) zu, so liegt eine alltägliche Belastung vor. Hier ist in einem medizinischen Gutachten festzustellen, ob die Wahrscheinlichkeit, dass A sich beim Anheben der Kiste in der Arbeit einen Bandscheibenvorfall zuzieht, genauso groß ist, wie diejenige, dass der Bandscheibenvorfall während einer alltäglichen Belastung auftritt.

Praxistipp:

Häufig kommt es in solchen Fällen zu Abgrenzungsproblemen. Deshalb empfiehlt sich die Heranziehung sachkundiger Spezialisten als Gutachter. Man sollte zunächst einen Fachanwalt für Sozialrecht zu Rate ziehen. Dieser kann einen Gutachter benennen und beauftragen, **bevor** es zu einer sozialgerichtlichen Auseinandersetzung kommt. Auf diese Weise kann das sozialgerichtliche Klagebegehren bereits mit einem interessengerechten Gutachten begleitet werden, was eine Begutachtung im sozialgerichtlichen Verfahren (bei dem die Einflussnahme auf die Benennung des Gutachters durch die Parteien nicht immer gegeben ist) unter Umständen erspart.

---

[121] z.B. BSG vom 27.10.1987, BSGE 62, 220

D. Versicherungsfälle

Nach der aktuellen Rechtsprechung des BSG muss nur die tatsächliche Ursache erforscht werden[122].

Es müssen alle Ursachen ergründet und abgewogen werden. Die Sozial- und Landessozialgerichte prüfen vor allem, inwieweit körperliche Vorschädigungen (z.b. angeschlagene Bandscheiben, Meniskusvorschäden usw.) das Einwirken einer Gelegenheitsursache geradezu herausgefordert haben[123].

Beim Vorliegen einer Gelegenheitsursache wird die Körperverletzung durch den Unfall nicht als ausschlaggebende Ursache der Gesundheitsbeschädigung angesehen. Im vorgenannten Beispiel war damit Ursache der Bandscheibenschädigung also nicht das Heben der Kiste in der Arbeit, sondern die bereits vorhandene Vorschädigung der Bandscheibe. Mangels Ursachenzusammenhang zwischen Tätigkeit und Schaden handelt es sich nicht um einen Arbeitsunfall.

Ein äußeres Ereignis, das einer alltäglichen Belastung entspricht, ist bei einem mitwirkenden Vorschaden danach immer eine Gelegenheitsursache und begründet deswegen nie einen Arbeitsunfall.

Alltägliche Belastung

Belastungen sind alltäglich, wenn sie altersüblich regelmäßig vorkommen, wenn auch nicht jeden Tag. Nicht alltäglich waren nach der Rechtsprechung zweier Landessozialgerichte

➢ das Tragen eines 40 kg schweren Sackes über eine Strecke von 40 m und
➢ das Ziehen eines widerspenstigen Bullen zum Transportfahrzeug durch 3 Personen über 1,5 Stunden hinweg[124].

Die Rechtsprechung kann aber auch dann eine Gelegenheitsursache annehmen, wenn der Schaden bei einer nicht

---
122 SozR 3- 2200 § 548 Nr. 4
123 siehe hierzu sehr eingehend Kater/Leube, § 8 SGB VII Rn. 137 m.w.Nw.
124 KassKomm-Ricke, § 8 SGB VII Rn. 27 m.w.Nw.

alltäglichen Belastung auftritt. In diesem Fall darf jedoch nicht ausgeschlossen sein, dass der Schaden eben auch bei einer alltäglichen Belastung aufgetreten wäre.

Beispiel:
A leidet an einer fortgeschrittenen Verkalkung der Herzkranzgefäße (Koronarsklerose). Eines Tages kommt es an seinem Arbeitsplatz zu einer Explosion, auf Grund derer er einen Schock erleidet, der zu einem tödlichen Herzinfarkt führt.

Die Explosion und der darauf folgende Schock sind sicher eine nicht alltägliche Belastung. Die weit fortgeschrittene Koronarsklerose lässt jedoch die Vermutung zu, dass in einem vertretbaren zeitlichen Rahmen (»etwa zur selben Zeit«) mit einem Schaden von »etwa dem selben Umfang«, einem Herzinfarkt also, auch ohne die betriebliche Veranlassung (die Explosion) zu rechnen war.

c) Vorgetäuschter Arbeitsunfall

Das Vortäuschen eines Arbeitsunfalls kann die fristlose Kündigung des Arbeitsverhältnisses nach sich ziehen. Behauptet also ein Arbeitnehmer, er habe einen Arbeitsunfall erlitten und könne deswegen seine Tätigkeit nicht fortsetzen und stellt sich dieses als unwahr heraus, hat der Arbeitgeber die Möglichkeit, wegen eines eklatanten Vertrauensbruches sofort zu kündigen. Das Arbeitsgericht Frankfurt/Main[125] bestätigte derartige Kündigungen mit der Begründung, dass die Fortsetzung des Arbeitsverhältnisses auch nur für den Zeitraum einer ordentlichen Kündigung in diesem Fall unzumutbar sei.

4. Unfälle mit Arbeitsgerät

§ 8 Abs. 2 Nr. 5 SGB VII regelt den besonderen Fall, dass sich ein Unfall mit Arbeitsgerät ereignet, welches vom Verletzten verwahrt, befördert, instand gehalten oder erneuert wird. Die praktische Relevanz dieser Vorschrift liegt vor allem darin, dass Versicherungsschutz auch dann gewährt wird, wenn eine der genannten Tätigkeiten zu Hause ausgeübt wird.

---

125 Urteile vom 27.6.2001, Az.: 7 Ca 227/01 und 7/8 Ca 694/01

D. Versicherungsfälle

Begriff Arbeitsgerät ist jeder Gegenstand, der als Mittel zur Erledigung der versicherten Tätigkeit geeignet ist und genutzt wird. Ob es sich bei dem Arbeitsgerät um im Eigentum des Arbeitgebers oder des Arbeitnehmers oder auch Dritter stehender Sachen handelt, ist unerheblich. Es ist also möglich, dass sich ein Arbeitnehmer beim Hantieren mit Arbeitsgerät verletzt, von dem der Arbeitgeber gar nicht weiß, dass der Arbeitnehmer es verwendet[126].

Die o.g. weiteren Prinzipien zum Arbeitsunfall gelten auch hier. So sind hier z.B. auch die Regeln zur »eigenwirtschaftlichen Tätigkeit« zu beachten.

Beispiel:
Dem Vertreter A wird ein Firmenwagen zur Verfügung gestellt. Fährt er mit diesem zu einer Spazierfahrt, so ist die Tätigkeit ausschließlich privat veranlasst und damit eigenwirtschaftlich[127].

III. Der Wegeunfall

Bereits seit 1925 werden in der gesetzlichen Unfallversicherung auch die Wege abgesichert, die mit der versicherten Tätigkeit verbunden sind. Während sich die Zahl der Arbeitsunfälle aufgrund präventiver Maßnahmen in den letzten Jahren sehr deutlich absenken ließ, hat die Zahl der Wegeunfälle im Vergleich über die letzten 20 Jahre weiter zugenommen. Damit sind Wegeunfälle ein wichtiges Thema für den Arbeitsschutz (siehe dazu oben S. 62 f.) und für die Unfallversicherungsträger, die mit einer stabil hoch bleibenden Zahl solcher Unfälle konfrontiert werden.

---

126 Bereiter-Hahn/Mehrtens, § 8 SGB VII Rn. 17.14
127 Beispiel nach Bereiter-Hahn/Mehrtens, § 8 SGB VII Rn. 17.3

III. Der Wegeunfall

Arbeits- und Wegeunfälle[128]

	1980	1990	2000	2001
Meldepflichtige Arbeitsunfälle	1.541.214	1.331.395	1.144.262	1.071.043
je 1000 Vollbeschäftigte	76,35	52,09	37,10	34,51
je 1 Mio. geleisteter Arbeitsstunden	42,01	32,76	24,09	22,56
Meldepflichtige Wegeunfälle	161.292	155.817	177.347	176.700
je 1000 Versicherungsverhältnisse		5,66	5,06	5,06
Meldepflichtige Unfälle zusammen	1.702.506	1.487.212	1.321.609	1.247.743
Tödliche Arbeitsunfälle *)	1.807	1.086	825	820
Tödliche Wegeunfälle *)	1.048	627	722	660
Tödliche Unfälle zusammen *)	2.855	1.713	1.547	1.480
Neue Arbeitsunfallrenten	40.051	30.142	22.678	21.383
je 1000 Vollbeschäftigte	1,98	1,18	0,74	0,69
Neue Wegeunfallrenten	10.418	7.233	6.929	6.471
je 1000 Versicherungsverhältnisse		0,26	0,20	0,19
Neue Unfallrenten zusammen	50.469	37.375	29.607	27.854

*) ab 1996: Todesfälle im Berichtsjahr, Tod innerhalb von 30 Tagen nach dem Unfall; bis 1990: erstmalige Feststellung im Berichtsjahr

---

128 Tabelle von der Homepage des HVBG (www.hvbg.de/d/pages/presse/stat/arbeits.htm)

D. Versicherungsfälle

§ 8 Abs. 2 Nrn. 1 - 4 SGB VII sieht einen entsprechenden Schutz vor. Zu klären ist immer,

- ➢ was unter dem Begriff »Weg« zu verstehen ist,
- ➢ wo er beginnt und endet,
- ➢ wann in zulässiger Weise vom Weg abgewichen oder
- ➢ wann er in zulässiger Weise unterbrochen werden darf.

Auch beim Wegeunfall gelten die bereits erläuterten Ursachenzusammenhänge (zur Erläuterung siehe S. 73):

Auf dem Weg zur oder von der Arbeit → **Unfall** → Schaden

Die Begriffe »Unfall« und »Schaden« wurden im Rahmen des Arbeitsunfalls (siehe oben 3.II.1. und D.) bereits erläutert. Für den Wegeunfall gelten diese Erläuterungen ebenso.

1. Der Begriff »Weg«

- ➢ Wege, die mit der Arbeit im direkten Zusammenhang stehen (alle Wege, die im Rahmen der versicherten Tätigkeit vorzunehmen sind) und
- ➢ Wege, die nach § 8 Abs. 2 Nr. 5 SGB VII mit Arbeitsgerät in Verbindung stehen,

sind bereits als Arbeitsunfälle im Sinne des § 8 Abs. 1 oder Abs. 2 Nr. 5 SGB VII versichert. Von der Vorschrift des § 8 Abs. 2 Nrn. 1–4 SGB VII werden zudem alle Wege erfasst, die nicht bereits nach den o.g. Vorschriften versichert sind.

»Unmittelbarer« Weg

Der Weg muss mit der versicherten Tätigkeit in Zusammenhang stehen. Dabei muss es sich nach der Formulierung des § 8 Abs. 2 Nr. 1 SGB VII um den unmittelbaren Weg handeln. Es sind also nicht alle Wege versichert, sondern nur diejenigen

- ➢ auf dem Weg von und zur Arbeit und
- ➢ bestimmte definierte Abweichungen und Umwege.

III. Der Wegeunfall

Mit dem Begriff »Weg« ist die Fortbewegung als solche gemeint. Auf dem Weg sind alle Tätigkeiten versichert, die erforderlich sind, um diesen zurückzulegen. Dabei kommt es nicht auf die Art des Verkehrsmittels an, solange die Fortbewegung nicht mit einem besonders gefährlichen Gefährt erledigt wird. Fortbewegungsmittel können also z.B. auch Rollschuhe sein. Der Versicherte ist im Übrigen nicht verpflichtet, den kürzesten Weg zu wählen[129]; trotzdem muss er den direkten und möglichst unmittelbaren Weg nehmen. Ein Umweg ist z.B. auch dann zulässig, wenn dieser verwendet wird, um schneller voranzukommen.

Weg = Fortbewegung

Zum Weg gehören nach der Rechtsprechung auch das Warten an der Haltestelle, die Vornahme von Sicherungsmaßnahmen nach einer Panne, die Befreiung des Fahrzeugs von Eis und Schnee bei Fahrtantritt oder das notwendige Aufsuchen einer Toilette am Weg[130].

Beispiel:
A fährt den Weg zur Arbeit mit seinem PKW. Unterwegs hält er an einer Tankstelle, um seinen Wagen aufzutanken. Auf dem Weg zur Kasse wird A von einem anderen Autofahrer erfasst und schwer verletzt. Liegt ein Wegeunfall vor?
Abwandlung 1 »billig tanken«: A verlässt den üblichen Weg zur Arbeit, um an einer möglichst billigen Tankstelle zu tanken und wird dabei verletzt.
Abwandlung 2 »auf Reserve«: A muss tanken, da er bereits auf »Reserve« fährt, um überhaupt noch in die Arbeit zu kommen. Er füllt nur wenige Liter auf und wird ebenfalls verletzt.
Abwandlung 3 »Umweg«: A muss den üblichen Weg zur Arbeit verlassen, um die Tankstelle in Abwandlung 2 überhaupt zu finden.

Tanken auf dem Weg

Der Fall und seine drei Abwandlungen machen deutlich, dass das Tanken auf dem Weg von oder zur Arbeit nicht ganz unproblematisch ist. Grundsätzlich tendiert die Rechtsprechung dazu, diese Tätigkeit als eigenwirtschaftlich zu betrachten und nicht unter den Schutz der Unfallversicherung zu stellen. So wäre A nicht im ursprünglichen Fall und

---

129 BSG vom 11.9.2001, NZS 2002, 161
130 KassKomm-Ricke, § 8 SGB VII Rn. 217 m.w.Nw.

D. Versicherungsfälle

schon gar nicht in der 1. Abwandlung »billig tanken« unfallversichert, da das Aufsuchen einer besonders billigen Tankstelle das eigenwirtschaftliche Interesse des A noch deutlicher macht[131]. Bei Abwandlung 2 »auf Reserve« macht die Rechtsprechung eine Ausnahme: Kann A die Arbeitsstelle nicht anders erreichen, so ist das Tanken versichert[132]. Das gilt natürlich auch für den Fall, dass A auf dem direkten Weg zur Arbeit keine Tankstelle hat und deswegen vom Weg abweichen muss (Abwandlung 3 »Umweg«). Insgesamt scheint aber die Tendenz zu bestehen, das Tanken auf dem Weg zur oder von der Arbeit zunehmend in den Schutz der Unfallversicherung einzubeziehen[133].

Fahrzeugreparatur auf dem Weg

Eine ähnliche Rechtsprechung hat sich auch für Reparaturen an Fahrzeugen auf dem Weg zur oder von der Arbeit entwickelt. Folgende Grundsätze sind zu beachten unter denen der Versicherungsschutz bejaht wird[134]:

➢ Die Wegeunterbrechung darf nur geringfügig sein,

➢ die Fortsetzung des Weges mit anderen Verkehrsmitteln oder dem defekten Fahrzeug muss unzumutbar sein (z.B. weil dort keine öffentlichen Verkehrsmittel fahren oder man zu lange auf diese warten müsste oder eine Beschädigung am Fahrzeug behoben werden muss, um einen weitergehenden Schaden am Fahrzeug dadurch zu vermeiden) und

➢ der Schaden muss gerade unterwegs eingetreten sein.

In diesen Fällen ist die Selbstreparatur des Fahrzeuges wie ein Wegeunfall versichert; Wegeabweichungen sind zulässig, um z.B. eine Werkstatt aufzusuchen oder um in einer ruhigen Seitenstraße eine Probefahrt durchzuführen[135].

---

131 BSG vom 11.8.1998, SozR 3-2200 § 550 Nr. 19
132 BSG vom 14.12.1978, SozR 2200 § 550 Nr. 39
133 so KassKomm-Ricke, § 8 SGB VII Rn. 218; dagegen Kater/Leube, § 8 SGB VII Rn. 174
134 BSG vom 30.1.1995, SozR 2200 § 548 Nr. 67
135 BSG vom 28.2.1962, BSGE 16, 245

III. Der Wegeunfall

Der Versicherte muss auf dem Weg einem Unfall erliegen, dem er gerade auf Grund der Zurücklegung des Weges ausgesetzt war. Hierbei geht die Rechtsprechung recht weit. Neben den üblichen Gefahren, wie Verkehrsunfälle, Stolpern, Ausrutschen auf Glatteis, Überfälle auf dem Weg, Angriffe durch einen fremden Hund (nicht aber Verletzungen durch den eigenen Hund, da die Mitführung in der Regel nicht als notwendig angesehen wird[136]), sind auch ungewöhnliche Handlungen versichert.

Unfall auf dem Weg

Beispiel:
A ist auf dem Weg zur Arbeit mit seinem PKW unterwegs. Während der Fahrt wird er von B geschnitten. An der nächsten Ampel stellt A, der ein ausgeprägtes Sendungsbewusstsein hat, den B zur Rede. Dabei kommt es zu einer tätlichen Auseinandersetzung, in deren Verlauf B dem A das Nasenbein bricht. B kann unerkannt entkommen. Die zuständige Berufsgenossenschaft verweigert eine Kostenübernahme mit der Begründung, es liege eine selbst geschaffene Gefahr vor, die Verletzung des A sei kein typisches Wegerisiko.

Das BSG[137] sieht hier einen Haftungsfall, während z.B. die Verfolgung eines flüchtigen Unfallgegners mit einer damit verbundenen Schädigung des Verfolgers kein Versicherungsfall sein soll[138].

Für den Unfallversicherungsschutz auf dem Weg kommt es nicht darauf an, ob sich der Versicherte auf diesem Weg an Rechtsvorschriften hält oder nicht. Es kann also vom Versicherungsträger bei einem Unfall nicht eingewendet werden, dass der Versicherungsschutz aufgehoben sei, weil der Versicherte gegen Vorschriften der Straßenverkehrsordnung verstoßen habe. Das BSG hat z.B. entschieden[139], dass ein Motorradfahrer, der auf dem Weg zur Meisterprüfung beim verkehrsgefährdenden Schneiden einer Kurve (Verstoß ge-

Verletzung von Rechtsvorschriften

---

136 BSG vom 27.6.1969, BSGE 30, 14; Ausnahme: Der Hund wird zum eigenen Schutz mitgeführt, BSGE vom 27.10.1987, SozSich 1988, 222
137 BSG vom 4.11.1981, SozR 2200 § 500 Nr. 48
138 BSG vom 27.3.1990, SozR 2200 § 550 Nr. 1
139 BSG vom 19.12.2000, NZS 2002, 47; BSG vom 4.6.2002, Az.: B 2 U 11/01 R, Pressemitteilung des BSG vom 5.6.2002 für den Fall eines grob verkehrswidrigen Überholens

D. Versicherungsfälle

gen § 315 c Abs. 1 Nr. 2, Abs. 3 Nr. 2 StGB) einen Unfall erleidet, trotzdem unter Versicherungsschutz steht. Die Grenze dieses Versicherungsschutzes wird jedoch – wie beim Arbeitsunfall – dort zu ziehen sein, wo es zu einer massiven Selbstgefährdung kommt (selbst geschaffene Gefahr, siehe S. 96 ff.). Das ist dann anzunehmen, wenn ein Unfall darauf zurück zu führen ist, dass er mit Selbstmordabsichten herbeigeführt wurde. So ist auch der Heimweg eines Arbeitnehmers im Vollrausch nicht versichert[140].

Wegeunfälle sind nur dann versichert, wenn sie auf dem Weg von der Wohnung zur Arbeit oder auf dem Rückweg geschehen.

Beispiel:
A ist wie üblich morgens mit dem Auto zur Arbeit gefahren. Am Vormittag lässt er sich von seinem Vorgesetzten für eine Stunde frei geben, um ein dringendes privates Bankgeschäft zu erledigen. Er fährt mit seinem Auto zur Bank und verunglückt auf der Rückfahrt von der Bank zur Firma.

In diesem Fall liegt kein versicherter Wegeunfall vor, da sich A auf einem rein eigenwirtschaftlichen Weg befand[141]. Anders liegt der Fall selbstverständlich dann, wenn A eine längere Mittagspause dazu nutzt, nach Hause zu fahren und auf dem erneuten Hinweg zur Firma verunglückt. Hier besteht Versicherungsschutz.

2. Beginn und Ende des Weges

Beginn des Weges

Der Weg zur Arbeit beginnt mit dem Verlassen des so genannten »häuslichen Wirkungskreises«, d.h. mit dem Verlassen der Außenhaustür, womit z.B. ein Unfall im Treppenhaus eines Mehrfamilienhauses nicht von der gesetzlichen Unfallversicherung versichert ist[142]. In diesem Fall wäre aber natürlich in Erwägung zu ziehen, ob – wenn es sich um eine gemietete Wohnung handelt – nicht der Eigentümer des

---

140 BSG vom 17.2.1998, AiB 1999, 458
141 LSG Schleswig-Holstein vom 31.8.2000, NZS 2001, 272
142 BSG vom 21.12.1977, BSGE 45, 254; bestätigt durch LSG Schleswig-Holstein vom 2.6.1999, NZS 1999, 511

Wohnhauses verantwortlich gemacht werden kann, wenn dieser etwa die Verkehrssicherungspflichten missachtet hat, indem er vor frisch gewachsten Böden nicht gewarnt hat.

Muss der Versicherte nach Verlassen des eigenen Hauses seinen Weg noch ein Stück auf seinem eigenen Grundstück fortsetzen, so ist er dort bereits versichert, da die Außenhaustür hinter ihm liegt.

Problematisch ist wegen der Vielzahl verschiedener Entscheidungen hierzu das Aufsuchen der Garage. Ist diese mit dem Haus verbunden und wird sie vom Haus aus betreten, beginnt der Versicherungsschutz erst mit dem Verlassen der Garage (dann ist das Garagentor die Außenhaustür). Verlässt der Versicherte das Haus, um eine mit dem Haus verbundene Garage von außen zu betreten (obwohl er diese von innen betreten könnte), ist der Weg vom Haus zur Garage nicht versichert. Im Gegensatz dazu ist der Weg von der Haustür zur Garage versichert, wenn die Garage nicht vom Haus aus betreten werden kann[143]. Wege innerhalb der Garage, wo immer diese auch steht (mit dem Haus verbunden oder nicht), sind nie versichert.

Der Weg endet mit dem Erreichen des Betriebsgeländes. Wege vom Betriebstor zur Arbeitsstelle sind bereits Arbeitsunfälle.

Ende des Weges

Für den Rückweg gilt oben Genanntes entsprechend. Der Weg beginnt mit dem Verlassen des Betriebsgeländes und endet an der Außentür der Wohnung des Versicherten.

Rückweg

Beispiel:
A kommt von der Arbeit nach Hause und stellt auf dem Weg fest, dass er seinen Haustürschlüssel verloren hat. Er kehrt um, um den Schlüssel zu suchen, findet ihn aber nicht. Wäre er bei dieser Suche unfallversichert?

Da A seinen Schlüssel nun nicht gefunden hat, er aber trotzdem in seine Wohnung möchte, die im 1. Stock eines Mehrfamilienhauses mit Garten liegt, nimmt er eine Leiter zu Hilfe,

---

143 siehe hierzu Petri u.a., § 8 SGB VII Rn. 54 m.w.Nw.

D. Versicherungsfälle

die er im Garten findet, und betritt mit dieser seine Wohnung durch ein geöffnetes Fenster. Ist er dabei unfallversichert?

Notwendiger Weg

Nach der Rechtsprechung des BSG sind Wege von und nach der versicherten Tätigkeit, wie z.b. das Umkehren, ebenfalls versichert, wenn sie notwendig sind, um die Tätigkeit aufzunehmen oder wieder in den privaten Bereich zurückkehren zu können[144]. A muss seinen Schlüssel finden, um in seine Wohnung zurückkehren zu können, die seinen privaten Bereich darstellt. Auch das Einsteigen mit einer Leiter in die eigene Wohnung ist versichert[145]. Für das Verlassen der Wohnung über eine Leiter hatte bereits das BSG Versicherungsschutz bejaht[146].

Zweck des Weges

Ob der Weg von oder zur Arbeit vom Schutz der Gesetzlichen Unfallversicherung erfasst wird, hängt ausschließlich davon ab, ob dieser Weg überwiegend dazu dient, den Arbeitsplatz zu erreichen bzw. von der Arbeit aus wieder in den häuslichen Bereich zu gelangen. Werden überwiegend andere Ziele verfolgt, so ist der Weg nicht versichert[147].

3. Abweichungen vom Weg und Unterbrechungen des Weges

Wie schon oben (siehe das Beispiel zum Tanken auf S. 111 f.) deutlich geworden ist, liegt die Problematik des Wegeunfalles vor allem dort, wo dieser Weg unterbrochen wird, um eine andere Tätigkeit auszuüben oder wo vom Weg abgewichen wird.

a) Abweichungen

Abweichen vom Weg

Wegabweichungen sind eigenwirtschaftlich bedingte Abwege vom üblichen Weg zur oder von der Arbeitsstelle. Dabei ist zu beachten, dass dem Versicherten grundsätzlich der zu befahrende Weg nicht vorgeschrieben werden kann, er muss also nicht den kürzesten oder sichersten Weg wäh-

---

144 BSG vom 25.1.1977, SozR 2200 § 550 Nr. 25
145 LSG Baden-Württemberg, Die Berufsgenossenschaft 1978, 636
146 BSG vom 15.12.1959, BSGE 11, 156
147 Petri u.a., § 8 SGB VII Rn. 52

III. Der Wegeunfall

len[148]. Auch irrtümliche Umwege sind ihm nicht anzulasten, selbst wenn dieses Verirren dem Versicherten bei gehöriger Sorgfaltswaltung nicht unterlaufen wäre[149].

Beispiel:
Befindet sich A auf dem Heimweg von der Arbeit und verfährt sich, weil er im Zuge einer neu eingerichteten Umleitung einen erstmalig zu befahrenden Weg wählt, so steht er auch auf diesem Umweg unter Versicherungsschutz. Verfährt sich A auf der Heimfahrt jedoch deswegen, weil er durch ein intensives Gespräch vom Straßenverkehr abgelenkt ist, so liegt kein Versicherungsschutz vor[150].

Grundregel: Jedes Abweichen vom Weg ist nicht mehr versichert, es sei denn, es gibt für die Abweichung einen Grund, der mit dem versicherten Weg zusammenhängt.

Unversicherte Abweichungen liegen vor, wenn dahinter ein eigenwirtschaftliches Motiv, z.B. eine private Erledigung, steht. Während dieser Abweichung ist der Versicherungsschutz aufgehoben; in dem Moment, in dem der Versicherte auf den ursprünglichen Weg zurückkehrt, lebt dieser Schutz wieder auf.

Unversicherte Abweichungen

Beispiel:
A fährt von der Arbeit mit dem eigenen PKW heim. Er muss dazu lediglich der Bundesstraße 4 folgen. An diesem Tag verlässt er die B 4, um seine Cousine zu besuchen. Der Besuch dauert drei Stunden. Auf dem Rückweg von diesem Besuch zu seiner Wohnung kehrt er auf die B 4 zurück und verunglückt dort. Die Berufsgenossenschaft lehnt die Erstattung der Behandlungskosten ab, da mit dem Abweichen vom Weg eine »Lösung« von diesem verbunden gewesen sei.

Nach der Rechtsprechung des BSG[151] löst sich der Versicherte von seinem Schutz auf versicherten Wegen, wenn er diese länger als zwei Stunden verlässt oder unterbricht. Hier liegt einer der seltenen Fälle vor, in denen – unabhän-

Unterbrechung des Weges: Die 2-Stunden-Frist

---

148 Petri u.a., § 8 SGB VII Rn. 56
149 BSG vom 2.6.1959, SozR § 543 RVO a.F. Nr. 13; BSG vom 24.3.1998, SozR 3-2200 § 550 Nr. 17
150 BSG vom 24.3.1998, SozR 3-2200 § 550 Nr. 17
151 BSG vom 19.5.1983, BSGE 53, 141

D. Versicherungsfälle

gig von der Dauer des Weges selbst – eine klare Frist (zwei Stunden) genannt wird, um dem Arbeitnehmer einen eindeutigen Anhaltspunkt zu geben[152].

Aber auch hier gilt – keine Regel ohne Ausnahme: Die Frist von zwei Stunden kann verlängert werden, wenn der Versicherte sich zwar bemüht, den Weg vorher wieder aufzunehmen, daran aber aus Gründen, die nicht in seinem Herrschaftsbereich liegen, gehindert wird[153]. Diese Frist kann sich aber auch verkürzen, wenn sich der Versicherte offensichtlich von seinem Heimweg abgewandt hat, was das BSG bereits bei einem einstündigen Lokalbesuch angenommen hat[154].

Ausnahmsweise ist ein Überschreiten der Frist von zwei Stunden versichert, wenn der Versicherte alles ihm Zumutbare unternommen hat, um diese Frist einzuhalten[155]. Liegen mehrere kurzzeitige Unterbrechungen vor, so werden die Zeiträume addiert.

Kurzfristige Unterbrechung

Handelt es sich nur um eine kurzfristige Unterbrechung, so liegt Versicherungsschutz für den dann wieder aufgenommenen Weg vor, nicht aber für die Tätigkeit während dieser Unterbrechung.

Beispiel:
A ist auf dem Weg zur Arbeit mit dem Fahrrad unterwegs. Auf dem Weg bekommt er starke Kopfschmerzen und hält an einer Apotheke, um sich Tabletten zu besorgen. Dabei stürzt er auf den Stufen der Apotheke.

A hat in diesem Fall nach der Rechtsprechung des BSG[156] Versicherungsschutz, obwohl der Einkauf der Tabletten eigentlich als eigenwirtschaftlich angesehen wird. Hierbei handelt es sich jedoch um eine Entscheidung, deren grundsätzlicher Charakter anzuzweifeln ist, da der Versicherungs-

---

152 nochmals bestätigt durch BSG vom 5.5.1998, SozR 3-2200 § 550 Nr. 18
153 BSG vom 2.6.1959, SozR § 543 RVO a.F. Nr. 13
154 BSG, SozR § 534 RVO a.F. Nr. 41
155 so auch Kater/Leube, § 8 SGB VII Rn. 191
156 BSG vom 18.3.1997, SozR 3-2200 § 550 Nr. 16

schutz nur deswegen bejaht wurde, weil A die Tabletten aufgrund »plötzlich eintretender Kopfschmerzen« kaufte, um trotz dieser Kopfschmerzen arbeiten zu können. Hätte A die Tabletten auf dem Heimweg gekauft, um eine schmerzfreie Freizeit zu haben, wäre der Versicherungsschutz nicht anerkannt worden.

Der Einkauf an einem Kiosk, wie auch andere kurzfristige Unterbrechungen (z.B. Einkauf von Brötchen in einer Bäckerei usw.), ist eine Unterbrechung, die den Versicherungsschutz für den weiteren Weg zur Arbeit nicht aufzuheben vermag[157]. Der Besuch des Kioskes selbst ist in der Zeit nicht versichert, während der Arbeitnehmer sich in diesem befindet; er ist jedoch versichert, solange er sich im »öffentlichen Verkehrsraum« aufhält.

Beispiel:
A ist mit seinem PKW auf dem Weg zur Arbeit. Er hält kurz an und überquert zu Fuß die Straße, um in einem Kiosk Zigaretten zu holen. Rutscht er im Kiosk aus und verletzt sich, ist kein Unfallversicherungsschutz gegeben, wird er dagegen beim Überqueren der Straße verletzt, so liegt Versicherungsschutz vor, da er sich noch im »öffentlichen Verkehrsraum« befand[158].

Deutliche Unterbrechungen sind nicht mehr unfallversichert, wobei sich diese Deutlichkeit der Unterbrechung sowohl aus dem damit verbundenen Zeitaufwand als auch aus der Art der Tätigkeit ergeben kann.

Deutliche Unterbrechungen

Beispiel:
In einem Fall aus der Rechtsprechung[159] hatte ein Arbeitnehmer den Weg zur Arbeit unterbrochen um einen Scheck einzulösen, mit dem er später das Auftanken seines Autos bezahlen wollte. Dieses war nach der Rechtsprechung nicht versichert. Das Bayerische Landessozialgericht[160] hat aber entschieden, dass kleine, rein privaten Zwecken dienende Umwege, die den Nachhauseweg nur unwesentlich verlängern, für den Versicherungsschutz unschädlich sind. Auch hier hatte ein Arbeitneh-

---

157 Petri u.a., § 8 SGB VII Rn. 58 m.w.Nw.
158 BSG vom 2.7.1996, SozR 3-2200 § 550 Nr. 14
159 LSG Schleswig-Holstein vom 5.11.1998, NZS 1999, 198
160 Bay. LSG vom 12.12.2001, Az.: L 17 U 203/01

D. Versicherungsfälle

mer einen Umweg (ca. 100 m) zur Sparkasse gemacht, um Geld abzuheben und war dabei verunglückt.

Abwege

Von Abweichungen oder kurzfristigen Unterbrechungen unterscheidet man so genannte **Abwege**, bei denen es sich um

- ➢ Wege aus privaten Gründen in entgegengesetzter Richtung,
- ➢ Wege über den häuslichen Bereich hinaus oder
- ➢ eine Abzweigung vom versicherten Weg handelt, ohne auf diesen zurückzukehren.

Diese Wege sind unversichert und zwar bereits ab dem ersten Schritt[161] auf diesem Weg und bleiben es auch, wenn man von diesem Weg auf den versicherten Weg zurückgeht (siehe S. 117 f.).

b) Gesetzlich vorgesehene Abweichungen

Zwei Abweichungen erkennt das Gesetz ausdrücklich als versicherten Weg an:

In Obhut bringen von Kindern

Nach **§ 8 Abs. 2 Nr. 2a SGB VII** sind diejenigen versichert, die von dem unmittelbaren Weg zwischen Wohnung und Arbeit abweichen, um das Kind, das in ihrem Haushalt lebt, wegen ihrer oder der Berufstätigkeit des Ehegatten, in fremde Obhut zu geben. Diese Fahrt muss mit der Fahrt zur Arbeit verbunden sein. Bringt der Versicherte also z.B. sein Kind zuerst zum Kindergarten, fährt dann wieder nach Hause und von dort aus in die Arbeit, ist die Abweichung nicht versichert, der Weg in die Arbeit allerdings schon. Arbeitet einer der Ehegatten nicht, so ist dieser, bringt er das Kind in fremde Obhut, nicht versichert, das Kind selbst auf dem Weg in diese Obhut nach § 8 Abs. 2 Nr. 3 SGB VII jedoch schon.

Das in Obhut bringen muss erforderlich sein, etwa weil das Kind sonst unbeaufsichtigt wäre. Nicht erforderlich hinge-

---

161 BSG vom 19.03.1991, SozR 3-2200 § 548 Nr. 8

gen ist es, dass das Kind regelmäßig in Obhut gebracht werden muss. Ist einer der Ehegatten zwar zu Hause, kann aber auf das Kind nicht aufpassen, weil er z.B. krank ist oder wegen Schichtarbeit seine Ruhe braucht, besteht Versicherungsschutz. Dieser Versicherungsschutz endet übrigens wieder an der Tür der Institution, in die das Kind in Obhut gegeben wird.

Weiterhin sieht **§ 8 Abs. 2 Nr. 2b SGB VII** einen Versicherungsschutz auf Abwegen vor, wenn diese wegen einer Fahrgemeinschaft erforderlich sind. Diese muss keine »Dauereinrichtung« sein. Es reicht z.B. aus, wenn einmalig ein Kollege abgeholt wird[162]. Dies wird zwar dem energiepolitischen Hintergrund dieser Vorschrift nicht gerecht, jedoch kommt es maßgeblich auch nicht an auf

Fahrten im Rahmen einer Fahrgemeinschaft

- ➢ das Motiv der Fahrgemeinschaft,
- ➢ die Zusammensetzung derselben (die z.B. auch nur aus Familienmitgliedern bestehen kann) und
- ➢ einen einheitlichen Arbeitgeber aller Teilnehmer an der Fahrgemeinschaft.

Versichert sind nach dieser Vorschrift alle Wege, die mit der Fahrgemeinschaft in Zusammenhang stehen, auch wenn diese durch die Fahrgemeinschaft für einzelne Teilnehmer wesentlich länger – und damit potentiell gefährlicher – werden.

Beispiel:
A ist Fahrer einer Fahrgemeinschaft und muss morgens einen längeren Umweg fahren, um B und C, die bei ihm mitfahren, aufzunehmen. Bereits auf der Fahrt zu B verunglückt er.

Hierbei handelt es sich bereits um einen Wegeunfall im Rahmen einer Fahrgemeinschaft, da nach der Rechtsprechung[163] alle mit der Fahrgemeinschaft verbundenen Wege dem Versicherungsschutz unterliegen.

---

162 BSG vom 28.7.1982, BSGE 54, 46
163 LSG Baden-Württemberg vom 22.11.2001, Az.: L 10 U 25/01

D. Versicherungsfälle

Versichert sind bei einer Fahrgemeinschaft jedoch nur diejenigen, die anlässlich eines Wegeunfalles grundsätzlich sowieso versichert wären.

Beispiel:
Der bei der X-Bank in München arbeitende A, der bei der Stadtverwaltung München angestellte B und der Student C, der in München studiert, fahren täglich in einer Fahrgemeinschaft von Grafing nach München. Sie fahren mit dem Auto von C, der A und B jeweils zu Hause abholt und dazu einen längeren Umweg zurücklegen muss. Eines Tages nimmt C seine derzeit arbeitslose Ehefrau D mit auf diesen Weg. Das Fahrzeug verunglückt auf der Fahrt nach München. A, B, C und D werden schwer verletzt.

In diesem Fall hat die D keinen Unfallversicherungsschutz, da sie zwar mit einer grundsätzlich versicherten Fahrgemeinschaft unterwegs war, jedoch selbst nicht in einem Rechtsverhältnis stand, das Versicherungsschutz gewährt, wie A und B, die als Arbeitnehmer versichert sind, sowie C, der als Student diesen Schutz genießt. Anders würde der Fall liegen, wenn C die D mit nach München nimmt, um sie dort beim Arbeitsamt abzusetzen, weil dieses die D dazu aufgefordert hat, vorzusprechen. Dann wäre auch D auf diesem Weg versichert (siehe oben S. 28 ff.).

4. Die abweichende Familienwohnung

§ 8 Abs. 2 Nr. 4 SGB VII setzt die heute nicht allzu seltene Konstellation voraus, dass der Versicherte am Ort seiner Tätigkeit lebt, seine Familienwohnung aber an einem anderen Ort liegt. Wege von und nach dem Ort der Familienwohnung sind, wie Wege in die Arbeit von der Unterkunft aus, versichert.

Ort der Familienwohnung	Der Ort der Familienwohnung ist da, wo der Versicherte seinen Lebensmittelpunkt hat, bei Ehepaaren i.d.R. dort, wo der andere Ehegatte lebt. Bei Alleinstehenden ist ebenfalls eine abweichende »Familienwohnung« denkbar, wenn dort

der Lebensmittelpunkt besteht. An das Bestehen einer Familie knüpft das Gesetz nicht an[164].

Der Versicherungsschutz endet dort, wo es zu unüblichen Abweichungen kommt oder aber der Weg mit der Familienheimfahrt nicht mehr in Zusammenhang zu bringen ist. Nicht mehr geschützt ist z.b. die Fahrt zu Verwandten, wenn sie reinen Erholungszwecken dient[165].

Unübliche Abweichung

IV. Berufskrankheit

Die »Berufskrankheit« entspricht nicht dem, was der Bürger landläufig unter einer beruflich bedingten Krankheit versteht, sondern ist ein rein rechtstechnischer Begriff. Nur bestimmte, vom Gesetzgeber anerkannte Krankheiten werden als Berufskrankheiten entschädigt. Daneben gibt es natürlich eine Vielzahl weiterer Erkrankungen, die auf die Berufstätigkeit direkt oder indirekt zurückzuführen sind. Damit entsteht bei den Betroffenen leicht der Eindruck von »Ungerechtigkeit«.

Missverständliche Begriffe

Das Vorliegen einer Berufskrankheit ist grundsätzlich in § 9 SGB VII geregelt:

> **§ 9 Berufskrankheit**
>
> (1) Berufskrankheiten sind Krankheiten, die die Bundesregierung durch Rechtsverordnung mit Zustimmung des Bundesrats als Berufskrankheiten bezeichnet und die Versicherte infolge einer den Versicherungsschutz nach §§ 2, 3 oder 6 begründenden Tätigkeit erleiden. Die Bundesregierung wird ermächtigt, in der Rechtsverordnung solche Krankheiten als Berufskrankheiten zu bezeichnen, die nach den Erkenntnissen der medizinischen Wissenschaft durch besondere Einwirkungen verursacht sind, denen bestimmte Personengruppen durch ihre versicherte Tätigkeit in erheblich höherem Grade als die

---

164 BSG vom 29.11.1963, BSGE 20, 110
165 BSG vom 31.5.1996, SozR 3-2200 § 550 Nr. 13

D. Versicherungsfälle

> übrige Bevölkerung ausgesetzt sind; sie kann dabei bestimmen, dass die Krankheiten nur dann Berufskrankheiten sind, wenn sie durch Tätigkeiten in bestimmten Gefährdungsbereichen verursacht worden sind oder wenn sie zur Unterlassung aller Tätigkeiten geführt haben, die für die Entstehung, die Verschlimmerung oder das Wiederaufleben der Krankheit ursächlich waren oder sein können. In der Rechtsverordnung kann ferner bestimmt werden, inwieweit Versicherte in Unternehmen der Seefahrt auch in der Zeit gegen Berufskrankheiten versichert sind, in der sie an Land beurlaubt sind.
>
> (2) Die Unfallversicherungsträger haben eine Krankheit, die nicht in der Rechtsverordnung bezeichnet ist oder bei der die dort bestimmten Voraussetzungen nicht vorliegen, wie eine Berufskrankheit als Versicherungsfall anzuerkennen, sofern im Zeitpunkt der Entscheidung nach neuen Erkenntnissen der medizinischen Wissenschaft die Voraussetzungen für eine Bezeichnung nach Absatz 1 Satz 2 erfüllt sind.
>
> (3) Erkranken Versicherte, die infolge der besonderen Bedingungen ihrer versicherten Tätigkeit in erhöhtem Maß der Gefahr der Erkrankung an einer in der Rechtsverordnung nach Absatz 1 genannten Berufskrankheit ausgesetzt waren, an einer solchen Krankheit und können Anhaltspunkte für eine Verursachung außerhalb der versicherten Tätigkeit nicht festgestellt werden, wird vermutet, dass diese infolge der versicherten Tätigkeit verursacht worden ist.
>
> (4) Setzt die Anerkennung einer Krankheit als Berufskrankheit die Unterlassung aller Tätigkeiten voraus, die für die Entstehung, die Verschlimmerung oder das Wiederaufleben der Krankheit ursächlich waren oder sein können, haben die Unfallversicherungsträger vor Unterlassung einer noch verrichteten gefährdenden Tätigkeit darüber zu entscheiden, ob die übrigen Voraussetzungen für die Anerkennung einer Berufskrankheit erfüllt sind.

IV. Berufskrankheit

(5) Soweit Vorschriften über Leistungen auf den Zeitpunkt des Versicherungsfalls abstellen, ist bei Berufskrankheiten auf den Beginn der Arbeitsunfähigkeit oder der Behandlungsbedürftigkeit oder, wenn dies für den Versicherten günstiger ist, auf den Beginn der rentenberechtigenden Minderung der Erwerbsfähigkeit abzustellen.

(6) Die Bundesregierung regelt durch Rechtsverordnung mit Zustimmung des Bundesrats
1. Voraussetzungen, Art und Umfang von Leistungen zur Verhütung des Entstehens, der Verschlimmerung oder des Wiederauflebens von Berufskrankheiten,
2. die Mitwirkung der für den medizinischen Arbeitsschutz zuständigen Stellen bei der Feststellung von Berufskrankheiten sowie von Krankheiten, die nach Absatz 2 wie Berufskrankheiten zu entschädigen sind; dabei kann bestimmt werden, dass die für den medizinischen Arbeitsschutz zuständigen Stellen berechtigt sind, Zusammenhangsgutachten zu erstellen sowie zur Vorbereitung ihrer Gutachten Versicherte zu untersuchen oder auf Kosten der Unfallversicherungsträger andere Ärzte mit der Vornahme der Untersuchungen zu beauftragen,
3. die von den Unfallversicherungsträgern für die Tätigkeit der Stellen nach Nummer 2 zu entrichtenden Gebühren; diese Gebühren richten sich nach dem für die Begutachtung erforderlichen Aufwand und den dadurch entstehenden Kosten.

(7) Die Unfallversicherungsträger haben die für den medizinischen Arbeitsschutz zuständige Stelle über den Ausgang des Berufskrankheitenverfahrens zu unterrichten, soweit ihre Entscheidung von der gutachterlichen Stellungnahme der zuständigen Stelle abweicht.

…

D. Versicherungsfälle

Exakte Detailregelungen, insbesondere den Katalog der Berufskrankheiten sieht die Berufskrankheiten-Verordnung[166] vor. Der Schutz gegen Arbeitsunfälle und deren Folgen besteht bereits seit 1884, der Schutz gegen Berufskrankheiten wurde erst 1925 eingeführt.

Auch für die Berufskrankheiten gilt das bekannte Schema:

Versicherte Tätigkeit → **Krankheit** → Schaden

Eine versicherte Tätigkeit muss ausschlaggebende Ursache für eine Erkrankung sein, die wiederum Ursache des damit verbundenen Schadens (Behandlungsbedürftigkeit, Einschränkung der Arbeitsfähigkeit, Versorgung Hinterbliebener usw.) ist.

1. Bedeutung der Berufskrankheiten für die gesetzliche Unfallversicherung

Kosten arbeitsbedingter Erkrankungen

Ein Forschungsprojekt der Bundesanstalt für Arbeitsschutz und Arbeitsmedizin (BAuA) gemeinsam mit den Betriebskrankenkassen hat ergeben, dass 1998 Kosten in Höhe von 28,4 Milliarden Euro durch arbeitsbedingte Erkrankungen entstanden sind (14,9 Milliarden Euro für die Krankheitsbehandlung und 13,5 Milliarden Euro an Folgekosten, wie zum Beispiel durch Arbeitsausfall usw.), wobei sich diese Zahlen nach Aussage dieser Studie eher als zu niedrig darstellen[167].

Trotz dieser hohen Kostenbelastung geht nach Aussage der Berufsgenossenschaften die Zahl der anerkannten Berufskrankheiten – wie auch die Zahl der Arbeitsunfälle – zurück[168].

Jahr	Angezeigte Berufskrankheiten
1993	109.000
1998	86.000
2001	71.000

---

166 vom 31.10.1997, BGBl. I S. 2623
167 siehe die Homepage des BAuA (http://www.baua.de)
168 siehe die Homepage des HVBG (http://www.hvbg.de)

Wichtig ist der Unterschied zwischen den **angezeigten** und den **anerkannten** Fällen, lag doch die Anerkennungsquote im Jahr 2001 nur bei 34,2 %, im Vorjahr dagegen noch bei 35,3 %.

Diese sehr niedrige Anerkennungsquote lässt bereits den Schluss zu, dass die Durchsetzung von Ansprüchen wegen des Versicherungsfalles »Berufskrankheit« sehr schwierig ist. Das hat zum einen mit dem Versicherungsfall selbst zu tun: Eine Krankheit entwickelt sich im Gegensatz zum Unfall (dessen Folgen zumeist ja sofort absehbar sind) meistens schleichend, die Berufsbedingtheit wird oft erst spät oder gar nicht erkannt. Das System der »Katalogkrankheiten« (siehe dazu unten 2.) trägt ebenfalls dazu bei, dass viele Erkrankungen, bei denen eine Berufsbedingtheit nicht auszuschließen ist, nicht als Versicherungsfall anerkannt werden. Letztlich stellt sich auch die Beweissituation regelmäßig als ausgesprochen schwierig dar, da es gerade bei langwierigem Krankheitsverlauf und wegen des ausgesprochen komplizierten Anerkennungsverfahrens oftmals kaum noch möglich ist, haftungsbegründende Zusammenhänge wirklich nachzuweisen. Gerade in Fällen in denen die Gesundheitsbelastung länger zurückliegt, die Krankheit aber erst viel später zum Ausbruch kommt, kann das mit vielen Problemen verbunden sein.

Problematik der Anerkennung als Berufskrankheit

Bedenkt man, dass durch die letzten Reformen der Gesetzlichen Rentenversicherung ein Großteil der arbeitenden Bevölkerung den Schutz der gesetzlichen Erwerbsminderungsrenten verloren haben (mit der Reform des Rentenversicherungsrechts aus dem Jahre 2001 wurde der Anspruch auf Erwerbsunfähigkeitsrenten für Arbeitnehmer mit 40 Jahren und jünger abgeschafft – Stichtag: 1.1.2002), ist anzunehmen, dass die Zahl der angezeigten Berufskrankheiten steigen wird. Ob damit die Zahl der anerkannten Fälle im Verhältnis ebenfalls steigen wird, darf bezweifelt werden.

D. Versicherungsfälle

2. Was ist eine Berufskrankheit?

Begriff der Berufskrankheit

§ 9 Abs. 1 SGB VII regelt, dass alle in der Anlage 1 der Berufskrankheiten-Verordnung genannten Krankheiten Berufskrankheiten sind. Dabei handelt es sich um ein strenges Katalogprinzip, d.h. was dort nicht aufgeführt ist, ist – mit wenigen Ausnahmen – auch keine Berufskrankheit. Betrachtet man den Katalog näher, so lässt sich feststellen, dass sich Gruppierung und Reihenfolge der Krankheiten an den möglichen Einwirkungen, denen ein Arbeitnehmer ausgesetzt sein kann, ausrichtet.

Präventiver Aspekt

Ob eine Krankheit als Berufskrankheit anerkannt wird, hängt zudem noch davon ab, ob der Versicherte der Aufforderung nach Unterlassung der Tätigkeit durch den Versicherungsträger nachgekommen ist, was § 9 Abs. 1 Satz 2 2. Halbsatz vorschreibt. Hierbei handelt es sich um einen präventiven Aspekt: Ist eine gesundheitliche Gefährdung bereits erkennbar, so soll der Versicherte rechtzeitig davor geschützt werden. Dabei reicht es nicht aus, dass sich die Gefährdung lediglich vermindert[169].

»Katalog« der Berufskrankheiten

Der »Katalog« der Berufskrankheiten sieht wie folgt aus:

Anlage zur Berufskrankheiten-Verordnung

Nr.   Krankheiten

1   **Durch chemische Einwirkungen verursachte Krankheiten**
11   Metalle und Metalloide
1101 Erkrankungen durch Blei oder seine Verbindungen
1102 Erkrankungen durch Quecksilber oder seine Verbindungen
1103 Erkrankungen durch Chrom oder seine Verbindungen
1104 Erkrankungen durch Cadmium oder seine Verbindungen

---

[169] Bereiter-Hahn/Mehrtens, § 9 SGB VII Rn. 6

IV. Berufskrankheit

1105 Erkrankungen durch Mangan oder seine Verbindungen
1106 Erkrankungen durch Thallium oder seine Verbindungen
1107 Erkrankungen durch Vanadium oder seine Verbindungen
1108 Erkrankungen durch Arsen oder seine Verbindungen
1109 Erkrankungen durch Phosphor oder seine anorganischen Verbindungen
1110 Erkrankungen durch Beryllium oder seine Verbindungen
12 Erstickungsgase
1201 Erkrankungen durch Kohlenmonoxid
1202 Erkrankungen durch Schwefelwasserstoff
13 Lösemittel, Schädlingsbekämpfungsmittel (Pestizide) und sonstige chemische Stoffe
1301 Schleimhautveränderungen, Krebs oder andere Neubildungen der Harnwege durch aromatische Amine
1302 Erkrankungen durch Halogenkohlenwasserstoffe
1303 Erkrankungen durch Benzol, seine Homologe oder durch Styrol
1304 Erkrankungen durch Nitro- oder Aminoverbindungen des Benzols oder seiner Homologe oder ihrer Abkömmlinge
1305 Erkrankungen durch Schwefelkohlenstoff
1306 Erkrankungen durch Methylalkohol (Methanol)
1307 Erkrankungen durch organische Phosphorverbindungen
1308 Erkrankungen durch Fluor oder seine Verbindungen
1309 Erkrankungen durch Salpetersäureester
1310 Erkrankungen durch halogenierte Alkyl-, Aryl-, oder Alkylaryloxide
1311 Erkrankungen durch halogenierte Alkyl-, Aryl-, oder Alkylarylsulfide
1312 Erkrankungen der Zähne durch Säuren

D. Versicherungsfälle

1313 Hornhautschädigungen des Auges durch Benzochinon
1314 Erkrankungen durch para-tertiär-Butylphenol
1315 Erkrankungen durch Isocyanate, die zur Unterlassung aller Tätigkeiten gezwungen haben, die für die Entstehung, die Verschlimmerung oder das Wiederaufleben der Krankheit ursächlich waren oder sein können
1316 Erkrankungen der Leber durch Dimethylformamid
1317 Polyneuropathie oder Enzephalopathie durch organische Lösungsmittel oder deren Gemische
Zu den Nummern 1101 bis 1110, 1201 und 1202, 1303 bis 1309 und 1315: Ausgenommen sind Hauterkrankungen. Diese gelten als Krankheiten im Sinne dieser Anlage nur insoweit, als sie Erscheinungen einer Allgemeinerkrankung sind, die durch Aufnahme der schädigenden Stoffe in den Körper verursacht werden, oder gemäß Nummer 5101 zu entschädigen sind.

2 Durch physikalische Einwirkungen verursachte Krankheiten
21 Mechanische Einwirkungen
2101 Erkrankungen der Sehnenscheiden oder des Sehnengleitgewebes sowie der Sehnen- oder Muskelansätze, die zur Unterlassung aller Tätigkeiten gezwungen haben, die für die Entstehung, die Verschlimmerung oder das Wiederaufleben der Krankheit ursächlich waren oder sein können
2102 Meniskusschäden nach mehrjährigen andauernden oder häufig wiederkehrenden, die Kniegelenke überdurchschnittlich belastenden Tätigkeiten
2103 Erkrankungen durch Erschütterung bei Arbeit mit Druckluftwerkzeugen oder gleichartig wirkenden Werkzeugen oder Maschinen
2104 Vibrationsbedingte Durchblutungsstörungen an den Händen, die zur Unterlassung aller Tätigkeiten gezwungen haben, die für die Entstehung, die Ver-

IV. Berufskrankheit

schlimmerung oder das Wiederaufleben der Krankheit ursächlich waren oder sein können
2105 Chronische Erkrankungen der Schleimbeutel durch ständigen Druck
2106 Druckschädigung der Nerven
2107 Abrissbrüche der Wirbelfortsätze
2108 Bandscheibenbedingte Erkrankungen der Lendenwirbelsäule durch langjähriges Heben oder Tragen schwerer Lasten oder durch langjährige Tätigkeiten in extremer Rumpfbeugehaltung, die zur Unterlassung aller Tätigkeiten gezwungen haben, die für die Entstehung, die Verschlimmerung oder das Wiederaufleben der Krankheit ursächlich waren oder sein können
2109 Bandscheibenbedingte Erkrankungen der Halswirbelsäule durch langjähriges Tragen schwerer Lasten auf der Schulter, die zur Unterlassung aller Tätigkeiten gezwungen haben, die für die Entstehung, die Verschlimmerung oder das Wiederaufleben der Krankheit ursächlich waren oder sein können
2110 Bandscheibenbedingte Erkrankungen der Lendenwirbelsäule durch langjährige, vorwiegend vertikale Einwirkung von Ganzkörperschwingungen im Sitzen, die zur Unterlassung aller Tätigkeiten gezwungen haben, die für die Entstehung, die Verschlimmerung oder das Wiederaufleben der Krankheit ursächlich waren oder sein können
2111 Erhöhte Zahnabrasionen durch mehrjährige quarzstaubbelastende Tätigkeit
22 Druckluft
2201 Erkrankungen durch Arbeit in Druckluft
23 Lärm
2301 Lärmschwerhörigkeit
24 Strahlen
2401 Grauer Star durch Wärmestrahlung
2402 Erkrankungen durch ionisierende Strahlen

D. Versicherungsfälle

> **3 Durch Infektionserreger oder Parasiten verursachte Krankheiten sowie Tropenkrankheiten**
> 3101 Infektionskrankheiten, wenn der Versicherte im Gesundheitsdienst, in der Wohlfahrtspflege oder in einem Laboratorium tätig oder durch eine andere Tätigkeit der Infektionsgefahr in ähnlichem Maße besonders ausgesetzt war
> 3102 Von Tieren auf Menschen übertragbare Krankheiten
> 3103 Wurmkrankheiten der Bergleute, verursacht durch Ankylostoma duodenale oder Strongyloides stercoralis
> 3104 Tropenkrankheiten, Fleckfieber
>
> **4 Erkrankungen der Atemwege und der Lungen, des Rippenfells und Bauchfells**
> 41 Erkrankungen durch anorganische Stäube
> 4101 Quarzstaublungenerkrankung (Silikose)
> 4102 Quarzstaublungenerkrankung in Verbindung mit aktiver Lungentuberkulose (Siliko - Tuberkulose)
> 4103 Asbeststaublungenerkrankung (Asbestose) oder durch Asbeststaub verursachte Erkrankungen der Pleura
> 4104 Lungenkrebs oder Kehlkopfkrebs
> – in Verbindung mit Asbeststaublungenerkrankung (Asbestose)
> – in Verbindung mit durch Asbeststaub verursachter Erkrankung der Pleura
> oder
> – bei Nachweis der Einwirkung einer kumulativen Asbestfaserstaub – Dosis am Arbeitsplatz von mindestens 25 Faserjahren $\{25 \times 10^6[(Fasern/m^3) \times Jahre]\}$
> 4105 Durch Asbest verursachtes Mesotheliom des Rippenfells, des Bauchfells oder des Perikards
> 4106 Erkrankungen der tieferen Atemwege und der Lungen durch Aluminium oder seine Verbindungen
> 4107 Erkrankungen an Lungenfibrose durch Metallstäube bei der Herstellung oder Verarbeitung von Hartmetallen

4108 Erkrankungen der tieferen Atemwege und der Lungen durch Thomasmehl (Thomasphosphat)
4109 Bösartige Neubildungen der Atemwege und der Lungen durch Nickel oder seine Verbindungen
4110 Bösartige Neubildungen der Atemwege und der Lungen durch Kokereirohgase
4111 Chronische obstruktive Bronchitis oder Emphysem von Bergleuten unter Tage im Steinkohlebergbau bei Nachweis der Einwirkung einer kumulativen Dosis von in der Regel 100 Feinstaubjahren [(mg/m3) x Jahre]
4112 Lungenkrebs durch die Einwirkung von kristallinem Siliciumdioxid (SiO_2) bei nachgewiesener Quarzstaublungenerkrankung (Silikose oder Siliko-Tuberkulose)
42 Erkrankungen durch organische Stäube
4201 Exogen – allergische Alveolitis
4202 Erkrankungen der tieferen Atemwege und der Lungen durch Rohbaumwoll-, Rohflachs- oder Rohhanfstaub (Byssinose)
4203 Adenokarzinome der Nasenhaupt- und Nasennebenhöhlen durch Stäube von Eichen- oder Buchenholz
43 Obstruktive Atemwegserkrankungen
4301 Durch allergisierende Stoffe verursachte obstruktive Atemwegserkrankungen (einschließlich Rhinopathie), die zur Unterlassung aller Tätigkeiten gezwungen haben, die für die Entstehung, die Verschlimmerung oder das Wiederaufleben der Krankheit ursächlich waren oder sein können
4302 Durch chemisch – irritativ oder toxisch wirkende Stoffe verursachte obstruktive Atemwegserkrankungen, die zur Unterlassung aller Tätigkeiten gezwungen haben, die für die Entstehung, die Verschlimmerung oder das Wiederaufleben der Krankheit ursächlich waren oder sein können

D. *Versicherungsfälle*

> **5 Hautkrankheiten**
> 5101 Schwere oder wiederholt rückfällige Hauterkrankungen, die zur Unterlassung aller Tätigkeiten gezwungen haben, die für die Entstehung, die Verschlimmerung oder das Wiederaufleben der Krankheit ursächlich waren oder sein können
> 5102 Hautkrebs oder zur Krebsbildung neigende Hautveränderungen durch Ruß, Rohparaffin, Teer, Anthrazen, Pech oder ähnliche Stoffe
>
> **6 Krankheiten sonstiger Ursache**
> 6101 Augenzittern der Bergleute

Gesetzliche Vermutungsregelung

§ 9 Abs. 3 SGB VII sieht eine gesetzliche Vermutungsregelung vor: Danach ist immer schon dann das Vorliegen einer Berufskrankheit anzuerkennen, wenn der Versicherte an einer »Katalogkrankheit« erkrankt ist und ausgeschlossen werden kann, dass die Ursache dieser Krankheit außerhalb des Arbeitslebens liegt.

Zu den einzelnen Hauptgruppen sind noch folgende kurze Erläuterungen für die betriebliche Praxis wichtig:

a) Krankheiten aufgrund chemischer Einwirkungen

Chemische Einwirkungen

Hier ist die Art der Einwirkung, also Einatmen, Verschlucken oder Eindringen über die Haut ohne Bedeutung. Unter den Oberbegriff der chemischen Einwirkungen fallen auch Metalle, wie z.B. Blei, Quecksilber oder deren Verbindungen, Erstickungsgase, so etwa Kohlenmonoxid und Lösemittel, wie z.B. Benzol sowie Pestizide.

Besonderheit bei Hauterkrankungen

Eine Besonderheit gibt es hier bei den Hauterkrankungen: Diese sind entweder sowieso im Rahmen der Ziffer 5101 zu entschädigen oder fallen dann in diesen Bereich, wenn die Aufnahme einer Chemikalie in den Körper zu einer Erkrankung geführt und erst diese Erkrankung eine Hautschädigung mit sich gebracht hat.

IV. Berufskrankheit

Eine Verätzung der Haut durch eine Chemikalie ist im Regelfall eine plötzliche Schädigung, die als Arbeitsunfall zu behandeln ist.

b) Krankheiten durch physikalische Einwirkungen

Bei physikalischen Einwirkungen ist zu beachten, dass in den Fällen, in denen die Einwirkungsart ausdrücklich bezeichnet worden ist, andere Einwirkungen mit den gleichen Folgen nicht als Berufskrankheit gelten.

Physikalische Einwirkungen

Beispiel:
Ist ein Arbeitnehmer z.B. aufgrund einer Infektionskrankheit schwerhörig geworden und möchte, weil die Schwerhörigkeit im Katalog der Berufskrankheiten genannt ist, nun von der zuständigen Berufsgenossenschaft ein Hörgerät finanziert haben, kann der Antrag abgelehnt werden, da allein die durch Lärm verursachte Schwerhörigkeit als Berufskrankheit anerkannt ist.

Physikalische Belastungen sind z.B. mechanische Einwirkungen, wie etwa ungewöhnliche Belastungen der Gelenke und seit einiger Zeit auch der Bandscheiben, aber auch Einwirkungen durch Druckluft, Lärm oder Strahlen.

Die in die Berufskrankheiten-Verordnung erst nachträglich aufgenommenen Bandscheibenschädigungen werden nur in außerordentlich seltenen Fällen als Berufskrankheiten anerkannt. Die Aufnahme von Bandscheibenerkrankungen der Hals- und Lendenwirbelsäule in den Katalog der Berufskrankheiten-Verordnung war lange (und ist zum Teil heute noch) umstritten. Selbst nachdem der Gesetzgeber aktiv geworden war, musste das BSG klarstellen, dass dieses zu recht geschehen ist[170].

Bandscheibenschädigungen

Die Anerkennung von Bandscheibenerkrankungen ist auf die Hals- und Lendenwirbelsäule beschränkt und es muss sich dabei um eine Bandscheibenerkrankung handeln, z.B. eine Vorwölbung der Bandscheibe[171]. Bandscheibenerkrankungen haben in der Bevölkerung der Bundesrepublik mitt-

Hals- und Lendenwirbelsäule

---

170 BSG vom 23.3.1999, SozR 3-2200 § 551 Nr. 12
171 LSG Baden-Württemberg vom 29.1.1998, NZS 1999,93

D. Versicherungsfälle

lerweile so sehr zugenommen, dass sich die Berufsgenossenschaften durch eine sehr restriktive Anerkennungspraxis vor einer zu starken Inanspruchnahme schützen wollen. In vielen Fällen wird sich gerade bei Bandscheibenvorfällen auf die »Gelegenheitsursache« (siehe S. 104 ff.) berufen, da die Erkrankung schon vorhanden gewesen sei.

Druckschädigung der Nerven

Mit einer aktuellen Änderung der Berufskrankheiten-Verordnung[172] wurden neu die Druckschädigungen der Nerven als Berufskrankheit aufgenommen. Hier sind vor allem Tätigkeiten mit körperlichen Zwangshaltungen, ständig einseitigen Belastungen oder Arbeiten mit hohen Wiederholungsraten schädigend.

c) Infektions- und Tropenkrankheiten

Begriff der Infektionskrankheit

Infektionskrankheiten sind durch Krankheitserreger verursachte Krankheiten. Dazu gehören Krankheiten wie Hepatitis, Tbc usw. Für Angehörige der Heil- und Pflegeberufe besteht ein erhöhtes Risiko, sich beruflich mit durch Blut übertragbaren Krankheiten zu infizieren.

AIDS

Eine zunehmende Gefährdung der entsprechenden Arbeitnehmerkreise in Krankenhäusern, Laboratorien, Pflegediensten usw. geht von der Immunschwächekrankheit AIDS aus, die große Probleme in der Beurteilung des Vorliegens einer Berufskrankheit macht. Die Ansteckung mit dem Virus kann (muss nicht) die Krankheit auslösen, was oft erst Jahre nach der Ansteckung erfolgt.

> **Praxistipp:**
>
> Sollte eine Ansteckung mit dem HI-Virus erfolgt sein, muss unbedingt unter Hinzuziehung der zuständigen Berufsgenossenschaft eine Dokumentation dieses Umstandes erfolgen und die Berufsbezogenheit der Infektion festgehalten werden, um bei einer viel später ausbrechenden Krankheit keine Beweisprobleme zu haben.

---

172 Verordnung zur Änderung der Berufskrankheiten-Verordnung vom 5.9.2002, BGBl. I Nr. 65 S. 3541

IV. Berufskrankheit

> **Wichtig:** Die Feststellung einer vorliegenden HIV-Infektion als Berufskrankheit setzt voraus, dass die Tätigkeit des Betroffenen mit besonderen, über das normale Maß hinausgehenden Gefahren verbunden war, eine solche Infektion zu erleiden, so das BSG im Falle einer Krankenhausärztin[173].

Tropenkrankheiten sind Krankheiten, die in den Tropen oder Subtropen häufig vorkommen, weil sie dort aufgrund der klimatischen Bedingungen oder sanitären bzw. hygienischen Zustände verbreitet sind. Damit sind weltweit vorkommende Infektionskrankheiten, wie Typhus oder Hepatitis, keine Tropenkrankheiten. Wichtig ist, dass auch eigenwirtschaftliche Tätigkeiten hier geschützt werden, d.h. es reicht allein der beruflich veranlasste Aufenthalt in diesen Zonen für die Anerkennung einer Berufskrankheit aus. — Begriff der Tropenkrankheit

Auch hier ist wichtig, die Krankheit so früh als möglich, möglichst solange sie noch nicht abgeklungen ist, anzuzeigen, um das Feststellungsverfahren zu vereinfachen.

Die Bedeutung insgesamt ist gering: Jährlich werden ca. 250.000 beruflich bedingte Auslandsaufenthalte registriert, ca. 500 Berufskrankheiten werden angezeigt, 10–15 % davon werden jedoch nur entschädigt.

d) Erkrankungen der Atemwege und der Lungen, des Bauchfells und des Rückenfells

Sie sind z.B. auf das Einatmen von Gasen oder organischem oder anorganischem Staub zurück zu führen. Beispiele sind: Silikose und Asbestose.

Asbest ist die häufigste Todesursache bei Berufskrankheiten, da das Risiko, das mit diesem Stoff verbunden ist, über Jahre hinweg unterschätzt wurde. **Lungenerkrankungen durch Asbest** werden nach Einschätzung vieler Experten — Lungenerkrankungen durch Asbest

---

[173] BSG vom 18.11.1997, Deutsche Medizinische Wochenschrift 1998, S. 1461

D. Versicherungsfälle

einen wesentlichen Teil der zukünftigen Entschädigungsleistungen einnehmen.

> **Was ist Asbest?**
>
> Asbest ist ein mineralisches, faserartiges Material. Es brennt nicht (es schmilzt erst bei über 1.000 Grad C), ist unempfindlich gegen viele Laugen und Säuren und leitet Wärme und Schall schlecht.
>
> Aufgrund dieser Eigenschaften wurde es vielfältig eingesetzt, z.b. im Gebäudebau (Asbestzement), bei der Isolierung von Rohren und Heizungen, in Filtern, Dichtungsringen und Gasmasken und bei Kupplungs- und Bremsbelägen.

Bei den tödlich verlaufenden Berufskrankheiten ist die Asbestose die häufigste Erkrankung (siehe S. 140). Alleine im Jahr 2000 waren dadurch 957 Todesfälle (2001: 931) zu verzeichnen, wobei der Hauptverband der Berufsgenossenschaften bis zum Jahr 2015 sogar mit einem Ansteigen dieser Zahlen rechnet.

Zu den vielen Fällen derjenigen, die durch das Einatmen von Asbest beim Arbeiten in entsprechend verseuchten Räumen oder beim Einbau dieses Stoffes betroffen sind (dieses Risiko ist wegen des Verbots der Herstellung und Verwendung seit 1993 nun ausgeschlossen), kommt nun eine große Zahl von Arbeitnehmern, die mit diesem gefährlichen Stoff im Rahmen der Asbest-Sanierung[174] zu tun haben. **Wichtig:** Als gesundheitsschädlich gilt nur der feine Asbeststaub, nicht dagegen der Umgang mit groben Asbestpartikeln.

---

174 BGI 664 – »Verfahren mit geringer Exposition gegenüber Asbest« und TRGS 519 (zu beziehen über den Carl Heymanns Verlag)

IV. Berufskrankheit

> **Praxistipp:**
>
> Die für diesen Bereich zuständigen Berufsgenossenschaften bieten allen Arbeitnehmern, die mit Asbest zu tun haben, regelmäßige Vorsorgeuntersuchungen an. Diese müssen unbedingt wahrgenommen werden, da die vom Asbeststaub ausgelösten Krebserkrankungen (Mesotheliom – Krebs des Rippen- und Bauchfells) bei frühzeitiger Erkennung unter Umständen noch geheilt werden können. Problematisch ist vor allem, dass diese Erkrankungen oft erst 30 bis 40 Jahre nach dem Kontakt mit dem Asbest auftreten.
>
> Betroffene Mitarbeiter und deren Vorgesetzte müssen dringend auf das Risiko hingewiesen und über Präventionsmaßnahmen informiert werden! Die Vorsorge wird über eine gemeinsame Einrichtung der Berufsgenossenschaften, die Zentralstelle für Asbeststaub gefährdete Arbeitnehmer (ZAs), erbracht und ist kostenlos. Dort sind derzeit ca. 460.000 Arbeitnehmer erfasst und werden regelmäßig arbeitsmedizinisch überwacht, eine wesentlich größere Zahl von Arbeitnehmern nimmt dieses Angebot aber noch immer nicht wahr.

Die gerade erfolgte Erweiterung des Kataloges der Berufskrankheiten erkennt nun auch Lungenkrebs durch die Einwirkung von kristallinem Siliciumdioxid bei nachgewiesener Quarzstaublungenerkrankung als Berufskrankheit an. Besonders gefährdete Berufsgruppen hierfür sind z.B. Erzbergleute, Tunnelbauer, Sandstrahler, Former in der Metallindustrie, Mitarbeiter in feinkeramischen Betrieben und in Dentallabors. **Wichtig:** Diese Erkrankung ist für den Bereich des Steinkohlenbergbaus mangels entsprechender Erkenntnisse derzeit nicht als Berufskrankheit anerkannt.

Lungenkrebs durch kristallines Siliciumdioxid

e) Hauterkrankungen

Hauterkrankungen sind dann Versicherungsfälle, wenn sie schwerwiegend sind oder wiederholt Rückfälle festzustellen waren und die gefährdende Tätigkeit aufgegeben werden

Erkrankungen der Haut

D. Versicherungsfälle

musste. Nach der Rechtsprechung ist eine Hauterkrankung nur dann schwerwiegend, wenn eine Allergisierung vorliegt, die zu einer dauerhaften Minderung der Erwerbsfähigkeit (MdE; zum Begriff siehe S. 176) von mindestens 10 % führt[175].

f) Häufigkeit und Schwere dieser Erkrankungen

Die Bedeutung dieses Krankheitenkataloges lässt sich erkennen, wenn man statistisch erfasst, wie häufig diese Krankheiten anerkannt worden sind. Für das Jahr **1999** hat die Bundesanstalt für Arbeitsschutz und Arbeitsmedizin (BAuA) eine Statistik erstellt, die darüber Auskunft gibt (Auszug aus der Statistik):

Art der Erkrankung	Zahl der Fälle
Lärmschwerhörigkeit	7.039
Asbestose	2.165
Silikose, Siliko-Tuberkulose	1.938
Hauterkrankungen	1.735
Neubildungen durch Asbest (Tumore)	1.445
obstruktive Atemwegserkrankungen	1.154
Infektionskrankheiten	614
LWS-Schäden durch Heben/Tragen	393
Tropenkrankheiten	315
Erkrankungen der Schleimbeutel durch ständigen Druck	183
Überlastungsschäden durch Druckluftwerkzeuge	148
Benzol	66

Die Schwere dieser Erkrankungen lässt sich dadurch dokumentieren, dass man statistisch erfasst, wie häufig diese tödlich enden (Zahlen ebenfalls aus einer Untersuchung der BAuA aus dem Jahr **1999**, auszugsweise):

---

175 LSG Rheinland-Pfalz vom 22.9.1998, NZS 1999,199

IV. Berufskrankheit

Art der Erkrankung	Todesfälle
Neubildungen durch Asbest (Tumore)	995
Silikose, Siliko-Tuberkulose	485
Asbestose	55
obstruktive Atemwegserkrankungen	32
Benzol	30
Infektionskrankheiten	13

Tod als Folge einer Berufskrankheit wird in dieser Statistik – wie in der Rechtsprechung des BSG – dann angenommen, wenn die Berufskrankheit die alleinige oder rechtlich wesentliche Ursache des Todes war.

g) Quasiberufskrankheiten

Neben diesen »Katalog-Krankheiten« sieht § 9 Abs. 2 SGB VII vor, bestimmte andere Krankheiten ebenfalls als Berufskrankheiten zu entschädigen. In diesem Zusammenhang spricht man von einer *Quasiberufskrankheit*. Absatz 2 soll damit sicherstellen, dass eine Berufskrankheit, die bereits bekannt ist und bezüglich ihres Ursachenzusammenhanges mit dem Arbeitsleben noch nicht vollständig erforscht wurde, die aber absehbar in den Katalog aufgenommen werden soll, anerkannt werden kann.

Quasiberufskrankheiten

Damit sind aber praktisch alle Krankheiten ausgeschlossen, bei denen zwar ein Zusammenhang zum Arbeitsleben besteht, die jedoch nur in seltenen Fällen auftreten. **Der Versuch, andere, als die im Katalog genannten Krankheiten als Berufskrankheit anerkennen zu lassen, ist damit meistens zum Scheitern verurteilt.** Diese strengen Grundsätze können auch durch die Entscheidung des LSG Niedersachsen[176], wonach eine Berufskrankheit, die nicht im Katalog steht, dann anzuerkennen ist, wenn der Ursachenzusammenhang mit der Arbeit offenkundig ist, z.B. durch vergleichbare Fälle, kaum aufgeweicht werden.

Kaum Chancen außerhalb des Katalogs

---

176 vom 17.9.1998, Arbeit & Ökologie-Briefe 1998, Nr. 25, S. 19

D. Versicherungsfälle

Keine Erweiterung durch EU-Recht

EU-weit wird über die Anerkennung weiterer Krankheiten als Berufskrankheit diskutiert. Allerdings ist festzustellen, dass im bundesdeutschen Recht die Mehrzahl der entsprechend erforschten Krankheiten bereits als Berufskrankheit anerkannt werden. Damit ist nicht davon auszugehen, dass – im Gegensatz zu anderen Rechtsgebieten – durch die EU-Gesetzgebung absehbar eine Erweiterung des Kataloges erfolgen wird.

h) Erkrankungen durch psychische Belastungen

Psychische Belastungen

Auffällig ist, dass das Berufskrankheitenrecht keine Erkrankungen durch psychische Belastungen kennt, diese somit auch nicht entschädigungsfähig sind. Damit steht dieser Zweig der sozialen Sicherung vollkommen im Gegensatz zu den Entwicklungen, die im Arbeitsleben vorhanden sind, wie aus einer ILO-Studie[177] deutlich wird: Danach gehen 7 % der deutschen Arbeitnehmer aufgrund psychischer Leiden vorzeitig in den Ruhestand. Der deutschen Wirtschaft entstehen derzeit jährlich Verluste in Höhe von ca. 2,5 Milliarden Euro, da diese Erkrankungen in ihrer Behandlung sehr zeitintensiv sind und damit viele Arbeitstage entfallen. Nach einer Untersuchung des TÜV-Verbandes (VdTÜV) nehmen sich jährlich 1.800 Menschen aufgrund von Mobbing-Belastungen das Leben.

Die große praktische Bedeutung zeigt sich anhand dreier konkreter Beispiele:

Angst

Angst oder Angstzustände am Arbeitsplatz führen zu konkreten körperlichen Beschwerden, wie Schwächezuständen, Nervosität, Schlaflosigkeit, Herz- und Magen-Darmproblemen, Hautreaktionen, Muskelverspannungen, Rücken- und Kopfschmerzen. Hinzu kommen Erkrankungen durch Alkoholmissbrauch, der auf solche Umstände zurück zu führen ist. Nach einer Information der BAD-GmbH[178] leiden bundesweit 5,4 Mio. Menschen an depressiven Störungen.

---

177 IG Metall, Gesünder arbeiten, Nr.12/März 2001, S.1
178 Bericht von sicherheitsNet.de vom 8.11.2001 »Angst am Arbeitsplatz, ein Tabu«

IV. Berufskrankheit

Die Fachhochschule Köln hat festgestellt, dass fast jeder Beschäftigte am Arbeitsplatz unter Ängsten leidet, der damit verbundene volkswirtschaftliche Schaden wird auf mehr als 50 Milliarden Euro geschätzt.

Was ist Angst?

Angst kann in einer Situation auftreten, der man sich nicht oder noch nicht gewachsen fühlt, wo alte, vertraute Bahnen verlassen werden müssen, wo neue Aufgaben zu bewältigen oder Wandlungen notwendig sind. Angst am Arbeitsplatz entsteht aber oftmals auch dadurch, dass in Unternehmen das Wort »offene Kommunikation« nicht gelebt wird, so dass Gerüchte (z.B. um Restrukturierungsmaßnahmen, Arbeitsplatzabbau u.ä.) zu Angstreaktionen führen.

Menschen unterscheiden sich durch eine unterschiedlich ausgeprägte Angstbereitschaft, was jedoch nicht von der Position des Mitarbeiters abhängig ist. Angstkrankheiten treten nach der o.g. Studie der Fachhochschule Köln sowohl bei Arbeitern als auch bei Managern auf.

Ängste bekämpft man vor allem durch die Einführung einer Kultur offener Gespräche, das Zugestehen von Fehlern, die ein Mitarbeiter machen darf, und die Enttabuisierung des Faktors Angst am Arbeitsplatz.

Was ist Angst?

Mobbing (oder auch »**Bossing**« (Mobbing durch Vorgesetzte)) führt beim Betroffenen zu erheblichen psychischen Belastungen (siehe schon oben S. 102), die nicht nur eine – oftmals langwierige – Behandlungsbedürftigkeit nach sich ziehen, sondern den Arbeitnehmer auch dauerhaft einem geregelten Arbeitsleben entziehen können (und sei es »nur«, weil ihn geradezu panikartige Ängste davon abhalten, wieder einer Arbeit nachzugehen). Damit ist die soziale Stellung und Sicherung dieser Menschen gefährdet. Das ist oftmals noch schlimmer, weil es bereits schwierig genug ist, nachzuweisen, dass man tatsächlich gemobbt wurde.

Mobbing

D. Versicherungsfälle

> **Praxistipp:**
>
> Da Mobbing bereits frühzeitig erkannt werden kann, sollte dem Arbeitnehmer angeraten werden, sich Unterstützung durch eine der schon vielfältig vorhandenen Selbsthilfegruppen zu sichern.
>
> Mobbing und Gegenstrategien sind ein zentrales Thema betriebsrätlicher Tätigkeit im Unternehmen. Wenn Arbeitnehmer sich in diesen Fällen hilfesuchend an den Betriebsrat wenden, ist dieser gefordert, nicht nur den Arbeitnehmer zu unterstützen, sondern auch – möglichst gemeinsam mit den Vorgesetzten – für ein mobbingfreies Betriebsklima zu sorgen.

Burnout-Syndrom	Das **Burnout-Syndrom** (»sich ausgebrannt fühlen«), das für einige Zeit insbesondere Mitarbeitern sozialer Berufe zugeordnet wurde, wird heute mehr und mehr bei Arbeitnehmern verschiedener Berufe diagnostiziert, die besonders engagiert, aufopferungsvoll, hochmotiviert und pflichtbewusst sind. Es führt zu heftigen Erschöpfungszuständen, die den Körper insgesamt schwächen und krankheitsanfällig machen. Diese Zustände können bis hin zu einer allgemeinen Lebenskrise führen.
Anerkennung als Berufskrankheit?	Das Unfallversicherungsrecht erkennt in Ausnahmefällen psychische Störungen als Folge von Arbeitsunfällen an[179], beschäftigt sich aber nicht oder nur kaum mit der Frage der Entschädigung derartiger Krankheiten als Berufskrankheiten. Eine Anerkennung als Quasiberufskrankheit durchsetzen zu können, wird in der Praxis schwer fallen, sollte aber auf alle Fälle versucht werden. Zu den üblichen Beweisproblemen, die sich hier stellen, kommt aber in diesen Fällen noch die Schwierigkeit, die vorhandenen Krankheitsbilder wirklich eingrenzen und die Berufsbezogenheit nachweisen zu können.

---

[179] Krasney in Schulin, Handbuch, § 8 Rn. 96

IV. Berufskrankheit

i) Berufskrankheit und Erwerbsunfähigkeit

In diesem Zusammenhang sei noch darauf hingewiesen, dass eine nicht durch Arbeitsunfall oder Berufskrankheit verursachte, aber trotzdem (auch durch das Arbeitsleben) krankheitsbedingte Berufs- oder Erwerbsunfähigkeit als Versicherungsfall der gesetzlichen Rentenversicherung (SGB VI) gesichert sein kann. Mit der Neuregelung des Rentenrechts im Bereich der Erwerbsminderungsrenten sind jedoch große Kreise der bislang dort abgesicherten Personen aus diesem Schutz herausgenommen worden (siehe schon oben S. 127). Damit entsteht ein nicht zu unterschätzendes Versorgungsrisiko, das unbedingt einer privaten Absicherung bedarf.

Versicherungsfall der gesetzlichen Rentenversicherung?

3. Verfahrensfragen

a) Beginn der Berufskrankheit

Die Berufskrankheit beginnt mit dem Tag des Versicherungsfalles, d.h. mit dem Tag, **an dem erstmals Befunde der betreffenden Krankheit nachgewiesen worden sind.** Von diesem Tag an kann der Versicherte vom Träger der Unfallversicherung die Anerkennung als Berufskrankheit beanspruchen. Er kann jedoch nach § 9 Abs. 5 SGB VII auch einen späteren Zeitpunkt anerkennen lassen, wenn das für ihn vorteilhaft ist, weil er z.B. zwischenzeitlich mehr verdient und die deswegen zu erbringenden Leistungen dadurch ansteigen.

Befund

b) Zuständigkeiten

Üblicherweise ist die Berufsgenossenschaft zuständig, der der Unternehmer angehört, bei dem der Arbeitnehmer beschäftigt ist. Berufskrankheiten können aber auch dadurch entstehen, dass Einwirkungen in verschiedenen Unternehmen stattgefunden haben, für die jeweils verschiedene Berufsgenossenschaften zuständig waren. Dann ist die Entschädigung nur von einer Berufsgenossenschaft zu leisten, in der Regel von derjenigen, bei der der Arbeitnehmer ge-

Zuständigkeit für Entschädigung

D. Versicherungsfälle

rade versichert ist. Es kann aber intern unter den betroffenen Berufsgenossenschaften zu einem Ausgleich kommen.

c) Sonstige Voraussetzungen

Weitere Voraussetzungen

Für Berufskrankheiten gelten ansonsten die üblichen Voraussetzungen, d.h. es muss ursächlich durch eine versicherte Tätigkeit zu einer Krankheit kommen, die einen Schaden verursacht. Erschwert wird die Inanspruchnahme von Leistungen letztlich dadurch, dass es sich nicht um irgendeine berufsbedingte Krankheit handeln darf: Es muss sich um eine der in der Anlage 1 der Berufskrankheiten-Verordnung genannte Krankheiten handeln.

Wechsel der Tätigkeit

§ 3 Berufskrankheiten-Verordnung sieht vor, dass die Berufsgenossenschaft einen Arbeitnehmer, bei dem erhebliche gesundheitliche Vorschädigungen durch berufliche Einwirkungen vorhanden sind, auffordern kann, eine andere Tätigkeit auszuüben. In diesen Fällen muss der Träger der Unfallversicherung nach § 9 Abs. 4 SGB VII prüfen, ob sonst alle Voraussetzungen für die Anerkennung einer Berufskrankheit vorliegen. Umschulungsmaßnahmen, die dann erforderlich wären, muss die Berufsgenossenschaft tragen, um schlimmere Leiden zu verhindern. In dieser Zeit kann der Arbeitnehmer Anspruch auf Übergangsgeld haben (siehe hierzu S. 173 f.). Verweigert der Arbeitnehmer die Ausübung einer anderen Tätigkeit, kann die Berufsgenossenschaft Leistungen anlässlich einer Berufskrankheit verweigern.

d) Das Anerkennungsverfahren

Verdacht auf eine Berufskrankheit

Üblicherweise wird im Rahmen einer hausärztlichen Untersuchung erstmalig der **Verdacht** entstehen, eine Krankheit könne auf berufliche Einflüsse zurück zu führen sein. Hat der Arbeitnehmer diesen Verdacht, sollte er von sich aus den Arzt darauf ansprechen. Der Hausarzt (oder der sonstige behandelnde Arzt) sollte dann die zuständige Berufsgenossenschaft einschalten.

IV. Berufskrankheit

Wendet sich der Arbeitnehmer mit einem solchen Verdacht an den Betriebsrat, kann auch dieser die Berufsgenossenschaft einschalten oder den Arbeitnehmer dabei unterstützen.

Wird die zuständige Berufsgenossenschaft über diesen Verdachtsfall informiert, so setzt sich der dort zuständige Sachbearbeiter zunächst mit dem Arbeitnehmer in Verbindung und übersendet ihm einen umfangreichen Fragebogen, der wahrheitsgemäß und ausführlich beantwortet werden sollte.

Verfahren bei der Berufsgenossenschaft

> **Praxistipp:**
>
> In solchen Fällen wird sich der Arbeitnehmer auch hilfesuchend an den Betriebsrat wenden, der ihm beim Ausfüllen des Fragebogens eine sehr wertvolle Hilfe sein kann. Der Betriebsrat selbst kann sich in diesem Fall durchaus auch Unterstützung bei der zuständigen Gewerkschaft einholen.

Der Sachbearbeiter der Berufsgenossenschaft ergänzt anschließend den ausgefüllten Fragebogen mit der Krankheitsgeschichte des Arbeitnehmers. Hierzu schreibt der Sachbearbeiter in der Regel alle behandelnden Ärzte an und bittet sie um Stellungnahmen. Der Arbeitnehmer ist im eigenen Interesse verpflichtet, hier die Ärzte von ihrer Schweigepflicht zu befreien.

> **Wichtiger Hinweis:**
>
> Nach den Vorschriften des Sozialgesetzbuch I, §§ 60 ff., ist der Arbeitnehmer zur Mitwirkung an allen Maßnahmen verpflichtet, hier z.B. zur Befreiung des Arztes von der Schweigepflicht. Die Verweigerung dieser Mitwirkung kann alleine ausreichen, die Anerkennung einer Berufskrankheit zu verhindern (zu den Mitwirkungspflichten siehe S. 162 f.)!

D. Versicherungsfälle

Liegen alle Unterlagen vor, wird der Arbeitnehmer nochmals einer intensiven medizinischen Untersuchung durch einen von der Berufsgenossenschaft benannten Gutachter unterzogen.

Dauer des Feststellungsverfahrens

Das gesamte Feststellungsverfahren kann sich über mehrere Monate bis hin zu einem Jahr oder länger erstrecken, da auch Stellungnahmen der für den medizinischen Arbeitsschutz zuständigen Stellen (z.B. Landesanstalt für Arbeitsschutz) einzuholen sind.

Leistungsbescheid

Aufgrund dieser Begutachtung erhält der Arbeitnehmer dann einen Leistungsbescheid, in dem das Vorliegen der Berufskrankheit entweder anerkannt oder abgelehnt wird.

Anerkennung

Im Falle einer Anerkennung führt der Bescheid auch die damit verbundenen Leistungen der Berufsgenossenschaft auf. Mit diesem Bescheid kann dem Arbeitnehmer bereits eine genaue Behandlungsanweisung (z.B. Kur- oder Rehamaßnahme) zugehen, die durch von Berufsgenossenschaften beauftragte oder aber auch durch niedergelassene Ärzte umgesetzt werden kann. Damit der behandelnde Arzt seine Abrechnungen entsprechend vornehmen kann, muss der Arbeitnehmer ihm diesen Bescheid vorlegen. Je exakter hier vorgeschrieben ist, welche Maßnahmen vorzunehmen sind, desto genauer muss sich der Arzt bei der Behandlung daran halten.

Ablehnung

Wie oben bereits festgestellt wurde, ist die Anerkennungsquote bei Berufskrankheiten nicht hoch. Im Falle einer **Ablehnung** enthält der Bescheid der Berufsgenossenschaft eine »Rechtsbehelfsbelehrung«, aus der der Arbeitnehmer ersehen kann, was er gegen diese Ablehnung unternehmen kann. Hierbei handelt es sich um den Rechtsbehelf »Widerspruch«, den der Arbeitnehmer einlegen kann.

> **Praxistipp:**
> Auch in diesem Fall wird sich der Arbeitnehmer oftmals hilfesuchend an den Betriebsrat wenden. Dieser kann die Erfolgsaussichten eines solchen Verfahrens nicht einschätzen und sollte deswegen dem Arbeitnehmer entweder zu gewerkschaftlichem Rechtsschutz oder zur Einbeziehung eines Fachanwaltes für Sozialrecht raten.

Das Widerspruchsverfahren und das sich gegebenenfalls anschließende Verfahren vor dem Sozialgericht können mehrere Jahre in Anspruch nehmen. Zum Verfahren im Einzelnen siehe ab S. 213.

E. Leistungen der gesetzlichen Unfallversicherung

Im Sozialrecht, vor allem im Sozialversicherungsrecht, herrscht der **Grundsatz der Schadensvermeidung**: Die Sozialversicherungsträger sind gehalten, durch geeignete Maßnahmen darauf hinzuwirken, dass kostenaufwändige Schadensfälle gar nicht erst entstehen. Man spricht vom Grundsatz »Prävention vor Restitution« oder allgemeiner: **»Verhütung vor Wiederherstellung«**. Dieser Grundsatz findet sich auch in anderen Sozialversicherungssystemen wieder, wie etwa in der gesetzlichen Krankenversicherung, die z.B. Krankengymnastik finanziert, bevor aufwändige Behandlungen erforderlich werden. Aber auch die gesetzliche Rentenversicherung bietet beispielsweise Kuren zur Wiederherstellung der Erwerbsfähigkeit (»Reha-Kuren«) an, bevor Renten wegen Berufs- oder Erwerbsunfähigkeit gezahlt werden müssen.

Grundsatz der Schadensvermeidung

Die gesetzliche Unfallversicherung ist ein klassisches Beispiel für den Grundsatz der Schadensvermeidung. Sie sieht erhebliche Leistungen für die Prävention vor, um die Zahl der Schadensfälle so gering wie möglich zu halten. Die Ausgaben für die Präventionsleistungen haben sich in den letzten Jahren sogar deutlich erhöht:

Jahr	Ausgaben in Mio. Euro
1993	572
1997	683
1999	724
2001	667

I. Leistungen ohne Schadensfall – Unfallverhütung und Erste Hilfe

Die Berufsgenossenschaften als Träger der Unfallversicherung »haben mit allen geeigneten Mitteln für die Verhütung von Arbeitsunfällen und für eine wirksame Erste Hilfe zu sorgen«. So formuliert § 14 Abs. 1 SGB VII generalklau-

E. Leistungen der gesetzlichen Unfallversicherung

selartig den Präventionsauftrag an die Berufsgenossenschaften.

Prävention ist ein zentrales Thema für alle, die sich mit dem Arbeitsschutz befassen. Durch entsprechend geeignete Maßnahmen sollen Unfälle und Berufskrankheiten bereits im Vorfeld verhindert werden. Damit wird ein zentrales Prinzip des deutschen Sozialversicherungsrechts auch hier in die Praxis umgesetzt: Die Träger der Sozialversicherung sollen mit ihren Mitteln bereits im Vorhinein das Auftreten der Versicherungsfälle verhindern. Hier sind alle Betriebsangehörigen – von der Leitung bis zum Arbeitnehmer – gleichermaßen gefordert.

Ausführliche Hinweise zum Thema Prävention und Arbeitsschutz finden sich in Kapitel C (siehe S. 37 ff.).

II. Leistungen nach dem Schadensfall

Schadensregulierung durch die Berufsgenossenschaft

Die Berufsgenossenschaft muss den durch einen Arbeitsunfall (aus Gründen der Vereinfachung wird im Folgenden immer nur der Arbeitsunfall als Versicherungsfall genannt, selbstverständlich sind diese Leistungen auch bei Wegeunfällen und Berufskrankheiten zu gewähren) entstandenen Schaden regulieren. Davor steht jedoch immer die Prüfung, ob überhaupt ein leistungsverpflichtender Versicherungsfall vorliegt oder nicht. Es ist also von der Berufsgenossenschaft zu prüfen, ob die »anspruchsbegründenden Tatsachen« vorliegen (siehe S. 71 ff.), ob also ein Arbeitsunfall oder eine Berufskrankheit vorliegt. Stellt die BG fest, dass es sich um einen Versicherungsfall handelt, kann sie verschiedene Leistungen gewähren.

Gesetzlicher Leistungskatalog

§ 26 Abs. 1 SGB VII sieht folgenden Leistungskatalog vor:

➢ Heilbehandlung, einschließlich der Leistungen zur medizinischen Rehabilitation,

➢ berufsfördernde, soziale und ergänzende Leistungen zur Rehabilitation,

II. Leistungen nach dem Schadensfall

- Leistungen bei Pflegebedürftigkeit,
- Verletztengeld und
- weitere Geldleistungen.

Diese Leistungen schließen sich nicht aus, d.h. sie können kombiniert erbracht werden.

Mit der Reform der gesetzlichen Unfallversicherung und der Ablösung der RVO durch das SGB VII wurde der Schwerpunkt der Leistungen in den Bereich der Rehabilitation verlegt. Die Wiedereingliederung Verletzter oder Erkrankter in das Arbeitsleben steht im Vordergrund. Der Gesetzgeber folgte damit auch hier dem im Sozialrecht allgemein feststellbaren Trend, nach dem versucht werden soll, Leistungsbezieher der Sozialversicherung möglichst wieder in das Erwerbsleben einzugliedern, was in erster Linie die Sozialversicherungskassen entlastet, andererseits aber auch dem Wohlbefinden des Versicherten dienen soll, der auf diese Art und Weise wieder in das »normale« Erwerbsleben zurückkehren kann.

Leistungsschwerpunkt in der Rehabilitation

1. Heilbehandlung

a) Grundsätzliches

Ziel der Heilbehandlung ist es nach § 26 Abs. 2 Nr. 1 SGB VII, den durch den Versicherungsfall verursachten Gesundheitsschaden

Ziel der Heilbehandlung

- zu beseitigen oder zu bessern,
- seine Verschlimmerung zu verhüten und
- seine Folgen zu mildern.

Der Gesetzeswortlaut an sich ist eindeutig: Lediglich die Formulierung »Der Unfallversicherungsträger ... hat mit allen geeigneten Mitteln ...« deutet auf eine Ermessensentscheidung der Berufsgenossenschaft dahingehend hin, dass diese festlegen kann, was sie für die Heilbehandlung für geeignet hält und was nicht. Es ist davon auszugehen, dass die Berufsgenossenschaften bzw. die mit ihnen kooperie-

Ermessensentscheidung bezüglich der Mittel

E. Leistungen der gesetzlichen Unfallversicherung

renden Mediziner hier einen erheblichen Erfahrungsschatz haben sammeln können, so dass eine möglichst optimale Versorgung gewährleistet ist.

Umfang der Heilbehandlung

Der Umfang der Heilbehandlung umfasst nach § 27 Abs. 1 SGB VII folgende Leistungen:

➢ Erstversorgung,
➢ ärztliche und zahnärztliche Behandlung,
➢ Versorgung mit Arznei-, Verbands-, Heil- und Hilfsmitteln,
➢ häusliche Krankenpflege,
➢ Behandlung in Krankenhäusern und Rehabilitationseinrichtungen sowie
➢ Leistungen zur medizinischen Rehabilitation einschließlich Belastungserprobung und Arbeitstherapie und
➢ Gewährung von Pflege.

b) Erbringung der Heilbehandlung

Durchführung der Heilbehandlung

Die Heilbehandlung kann grundsätzlich von jedem Arzt vorgenommen werden. Kassenärzte (das sind die niedergelassenen Ärzte, die über eine Kassenärztliche Vereinigung berechtigt sind, die Erbringung ihrer Leistung mit den gesetzlichen Krankenkassen abzurechnen) rechnen dann z.B. über mit den Kassenärztlichen Vereinigungen abgeschlossene Verträge mit den Berufsgenossenschaften ab. Nimmt ein Verletzter dagegen privatärztliche Leistungen in Anspruch, so kann dieser Arzt mit der Berufsgenossenschaft lediglich wie ein Kassenarzt abrechnen, mit der Konsequenz, dass für den Restbetrag der Verletzte direkt bzw. dessen private Krankenversicherung in Anspruch genommen wird.

II. Leistungen nach dem Schadensfall

> **Praxistipp:**
> Privat versicherte Arbeitnehmer sollten sich vor der Inanspruchnahme entsprechender ärztlicher Leistungen auf alle Fälle hinsichtlich der Kostenübernahme mit ihrer privaten Krankenversicherung verständigen, um »unliebsame Überraschungen«, die sich durch in den Allgemeinen Geschäftsbedingungen der Versicherungen vorhandene Leistungsausschlussklauseln ergeben könnten, zu vermeiden.

Auch in der gesetzlichen Unfallversicherung gilt, wie in der gesetzlichen Krankenversicherung, das »Sachleistungsprinzip«. Es bestimmt, dass dem Versicherten im Regelfall eine tatsächliche Leistung (= Sachleistung) und keine Kostenerstattung erbracht wird.

Sachleistungsprinzip

Der Verletzte hat sich am Ort der Verletzung, am Arbeitsort oder an seinem Wohnort auf jeden Fall einem »Durchgangsarzt der Berufsgenossenschaft« vorzustellen, wenn der Verdacht auf einen Arbeitsunfall oder eine Berufskrankheit besteht. Das gilt auch dann, wenn der üblicherweise behandelnde Allgemein- oder Hausarzt den Verdacht einer berufsbezogenen Verletzung oder Erkrankung hegt. In diesem Fall muss eine Überweisung an den Durchgangsarzt erfolgen.

Pflicht: Vorstellung beim Durchgangsarzt

Wer der zuständige Durchgangsarzt ist, wird dem Arbeitnehmer vom Arbeitgeber mitgeteilt.

> **Praxistipp:**
> Es empfiehlt sich, die Adresse und Sprechzeiten des Durchgangsarztes am schwarzen Brett des Unternehmens oder in anderen Mitarbeiterinformationen (z.B. Unternehmensintranet) bekannt zu geben.

Wird ein Arbeitsunfall oder eine Berufskrankheit durch den Betriebsarzt festgestellt, so muss auch dieser an den Durch-

E. Leistungen der gesetzlichen Unfallversicherung

gangsarzt überweisen. Dieser entscheidet dann, ob er die Behandlung selbst fortsetzt oder einen anderen Arzt einschaltet.

| Überweisung an einen ärztlichen Spezialisten |

Die Berufsgenossenschaft kann dem Verletzten auch vorschreiben, dass sich dieser zur Erbringung der Heilbehandlung an einen bestimmten Spezialisten zu wenden hat. Die Träger der Unfallversicherung haben sich seit langer Zeit auf die Heilung bestimmter Leiden spezialisiert und halten dafür Fachkliniken oder Fachstationen in Krankenhäusern vor. Sehr bekannt sind z.B. die Berufsgenossenschaftlichen Unfallkliniken.

| Anzeigepflicht des Hausarztes |

Geht der Verletzte nicht zu einem Durchgangsarzt, sondern wendet er sich z.B. sofort an seinen Hausarzt, und muss dieser wegen der Dringlichkeit des Falles sofort eine Behandlung erbringen, so hat der Hausarzt die Krankenkasse des Verletzten dahingehend zu informieren, dass Anzeichen für einen Arbeitsunfall vorliegen.

Beispiel:
Während der Arbeit trinkt A einen Schluck Limonade aus einer Flasche, die unverschlossen neben seinem Schreibtisch steht. In diese hat sich eine Wespe verirrt, die im Rachen des A zusticht. Wegen der starken Schwellung sucht A umgehend seinen Hausarzt auf, und von diesem behandelt und von diesem nach der Behandlung erfährt, dass der Unfall am Arbeitsplatz geschehen ist. Was muss der Hausarzt veranlassen?

Wie oben (siehe S. 78 f.) festgestellt wurde, ist das Trinken am Arbeitsplatz nur in ganz seltenen Fällen eine versicherte Tätigkeit, so dass zu bezweifeln ist, dass die Berufsgenossenschaft in diesem Fall Leistungen erbringen wird. Das jedoch kann der Hausarzt nicht beurteilen und muss deswegen auf jeden Fall der Krankenkasse des A die mögliche Berufsbezogenheit des Unfalles melden. Diese wird dann der zuständigen Berufsgenossenschaft den Umstand anzeigen und ihr nach § 188 SGB VII alle Daten übermitteln, die sie benötigt, um ihre Leistungsverpflichtung festzustellen und dieser gegebenenfalls nachzukommen. Auf diese Art und Weise ist es gewährleistet, dass A – unabhängig von der

II. Leistungen nach dem Schadensfall

Frage der endgültigen Zuständigkeit der Leistungsträger – sofort eine angemessene und zweckmäßige Behandlung erhält und der Leistungserbringer, hier also der Hausarzt, dafür auch entsprechend vergütet wird.

Aus Datenschutzgründen ist dem A im o.g. Fall übrigens mitzuteilen, welche Daten die Krankenkasse an den Unfallversicherungsträger übermittelt hat.

c) Wiederherstellung oder Erneuerung von Körperersatzstücken (Hilfsmittel)

In der RVO wurden die nun als Hilfsmittel bezeichneten Leistungen noch als Körperersatzstücke betitelt. Dabei handelt es sich z.B. um Prothesen u.ä..

Die Wiederherstellung oder Erneuerung von Körperersatzstücken nach § 27 Abs. 2 SGB VII regelt den Schadensersatz bei so genannten unechten Körperschäden. Das Körperersatzstück ist so wiederherzustellen, wie es vor der Schädigung war. Ausnahmen gelten nur insoweit, als es sich um eine besonders luxuriöse Ausführung handelt. In diesem Fall erfolgt die Erstattung nur in der sonst üblichen Höhe.

Schadensersatz bei »unechten Körperschäden«

Beispiel:
Die Brille des A wird beim Bearbeiten eines Metallkörpers mit einem Hammer durch herumfliegende Metallsplitter beschädigt. A möchte die Brille von seinem Arbeitgeber ersetzt bekommen, der ihn an die zuständige Berufsgenossenschaft verweist. Diese jedoch wendet ein, bei der Brille handele es sich nicht um ein Körperersatzstück im Sinne des Gesetzes, so dass sie keine Leistungsverpflichtung treffe.

Grundsätzlich kann A von der Berufsgenossenschaft Ersatz für die beschädigte Brille verlangen, da es sich bei der Regelung des § 27 Abs. 2 SGB VII um eine Schadensersatzvorschrift handelt, die – unabhängig von der Frage, ob eine Brille ein Körperersatzstück ist oder nicht – anzuwenden ist. Danach kann A die vollständige Wiederherstellung seiner Brille verlangen[180]. Das BSG hat allerdings entschieden, dass

---

180 KassKomm-Ricke, § 27 SGB VII Rn. 3

E. Leistungen der gesetzlichen Unfallversicherung

besonders luxuriöse Ausführungen von Brillen nicht in diesem Umfange zu erstatten sind[181]. Auf alle Fälle ist der Schadensersatz bei der Wiederherstellung oder Erneuerung von Brillen nicht auf die von der gesetzlichen Krankenkasse festgelegten Festbeträge beschränkt[182].

d) Versorgung mit Arznei-, Verbands-, Heil- und Hilfsmitteln

Von der Wiederherstellung und Erneuerung von Hilfsmitteln (siehe oben c.) ist die erstmalige Ausstattung mit diesen Mitteln nach § 27 Abs. 1 Nr. 4 SGB VII zu unterscheiden.

§§ 29 und 30 SGB VII regeln die Versorgung mit Arznei- und Heilmitteln.

Arzneimittel

Arzneimittel (zu denen begrifflich auch die Verbandsmittel gezählt werden) sind alle Mittel, die zur ärztlichen Behandlung erforderlich sind. Die Ärzte sind bei der Verordnung dieser Mittel an die Verordnungsgrenzen der Gesetzlichen Krankenversicherung gebunden. Damit gilt auch hier die neu eingeführte »aut-idem-Regelung«, nach der die Ärzte verpflichtet sind, keine Präparate mehr zu verschreiben, sondern nur noch Wirkstoffe zu verordnen. Der Apotheker soll dann das wirtschaftlich günstigste Präparat an den Patienten abgeben. Diese Regelung ist zwischen Ärzten und dem Gesetzgeber sehr umstritten, da die Ärzte sich in ihren Behandlungsmöglichkeiten eingeschränkt sehen und die größere Wirtschaftlichkeit dieser Regelung bezweifeln.

Heilmittel

Heilmittel sind insbesondere die physikalische Therapie (z.B. Massage oder Krankengymnastik) und die Sprach- und Beschäftigungstherapie.

Hilfsmittel

Nach § 31 Abs. 1 SGB VII sind Hilfsmittel alle ärztlich verordneten Dinge, die den Erfolg der Heilbehandlung sichern oder die Folgen von Gesundheitsschäden mildern oder aus-

---

181 BSG SozR 3-2700 § 27 Nr. 1
182 BSG vom 20.2.2001, NZS 2001, 574

II. Leistungen nach dem Schadensfall

gleichen. Dazu gehören vor allem Körperersatzstücke, orthopädische und andere Hilfsmittel.

- ➢ Körperersatzstücke sind z.b. Arm- oder Beinprothesen,
- ➢ orthopädische Hilfsmittel sind Korrektur- oder Stützvorrichtungen und
- ➢ andere Hilfsmittel sind Seh- und Hörhilfen, Krankenfahrstühle oder auch die so genannte Kfz-Hilfe.

Die Kraftfahrzeug-Hilfe als Sonderfall der Hilfsmittel sieht nach § 40 SGB VII umfangreiche Hilfeleistungen vor, wenn der Versicherte auf ein Kraftfahrzeug angewiesen ist. Diese können von der Anschaffung über die Sonderausstattung eines PKW bis hin zur Erlangung einer entsprechenden Fahrerlaubnis gehen.

Kfz-Hilfe

e) Gewährung von häuslicher Krankenpflege

Nach § 32 SGB VII ist dem Verletzten unter bestimmten Voraussetzungen häusliche Krankenpflege zu gewähren. Voraussetzung dafür ist, dass der Verletzte hilflos ist, d.h. für zahlreiche persönliche Verrichtungen des täglichen Lebens in erheblichem Umfang auf die Unterstützung anderer angewiesen ist (§ 44 SGB VII). Persönliche Verrichtungen sind insbesondere Essen, Körperpflege, Verrichtung der Notdurft, Be- und Entkleiden, kleinere Tätigkeiten im Haushalt.

Voraussetzungen für die Gewährung

Beispiel:
A muss aufgrund eines Arbeitsunfalles mit einem Gipsbein zu Hause bleiben. Er konnte sich dabei eigentlich immer ordentlich alleine helfen, lediglich die im Haushalt anfallenden Arbeiten gingen ihm noch schlechter als sonst von der Hand. A hört, dass bei Arbeitsunfällen auch Pflegeleistungen gewährt werden, die u.a. Hilfen im Haushalt umfassen können. A lässt daraufhin alle Fenster seiner Wohnung von einer Nachbarin putzen und gleichzeitig alle Gardinen waschen und bügeln. Er verspricht der Nachbarin eine Entlohnung in Höhe von 200 Euro, die er bei der Berufsgenossenschaft als »Pflegeleistung« ersetzt haben möchte.

E. Leistungen der gesetzlichen Unfallversicherung

Gesamtzustand der Hilfsbedürftigkeit	Dem A sind selbstverständlich keine derartigen »Pflegeleistungen« zu erbringen, weil es dafür auf einen Gesamtzustand der Hilfsbedürftigkeit ankommt. Ein Hilfebedarf für einzelne Verrichtungen ist nicht ausreichend. Der Zustand der Pflegebedürftigkeit ist erst dann erreicht, wenn mehrere Einschränkungen bei der Verrichtung alltäglicher Tätigkeiten festzustellen sind. Dieser Zustand wird auch nicht vom Versicherten selbst, sondern von dazu bestellten Ärzten diagnostiziert.
Vorrangigkeit häuslicher Krankenpflege	Die häusliche Krankenpflege wird von den Trägern der Unfallversicherung aus Kostengründen der Unterbringung in Pflegeeinrichtungen vorgezogen. Damit werden z.B. hohe Pflegesätze in Krankenhäusern umgangen. Sie wird aber auch deswegen bevorzugt, weil im Kreise der Familie größere Heilungserfolge zu verzeichnen sind. § 32 Abs. 1 SGB VII sieht deswegen häusliche Pflege auch dann vor, wenn dadurch eine Krankenhausbehandlung abgekürzt werden kann. Diese wird von Pflegekräften erbracht, die der Unfallversicherungsträger beauftragt, da dieser meistens nicht selbst über Pflegepersonal verfügt.
Zumutbarkeitsklausel	Nach § 32 Abs. 3 SGB VII wird häusliche Krankenpflege jedoch nur dann gewährt, wenn es einer im Haushalt des Versicherten lebenden Person nicht zuzumuten ist, die Krankenpflege zu erbringen.

Beispiel:
A erleidet einen Arbeitsunfall, aufgrund dessen er im Krankenhaus stationär behandelt wird. Um die Verweildauer dort abzukürzen, schlägt die Berufsgenossenschaft vor, die Behandlung in häuslicher Pflege fortzusetzen. Die Verletzung erfordert häusliche Pflegeleistungen und so beantragt A eine häusliche Pflegekraft, die ihm nicht gewährt wird, da A mit seiner Freundin zusammenlebe. A beruft sich auf eine Ungleichbehandlung, da einerseits seine Freundin zu Pflegeleistungen herangezogen werden könne, diese aber andererseits keine Leistungen aus der Hinterbliebenenversorgung der gesetzlichen Unfallversicherung erhalten würde.

Die Berufsgenossenschaft kann tatsächlich darauf bestehen, dass die Freundin des A Pflegeleistungen erbringt, wenn diese dazu körperlich und von ihren Kenntnissen[183] her in der Lage ist. Auf den Verwandtschaftsgrad kommt es dabei nicht an. Das Gesetz sieht nur vor, dass die Pflegeperson im Haushalt lebt. Dazu ist erforderlich, dass sie nicht nur vorübergehend in die häusliche Gemeinschaft aufgenommen wurde[184]. Es ist aber dem häuslichen Lebenspartner unzumutbar, wegen zu erbringender Pflegeleistungen seine Berufstätigkeit einschränken zu müssen[185]. Lehnt die im Haushalt lebende Person trotz der festgestellten Zumutbarkeit die Erbringung der Pflegeleistung im häuslichen Bereich ab, so verliert der Versicherte den Anspruch auf diese Leistung vollständig.

§ 44 SGB VII sieht weitere Pflegeleistungen, insbesondere auch in Pflegeheimen vor. Diese Leistungen, die z.B. auch in Pflegegeld bestehen können, werden jedoch im Gegensatz zu denen des § 32 SGB VII nur bei dauerhafter Pflegebedürftigkeit erbracht. Die Feststellung dieser Pflegebedürftigkeit orientiert sich an den Kriterien, die § 14 SGB XI (Pflegeversicherung) vorsieht. Hier wird anhand eines »Verrichtungskataloges« überprüft, ob der Versicherte in der Lage ist, einen nicht unerheblichen Teil dieser Verrichtungen selbst vorzunehmen oder nicht. Wichtig ist in diesem Zusammenhang, dass auch eine psychische Hilflosigkeit anerkannt wird, die vorliegt, wenn psychische Veränderungen eine so weitgehende Antriebsschwäche verursachen, dass der Verletzte die ihm verbliebenen Körperkräfte ohne regelmäßige Anregung von außen nicht steuern oder einsetzen kann[186].

Weitere Pflegeleistungen

f) Stationäre Behandlung in Krankenhäusern und Rehabilitationseinrichtungen

Nach § 33 SGB VII kann die Behandlung, wenn erforderlich, auch stationär erfolgen. Die Unterbringung erfolgt dabei in

Stationäre Behandlung

---

183 einer entsprechenden Ausbildung hierzu bedarf es nicht – BSG vom 26.3.1980, BSGE 50, 73
184 BSG SozR 3-2200 § 185b Nr. 1
185 BSGE SozR 2200 § 185b Nr. 1
186 Bereiter-Hahn/Mertens, § 44 SGB VII Rn. 6.1

E. Leistungen der gesetzlichen Unfallversicherung

Krankenhäusern, gegebenenfalls in Berufsgenossenschaftlichen Unfallkliniken. Der Verletzte wird in »normalen« Klassen untergebracht, eine höhere Klasse muss er selbst zuzahlen.

Beispiel:
A hat sich wegen einer langjährigen Tätigkeit auf Baustellen schwerwiegende Abnutzungserscheinungen an beiden Kniegelenken zugezogen, die von der Berufsgenossenschaft als Berufskrankheit anerkannt worden sind. A erhält deswegen eine Berufsunfähigkeitsrente und wird von einem Spezialisten ambulant behandelt. Dieser schlägt nun vor, A in eine Fachklinik einzuweisen, um dessen Kniebeschwerden durch Ersetzung der Kniegelenke operativ zu lindern. A lehnt das ab, weil er »grundsätzlich keine Krankenhäuser betrete«, was dazu führt, dass ihm die Berufsgenossenschaft androht, ihm mangels Mitwirkung keine Leistungen mehr zu erbringen. A wendet ein, niemand könne ihn zu einer Operation zwingen und die Berufsgenossenschaft müsse trotzdem leisten, dafür habe ja sein Chef Beiträge bezahlt.

Verweigert der Verletzte eine stationäre Behandlung, so kann der Unfallversicherungsträger diese tatsächlich nicht erzwingen, sondern allenfalls nach §§ 63 und 65 SGB I die Leistungserbringung wegen fehlender Mitwirkung insgesamt einstellen, was aber tatsächlich der Erzwingung einer stationären Behandlung gleichkommt.

g) In diesem Zusammenhang: Die Mitwirkungspflichten nach §§ 60 ff. SGB I

Mitwirkungspflichten der Versicherten

Die Mitwirkungspflichten, die die §§ 60 ff. SGB I für die Bezieher von Sozialleistungen regeln, umfassen z.B.

➢ Angaben von Tatsachen durch den Versicherten (§ 60),
➢ persönliches Erscheinen des Versicherten beim Versicherungsträger oder bei von diesem benannten Stellen (§ 61),
➢ Untersuchungen (§ 62),
➢ Heilbehandlungen (§ 63) und
➢ berufsfördernde Maßnahmen (§ 64)[187].

---

187 genauer dazu Schwede, Die Pflicht der Mitwirkung, SozSich 1998, 349

II. Leistungen nach dem Schadensfall

Kommt der Sozialleistungsberechtigte diesen Mitwirkungspflichten nicht nach, so kann der Versicherungsträger nach § 66 SGB I die Leistung verweigern, so wie es die Berufsgenossenschaft dem A im o.g. Beispiel angedroht hat.

Die Mitwirkungspflichten haben jedoch auch ihre Grenzen. § 65 SGB I regelt, wann die Mitwirkung des Versicherten unangemessen ist und deswegen die Leistungen nicht zurückbehalten werden dürfen. Nach § 65 Abs. 2 Nr. 3 SGB I können »Behandlungen und Untersuchungen, die einen erheblichen Eingriff in die körperliche Unversehrtheit bedeuten«, abgelehnt werden. Zudem können nach § 65 Abs. 2 Nr. 2 SGB I auch Behandlungen abgelehnt werden, die mit erheblichen Schmerzen verbunden sind. A könnte sich auf diese Ablehnungsgründe berufen, wobei eine Anerkennung im Ermessen der zuständigen Berufsgenossenschaft liegt. Es ist davon auszugehen, dass eine Operation, wenn sie nicht gerade lebenserhaltende Funktion hat, als ablehnbarer Eingriff in die körperliche Unversehrtheit angesehen werden kann[188]. A muss den Weigerungsgrund nachweisen; eine grundsätzliche Ablehnung, wie sie im Beispiel vorliegt, genügt nicht[189].

Grenzen der Mitwirkungspflichten

> **Praxistipp:**
>
> Werden Sozialleistungen wegen mangelnder Mitwirkung zurückbehalten, so müssen diese ohne ein erneutes Anerkennungsverfahren wieder erbracht werden, wenn die Mitwirkungshandlung nachgeholt wird. Für den Zeitraum der mangelnden Mitwirkung werden diese Leistungen jedoch nicht rückwirkend erbracht.

---

[188] KassKomm-Seewald, § 65 SGB I Rn. 27 ff.
[189] BSG vom 10.11.1977, BSGE 45, 119

E. Leistungen der gesetzlichen Unfallversicherung

2. Rehabilitationsleistungen

Wiedereingliedernde Leistungen

§§ 35 ff. SGB VII sehen eine Vielzahl wiedereingliedernder Leistungen (Rehabilitationsleistungen) vor. Differenziert wird zwischen Leistungen zur berufsfördernden und solche zur sozialen Rehabilitation.

Mit der Neuregelung des Schwerbehindertenrechts und dessen Überführung in das SGB IX, haben sich die Rehabilitationsleistungen verstärkt an den dort in den §§ 33 ff. geregelten Leistungen zu orientieren. Nach der Neuregelung sind die berufsfördernden Rehabilitationsleistungen nun »Leistungen zur Teilhabe am Arbeitsleben« und die sozialen Rehabilitationsleistungen »Leistungen zur Teilhabe am Leben in der Gemeinschaft«.

a) Leistungen zur Teilhabe am Arbeitsleben

Berufsfördernde Rehabilitation

§ 35 SGB VII umfasst unter Bezugnahme auf die entsprechenden Vorschriften des SGB IX folgende Leistungen:

- Leistungen zur Erhaltung oder Erlangung eines Arbeitsplatzes,
- Berufsvorbereitung einschließlich gegebenenfalls erforderlicher Grundausbildung,
- berufliche Anpassung, Fortbildung, Ausbildung und Umschulung,
- Hilfen zu angemessener Schulausbildung einschließlich der Vorbereitung geistiger oder körperlicher Fähigkeiten vor Beginn der Schulpflicht und
- Arbeits- und Berufsförderung im Eingangsverfahren und im Arbeitstrainingsbereich anerkannter Werkstätten für Behinderte.

Erbringung auch an den Arbeitgeber

Sind Leistungen erforderlich, um

- eine dauerhafte berufliche Eingliederung,
- eine befristete Probebeschäftigung oder
- eine Ausbildung oder Umschulung im Betrieb

II. Leistungen nach dem Schadensfall

zu ermöglichen, so können diese Leistungen auch an den Arbeitgeber erbracht werden (§ 34 SGB IX).

Ist zur Erbringung von Rehabilitationsleistungen eine auswärtige Unterbringung erforderlich, so übernimmt die Berufsgenossenschaft nach § 53 Abs. 1 SGB IX die Kosten für Unterbringung und Verpflegung.

Kosten auswärtiger Unterbringung

b) Leistungen zur Teilhabe am Leben in der Gemeinschaft und ergänzende Leistungen

Diese ehemals als »soziale Rehabilitationsleistungen« bezeichneten Leistungen umfassen u.a.:

Leistungen der sozialen Rehabilitation

➢ Kraftfahrzeughilfe (§ 40 SGB VII: Leistungen zur Beschaffung des Kraftfahrzeugs, behinderungsbedingte Zusatzausstattungen und erforderliche Ausbildung[190]);

➢ Wohnungshilfe (§ 41 SGB VII: Behindertengerechte Anpassung des Wohnraums);

➢ Haushaltshilfe (§ 42 SGB VII) und

➢ Ersatz von Reisekosten (§ 43 SGB VII: Kosten, die zur Durchführung der Heilbehandlung und der beruflichen Rehabilitation erforderlich sind).

Derartige Hilfeleistungen, wie z.B. die Haushaltshilfe, werden nur für den Zeitraum der tatsächlichen Inanspruchnahme gewährt, nicht dagegen grundsätzlich ab Eintritt des Arbeitsunfalls.

Beispiel:
A erleidet im Dezember 2001 einen Arbeitsunfall, der dazu führt, dass er ab Februar 2002 eine Rehabilitationsmaßnahme in Anspruch nehmen muss. Er kann eine Haushaltshilfe zur Betreuung seiner Kinder damit auch nur ab Februar 2002 in Anspruch nehmen[191].

---

[190] siehe auch Kraftfahrzeughilfe-Verordnung vom 28.9.1987, BGBl. 1987 Teil I S. 2251; sehr eingehende Kommentierung dazu von Niesel in KassKomm, § 16 SGB VI

[191] nach einer Entscheidung des BSG vom 1.7.1997, NZS 1998,134

E. Leistungen der gesetzlichen Unfallversicherung

3. Verletztengeld

a) Grundsätzliches

Lohnersatzfunktion

Der Verletzte erhält nach § 45 SGB VII Verletzengeld, während er aufgrund des erlittenen Arbeitsunfalls arbeitsunfähig ist. Dieses Verletzengeld hat, wie das Krankengeld der gesetzlichen Krankenversicherung, eine Lohnersatzfunktion. Das bedeutet auch, dass es nur dann gewährt wird, wenn und solange der Verletzte kein Arbeitsentgelt bezieht.

Entgeltfortzahlung an erster Stelle

Für das Verletzengeld gelten die Regelungen des Krankengeldes insoweit, als auch im Falle einer durch einen Arbeitsunfall bedingten Erkrankung der Arbeitnehmer erst einmal Anspruch auf Entgeltfortzahlung nach dem Entgeltfortzahlungsgesetz (EFZG) hat.

Dauer der Entgeltfortzahlung

Im Falle einer durch Arbeitsunfähigkeitsbescheinigung festgestellten Arbeitsunfähigkeit (siehe dazu unten b.) erhält ein Arbeitnehmer nach § 3 EFZG für 6 Wochen »Lohnfortzahlung« (im Amtsdeutsch »Entgeltfortzahlung«) im Krankheitsfall vom Arbeitgeber. Erst, wenn dieser Anspruch erschöpft ist, tritt die Berufsgenossenschaft mit der Leistung des Verletztengeldes ein. Wird ein Arbeitnehmer innerhalb eines Zeitraumes von 12 Monaten wegen derselben Krankheit erneut arbeitsunfähig »krankgeschrieben« oder liegen zwei Erkrankungen aufgrund derselben Ursache nur sechs Monate auseinander, so werden diese Krankheitszeiten solange addiert, bis sechs Wochen erreicht sind (§ 3 Abs. 1 Nr. 1 und 2 EFZG).

Beispiel:
Arbeitnehmer A erleidet innerhalb einer Frist von einem Jahr die unterschiedlichen Krankheiten K1, K2 und K3, wie im Schema auf S. 167 dargestellt.

Insgesamt ist A

- ➢ wegen K 1 drei Wochen,
- ➢ wegen K 2 eine Woche und
- ➢ wegen K 3 sieben Wochen

II. Leistungen nach dem Schadensfall

arbeitsunfähig krank. Alles in allem war er 11 Wochen krank. Die Entgeltfortzahlung bezieht sich jedoch auf die jeweilige Krankheit, d.h.
➢ für K1 und K2 tritt der Arbeitgeber für drei Wochen mit der Entgeltfortzahlung ein,
➢ für K3 muss er sechs Wochen zahlen, die siebte Woche übernimmt der zuständige Versicherungsträger (Krankengeld durch die gesetzliche Krankenversicherung oder Verletztengeld von der Berufsgenossenschaft).

»Krankheitszeiten«

Zeitraum: 1 Jahr

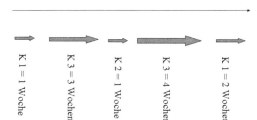

K1 = 1 Woche   K3 = 3 Wochen   K2 = 1 Woche   K3 = 4 Wochen   K1 = 2 Wochen

Vor allem leitende Angestellte haben oftmals Klauseln in ihren Arbeitsverträgen, nach denen der Arbeitgeber für einen Zeitraum von drei bis sechs Monaten den Differenzbetrag zwischen Kranken- oder Verletztengeld und dem üblichen Nettolohn als freiwillige zusätzliche Leistung weiter zahlt. Diese Zahlungen können vom Versicherungsträger nicht auf die Leistung von Kranken- oder Verletztengeld angerechnet werden, da sie keine »Lohnzahlungen« im Gesetzessinne sind und deswegen auch nicht gegen das Prinzip der Lohnersatzleistung verstoßen.

Besonderheit bei leitenden Angestellten

Beispiel:
Der bereits seit 8 Wochen aufgrund eines Arbeitsunfalls erkrankte A verdient netto 2.500 Euro. Das Verletztengeld be-

E. Leistungen der gesetzlichen Unfallversicherung

trägt 70 % des Nettolohns, also 1.750 Euro. Aufgrund einer entsprechenden Klausel in seinem Anstellungsvertrag erhält A als freiwillige Leistung seines Arbeitgebers den Differenzbetrag von 750 Euro für weitere 3 Monate zusätzlich. Dieses Geld kann von der Berufsgenossenschaft nicht auf die Verletztengeldzahlung in dem Sinne angerechnet werden, dass sie in Höhe von 750 Euro von ihrer Leistung befreit wäre, dem A also nur noch 1.000 Euro zahlen müsste.

Nach Ablauf der sechs Wochen der Entgeltfortzahlung erhält der Verletzte das Verletztengeld, das ebenfalls von der Krankenkasse berechnet und ausgezahlt wird. Diese erhält Leistungserstattungen von der gesetzlichen Unfallversicherung.

Ende des Verletztengeldes	Das Verletztengeld endet, wenn der Betroffene wieder arbeitsfähig ist, eine Verletztenrente (siehe unten 5.) oder eine Rente aus der gesetzlichen Rentenversicherung erhält. Das Verletztengeld ruht, wenn der Verletzte Leistungen der Bundesanstalt für Arbeit z.B. Arbeitslosengeld oder Schlechtwettergeld (siehe dazu aber auch unten d)) bezieht.
Ausschließlichkeit	Das Verletztengeld ist eine ausschließliche Leistung. Das bedeutet, dass daneben kein Krankengeld aus der gesetzlichen Krankenversicherung in Anspruch genommen werden kann[192].
Übergangsgeld	An die Heilbehandlung kann sich oftmals auch eine Rehabilitationsmaßnahme (siehe unten 4.) anschließen, für die der Verletzte dann das Übergangsgeld erhält. Schließt sich die Berufshilfemaßnahme nicht unmittelbar an die Heilbehandlung an, so wird das Verletztengeld nach § 45 Abs. 2 Satz 2 SGB VII bis zum Beginn dieser Maßnahme weiter gewährt. Das ist jedoch dann nicht der Fall, wenn der Verletzte die Gründe zu vertreten hat, die den direkten Anschluss der Berufshilfemaßnahme unmöglich machen.

Beispiel:
A lebt nach einem Arbeitsunfall im Rollstuhl. Nach einer arbeitsunfallbedingten Krankenhausbehandlung, soll er an einer

---

192 BSG vom 28.6.2002, Az.: B 1 KR 13/01 R

II. Leistungen nach dem Schadensfall

Rehabilitationsmaßnahme teilnehmen. Da in dem vorgesehenen Rehabilitationszentrum derzeit kein Platz frei ist, kann A in der Zwischenzeit zu Hause auf einen freien Platz warten und erhält für diesen Wartezeitraum Verletztengeldleistungen. Tritt A die sich direkt anschließende Reha-Maßnahme nicht an, weil z.B. das Rehabilitationszentrum zu weit von seinem Heimatort entfernt ist und er deswegen Heimweh befürchtet, muss der Unfallversicherungsträger für die Wartezeit auf einen anderen Rehaplatz kein Verletztengeld zahlen.

b) In diesem Zusammenhang: Der Begriff der Arbeitsunfähigkeit

Voraussetzung für die Leistung des Verletztengeldes ist, dass der Arbeitnehmer arbeitsunfähig ist. Für den Begriff der **Arbeitsunfähigkeit** in der gesetzlichen Unfallversicherung wird die Definition zugrunde gelegt, die auch in der gesetzlichen Krankenversicherung Anwendung findet. Danach ist, unter Einbeziehung der Rechtsprechung des BSG[193], arbeitsunfähig, »wer seine zuletzt ausgeübte Erwerbstätigkeit oder eine gleichgeartete Tätigkeit nicht mehr oder nur auf die Gefahr hin, seinen Zustand zu verschlimmern, verrichten kann«. So weit ist die Definition klar, umstritten ist lediglich der Begriff der »gleichgearteten Tätigkeit«. Denn diese Einschränkung bedeutet ja, dass dem Arbeitnehmer gegebenenfalls eine andere Tätigkeit zugewiesen werden kann. Das BSG hat früher deswegen auch von einer »ähnlich gearteten« Tätigkeit gesprochen[194].

Arbeitsunfähigkeit

Beispiel:
A arbeitet bei einem Automobilhersteller in der Produktion am Band. Er verletzt sich dabei schwer an der linken Hand, die er für seine Tätigkeit benötigt. Vom Durchgangsarzt wird A deswegen behandelt und bis auf weiteres krankgeschrieben. Als A seinem Vorgesetzten diesen Umstand mitteilt und ihm die Arbeitsunfähigkeitsbescheinigung vorlegt, meint dieser, das wäre alles doch gar kein Problem. Pförtner B sei gerade im Urlaub. Für diese Tätigkeit brauche A seine linke Hand ja nicht. Er solle deswegen umgehend dort seinen Dienst fortsetzen und zwar

»Ähnlich geartete« Tätigkeit

---

193 z.B. BSG vom 15.11.1984, BSGE 57, 227
194 z.B. BSG vom 16.12.1981, BSGE 53, 22

E. Leistungen der gesetzlichen Unfallversicherung

so lange, bis die linke Hand wieder in Ordnung sei oder B aus dem Urlaub zurückkehrt. Muss A dieser Aufforderung Folge leisten?

Hier steht die Verweisbarkeit auf eine »ähnlich geartete« Tätigkeit in Frage. Das BSG hat mit dem oben geschilderten Wechsel der Rechtsprechung auf den Begriff der »gleichgearteten Tätigkeit« deutlich gemacht, dass eine zeitweilige Versetzung auf eine andere Tätigkeit wirklich nur dann als Umgehung von Arbeitsunfähigkeit dienen kann, wenn diese Tätigkeit mit der vorher ausgeübten vergleichbar ist. Die Vergleichbarkeit orientiert sich an verschiedenen, tatsächlich bestimmbaren Merkmalen, wie einer möglichen Tätigkeitsbeschreibung, einer tariflichen Eingruppierung u.ä. Eine Verweisbarkeit auf andere Tätigkeiten wird deswegen vom BSG in der Praxis regelmäßig erst dann bejaht, wenn das letzte Arbeitsverhältnis bereits beendet war[195]. In diesem Fall sei eine tatsächlich vergleichbare Tätigkeit nicht mehr feststellbar und so dem Arbeitnehmer auch eine andere, möglicherweise nicht seinem Ausbildungs- und Kenntnisstand entsprechende Tätigkeit zumutbar. A muss also den Posten des Pförtners nicht übernehmen.

| Zulässigkeit | Wichtig ist auch, dass die Verweisung auf eine andere Tätigkeit nur dann überhaupt zulässig ist, wenn dadurch der Heilungsprozess nicht behindert wird und dass sie ausgeschlossen ist, wenn gar eine Verschlimmerung der Erkrankung droht. |

c) Höhe des Verletztengeldes

| Wie hoch ist das Verletztengeld? | Für die Höhe des Verletztengeldes gelten die **Grundsätze des Krankenversicherungsrechts**[196]. Das Kranken- (und damit Verletzten-)geld beträgt 70 % des regelmäßig erzielten Arbeitsentgelts. Jedoch gibt es im Unfallversicherungsrecht eine wichtige Besonderheit. |

---

195 BSG vom 9.12.1986, BSGE 61,66
196 § 47 Abs. 1 SGB VII verweist auf § 47 Abs. 1,2 und 5 SGB V

II. Leistungen nach dem Schadensfall

Beispiel:
A ist Abteilungsleiter bei B. Das Unternehmen stellt chemische Produkte her. Während er auf dem Werksgelände auf dem Weg zu einer Besprechung ist, wird er von dem unaufmerksamen Staplerfahrer S überfahren und schwer verletzt. A ist nun bereits sechs Wochen krank und erhält ab der 7. Woche Verletztengeld. Er möchte wissen, wie hoch dieses ausfallen wird. Derzeit erhält A ein Bruttomonatsgehalt von 5.000 Euro.

Würde A Krankengeld aus der Gesetzlichen Krankenversicherung beziehen, würde bei der Berechnung des Krankengeldes der Verdienst des A zugrunde gelegt, soweit er nicht die »Beitragsbemessungsgrenze« übersteigt. Diese beträgt im Jahre 2002 in der gesetzlichen Krankenversicherung 40.500 Euro im Jahr oder 3.375 Euro im Monat. »Beitragsbemessungsgrenze« bedeutet, dass das Gehalt des A zur Berechnung seiner Beiträge zur Krankenversicherung auch nur in dieser Höhe zugrunde gelegt wird.

Beitragsbemessungsgrenze

»Beitragsbemessungsgrenze«

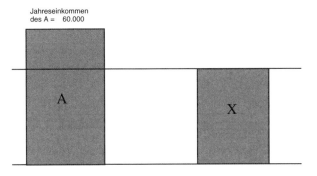

Beiträge und Leistungen beziehen sich nur auf die Beitragsbemessungsgrenze, das höhere Einkommen des A bleibt unberücksichtigt.
Krankenkassenbeitrag A: 14 % von 40.500 = 5.670
Krankenkassenbeitrag X: 14 % von 40.500 = 5.670
Krankengeld A: 70 % von 3.375 = 2.362,50/Monat
Krankengeld X: 70 % von 3.375 = 2.362,50/Monat

Die Differenz von der Beitragsbemessungsgrenze bis zum Jahresgehalt des A bleibt bei der Beitragsberechnung unberücksichtigt. Dieses »Mehr« an Verdienst wird jedoch auch bei der Berechnung der Lohnersatzleistungen, also des Kranken- oder Verletztengeldes, nicht mit einbezogen.

E. Leistungen der gesetzlichen Unfallversicherung

Beitragsbemessungsgrenze durch Satzung

In der gesetzlichen Unfallversicherung ist vorgesehen, dass diese Beitragsbemessungsgrenze kraft Satzung der jeweiligen Berufsgenossenschaft überschritten werden kann (§ 85 Abs. 2 SGB VII). Von dieser Möglichkeit haben alle Berufsgenossenschaften, wie auch die Träger der unechten Unfallversicherung (wie z.B. die Gemeindeunfallkassen) Gebrauch gemacht und durch Satzung festgelegt, welche »Höchstjahresverdienstgrenzen« gelten. Diese Grenzen sind bei der Berechnung des Verletztengeldes zu berücksichtigen. Ab 1.1.2002 gelten folgende Werte[197]:

Bergbau-BG	62.400
BG der Gas-, Fernwärme- und Wasserwirtschaft	84.000
Norddeutsche Metall-BG	72.000
BG der chemischen Industrie	74.400
Verwaltungs-BG	84.000
BG für Gesundheitsdienst und Wohlfahrtspflege	72.000

Praxistipp:

Die jeweils gültigen Höchstjahresverdienstgrößen kann man bei der zuständigen Berufsgenossenschaft erfragen.

A ist im o.g. Beispiel im Bereich der chemischen Industrie tätig. Bei der Höchstjahresverdienstgrenze von 74.400 Euro wird sein gesamtes Bruttojahresgehalt für die Berechnung des Verletztengeldes zugrunde gelegt. A erhält damit ein Verletztengeld in Höhe von 3.500 Euro im Monat (= 70 % von 5.000 Euro).

d) Leistungen an Arbeitslose

Verletztengeld für Arbeitslose

Auch Arbeitslose sind gesetzlich unfallversichert, wenn sie ihren Meldepflichten nachkommen (siehe oben S. 28 ff.).

---

[197] Auszug aus Bereiter-Hahn/ Mertens, Gesetzliche Unfallversicherung, C001

II. Leistungen nach dem Schadensfall

Erleiden sie dabei einen so schwerwiegenden Arbeitsunfall, dass sie Verletztengeld beziehen müssen, so berechnet sich die Höhe nach § 47 Abs. 2 SGB VII i.V.m. § 126 Abs. 1 bis 3 SGB III. Da bereits das Arbeitslosengeld nur einen Bruchteil des Bruttolohns abdeckt, wird das Verletztengeld (wie auch das Krankengeld) in voller Höhe der Bezüge des Arbeitslosengeldes oder der jeweiligen Leistung der Bundesanstalt für Arbeit gewährt.

4. Übergangsgeld

Während der Rehabilitationsmaßnahmen erhält der Verletzte Übergangsgeld nach § 49 SGB VII, wenn | Voraussetzungen des Übergangsgeldes

➢ er arbeitsunfähig ist (siehe dazu oben S. 169 f.) oder
➢ er wegen einer Teilnahme an der Maßnahme gehindert ist, einer vollzeitigen Erwerbstätigkeit nachzugehen.

Das Übergangsgeld wird wie das Verletztengeld berechnet. Es beträgt 68 % des Bruttolohns in den üblichen Fällen und 75 %, wenn der Verletzte mindestens ein Kind hat oder sein Ehegatte einer Berufstätigkeit nicht nachgehen kann, weil er selbst pflegebedürftig ist oder den Verletzten pflegt. | Berechnung

In den Fällen, in denen der Verletzte | Pauschale Berechnung

➢ noch nie ein Einkommen erzielt hat,
➢ der letzte Tag der Erwerbsfähigkeit zu Beginn der Rehabilitationsmaßnahme mehr als drei Jahre zurückliegt oder
➢ es unbillig hart wäre, das letzte Arbeitseinkommen zugrunde zu legen,

wird das Übergangsgeld pauschal berechnet. Dabei wird das tarifliche Gehalt oder, wenn es kein Tarifgehalt gibt, das ortsübliche Gehalt, zugrunde gelegt. Davon erhält der Verletzte dann 65 %.

Eine unbillige Härte bei der Zugrundelegung des letzten Arbeitseinkommens ist z.B. dann anzunehmen, wenn der | Unbillige Härte

E. Leistungen der gesetzlichen Unfallversicherung

Verletzte gerade eine Berufsausbildung absolviert oder beendet hat. In diesem Falle wäre für die Zeit der Berufshilfe die – oftmals recht kärgliche – Ausbildungsvergütung zugrunde zu legen. In diesem Fall kommt es zu einer pauschalen Berechnung.

Anrechnung anderer Einkünfte

Andere Einkünfte, die der Verletzte bezieht, werden auf das Übergangsgeld nach § 52 SGB VII angerechnet.

Längere und kürzere Gewährung des Übergangsgeldes

Kann der Verletzte an einer Maßnahme der Berufshilfe aus gesundheitlichen Gründen nicht mehr teilnehmen, so wird das Übergangsgeld nach § 50 Abs. 2 SGB VII für weitere sechs Wochen gewährt. Dieser Zeitraum ist entsprechend um die Zeit kürzer, die die Maßnahme vorher beendet wird.

Beispiel:
A nimmt im Rahmen der Berufshilfe an einer Fortbildung zum EDV-Fachmann teil, da er aufgrund eines schweren Arbeitsunfalles an den Rollstuhl gefesselt ist und seinen ursprünglichen Beruf als Elektriker in einem großen Unternehmen nicht mehr ausüben kann. A hat noch Probleme mit dem Leben im Rollstuhl und wird wegen starker Depressionen aus dem Kurs herausgenommen.

Er erhält dann das Übergangsgeld, wenn der Kurs noch mindestens weitere sechs Wochen dauert, für weitere sechs Wochen und z.B. nur mehr für vier Wochen, wenn der Kurs auch nur noch vier Wochen gedauert hätte.

Wenn der Verletzte nach der Berufshilfemaßnahme arbeitslos ist, sich beim Arbeitsamt arbeitslos gemeldet hat und so der beruflichen Eingliederung zur Verfügung steht, wird ihm weitere sechs Wochen Übergangsgeld gewährt. Dieses beträgt bei denjenigen, die vorher 75 % erhalten haben, 67 %, bei allen anderen 60 % des letzten Bruttolohns.

II. Leistungen nach dem Schadensfall

5. Verletztenrente

a) Grundsätzliches

Die Gewährung einer Verletztenrente ist ebenfalls von der Erfüllung bestimmter Voraussetzungen abhängig. Nach den Vorschriften der §§ 56 ff. SGB VII ist es erforderlich, dass

> Voraussetzungen für die Verletztenrente

- eine Minderung der Erwerbsfähigkeit vorliegt,
- die von gewisser Dauer sein muss.

Die Verletztenrente soll einen Ausgleich dafür schaffen, dass der Verletzte aufgrund der verletzungsbedingten Folgen nicht mehr oder nur noch eingeschränkt am Erwerbsleben teilnehmen kann. Deswegen werden zwei Arten von Renten gewährt, und zwar

> Zweck und Arten

- die Vollrente, die 2/3 des bisherigen Jahresarbeitsverdienstes ausmacht (§ 56 Abs. 3 Satz 1 SGB VII) und
- die Teilrente, die in der Höhe gewährt wird, die dem Grad der Minderung der Erwerbsfähigkeit entspricht (§ 56 Abs. 3 Satz 2 SGB VII).

Die Berechnung des Jahresarbeitsverdienstes richtet sich nach den Vorschriften der §§ 81 ff. SGB VII. Grundsätzlich zählt dazu der Gesamtbetrag aller Arbeitseinkünfte der letzten zwölf Monate vor dem Unfall. Bei Jugendlichen und Auszubildenden wird, wie bei der Berechnung des Verletztengeldes, eine pauschale Berechnung für die Zeit nach der Ausbildung vorgenommen (z.B. nach dem Tarifgehalt, siehe S. 173).

> Berechnung des Jahresarbeitsverdienstes

Die Rente ist so lange zu gewähren, wie der Verletzte einen entsprechenden Grad der Minderung der Erwerbsfähigkeit nachweisen kann.

Die Rente kann sich durch eine »Schwerverletztenzulage« nach § 57 SGB VII um 10 % erhöhen.

Bei Pflege in einem Heim, die länger als einen Monat dauert, wird die Rente nach § 60 SGB VII gemindert und zwar maximal um die Hälfte dieser Rente, wobei persönliche Bedürfnisse und Verhältnisse einzubeziehen sind.

> Minderung der Rente

E. Leistungen der gesetzlichen Unfallversicherung

Erhöhung der Rente	§ 58 SGB VII sieht schließlich noch die Möglichkeit vor, die Rente in Fällen von Arbeitslosigkeit zu erhöhen. Hier wird geprüft, ob die Rente gemeinsam mit dem Arbeitslosengeld oder der Arbeitslosenhilfe die Höhe des Übergangsgeldes erreicht (siehe S. 173) und die Rente dann gegebenenfalls um den Unterschiedsbetrag erhöht.

b) Voraussetzungen der Verletztenrente, insbesondere der Begriff der »Minderung der Erwerbsfähigkeit«

Voraussetzungen	Hält die zu entschädigende Minderung der Erwerbsfähigkeit über die 26. Woche nach dem Arbeitsunfall hinaus an, so ist eine Verletztenrente zu gewähren.
»Minderung der Erwerbsfähigkeit«	Problematisch ist in der Praxis der Begriff der »Minderung der Erwerbsfähigkeit« der nicht mit der »Arbeitsunfähigkeit« (siehe S. 169 f.) verwechselt werden darf. Der wesentliche Unterschied liegt in der Möglichkeit der Verweisbarkeit auf andere Berufe. Grundsätzlich ist jemand erwerbsfähig, wenn er sich durch Arbeit einen Erwerb verschaffen kann. Die Minderung dieser Erwerbsfähigkeit wird festgestellt, indem man die Erwerbsmöglichkeiten des Verletzten vor dem Unfall mit denjenigen nach dem Unfall vergleicht und feststellt, welche ihm davon verblieben sind. Dabei kommt es nicht auf die konkrete Tätigkeit des Verletzten vor dem Unfall an, sondern auf den gesamten Bereich des Erwerbslebens, den »allgemeinen Arbeitsmarkt«. Für die Zeit vor dem Unfall wird dabei bei einem gesunden Arbeitnehmer immer von einer uneingeschränkten Erwerbsfähigkeit i.H.v. 100 % ausgegangen. Für die Zeit nach dem Unfall muss nun festgestellt werden, in welchem Grad der Verletzte noch am Erwerbsleben teilnehmen kann.
Verweis auf gleichwertige Tätigkeiten	Hier wird die Problematik der »Verweisbarkeit« akut. Wie oben (siehe S. 169 f.) festgestellt wurde, kann bei einer Arbeitsunfähigkeit, die zur Krankschreibung führt, nur auf gleichwertige Tätigkeiten verwiesen werden (man denke an den Fall mit dem Bandarbeiter, der als Pförtner tätig sein sollte, siehe S. 169 f.). Bei Feststellung der Minderung der Erwerbsfähigkeit kann der Verletzte grundsätzlich auf jede

II. Leistungen nach dem Schadensfall

andere Tätigkeit verwiesen werden, die dem Verletzten nach seinen körperlichen, geistigen, seelischen und beruflichen Fähigkeiten zumutbar ist.

Die Möglichkeit der Verweisung auf den »allgemeinen Arbeitsmarkt« unabhängig von der Vortätigkeit ist damit sehr weit. Weder der Gesetzgeber noch die Rechtsprechung nehmen darauf Rücksicht, ob auf diesem Arbeitsmarkt auch eine entsprechende Stelle zu bekommen ist. Es ist auch darauf zu achten, dass die Grundsätze, die das BSG bei der Erwerbsunfähigkeitsrente aus der gesetzlichen Rentenversicherung entwickelt hat[198], wonach bei der Verweisung bestimmte Stufen einzuhalten sind, im Recht der gesetzlichen Unfallversicherung nicht gelten.

Beispiel:
A ist als Facharbeiter in einem Automobilkonzern am Band beschäftigt. Aufgrund seiner großen Erfahrung und einer Vielzahl von Fortbildungsmaßnahmen ist er als Gruppenleiter (Vorarbeiter) tätig. Er erleidet nun einen Arbeitsunfall, der es verhindert, ihn weiterhin in seiner bisherigen Tätigkeit zu beschäftigen. Soll ihm nun nach dem Recht der gesetzlichen Rentenversicherung (SGB VI) ein Verweisungsberuf in seiner bisherigen Branche zugewiesen werden, so wird man ihn »nach unten« nur auf eine Facharbeiterposition ohne Leitungsfunktion und nach oben lediglich auf die nächste Leitungsebene verweisen können. In der gesetzlichen Unfallversicherung werden solche Einschränkungen nicht vorgenommen. Hier ist alleine von Bedeutung, wie A überhaupt noch tätig werden kann.

Damit stehen die äußeren Umstände fest, nach denen die Minderung der Erwerbsfähigkeit zu bemessen ist. Nun muss geprüft werden, wie die erlittene Verletzung die Erwerbsfähigkeit einschränkt. Dieses Verfahren ist kompliziert, wenn auch schematisiert. Aus dem Schema folgt, dass für bestimmte Verletzungen (z.B. fehlende Gliedmaßnahmen oder Organe) bestimmte Minderungssätze anzuerkennen sind. Nichtsdestotrotz muss jeder Fall nach den tatsächlichen Bedingungen und den persönlichen Verhältnissen des Ver-

Maß der Einschränkung

---

198 siehe hierzu den Ratgeber von Kreikebohm u.a., Rentenratgeber, 2. Auflage, Bund-Verlag Frankfurt 1999

letzten beurteilt werden. Da es sich bei der Feststellung des Grades der Minderung der Erwerbsfähigkeit um eine Ermessensentscheidung handelt, wäre eine rein schematische Festlegung ein rechtswidriger Ermessensfehlgebrauch: In der Rechtsprechung ist anerkannt, dass die Beschränkung auf ein Schema bei einer Ermessensentscheidung ohne die Einbeziehung aller zudem relevanten Umstände keine ausreichende Ermessensausübung ist.

Beispiel:
A verliert bei einem Arbeitsunfall drei Finger der rechten Hand. Die zuständige Berufsgenossenschaft stellt eine Minderung der Erwerbsfähigkeit in Höhe von 30 % fest. A erkundigt sich beim Sachbearbeiter, auf Grund welcher Kriterien diese Feststellung erfolgt ist. Der Sachbearbeiter teilt ihm nur kurz mit, dass auf Grund eines im Hause verwendeten Bewertungsschemas grundsätzlich eine Minderung der Erwerbsfähigkeit von 30 % beim Fehlen von drei Fingern angenommen wird.

Diese Entscheidung ist – unabhängig von ihrer fachlichen Richtigkeit – rechtlich angreifbar, da keine ordnungsgemäße Ermessensentscheidung erfolgt ist. Der Sachbearbeiter hätte z.B. in seine Entscheidung einbeziehen müssen, ob A Rechts- oder Linkshänder ist, welche Finger fehlen, ob es sich um ganze Finger oder Fingerglieder handelt usw.

Faktisch bedeutet das, dass ein ärztliches Gutachten zur Feststellung des Grades der Minderung der Erwerbsfähigkeit immer auch Ausführungen und damit Untersuchungen zu den Lebensumständen des Verletzten enthalten muss und bei dem geringsten Verdacht auch psychische und seelische Beeinträchtigungen durch den Unfall, wie z.B. Angstzustände, Gefühle der Minderwertigkeit durch eine Behinderung usw., einzubeziehen sind.

Stufen der Minderung der Erwerbsfähigkeit

Die Grade der Minderung der Erwerbsfähigkeit erstrecken sich, in der Regel abgestuft nach 10 %-Schritten, von 0 bis 100 %. Eine vollständige Erwerbsunfähigkeit mit der Folge einer Vollrente erfordert deswegen schwerwiegende Einschränkungen, so z.B. eine vollständige Erblindung, und wird nicht anerkannt, wenn – auch nur geringfügige – Erwerbsmöglichkeiten verbleiben.

II. Leistungen nach dem Schadensfall

Beispiel[199]:
A hat über Jahre hinweg als Sekretärin gearbeitet. Aufgrund eines schweren Autounfalls auf dem Weg zur Arbeit ist sie vielfältig behindert und kann ihre Wohnung kaum noch verlassen. Da sie aber an ihrem PC noch arbeiten kann, wenn auch nur wenige Stunden am Tag, wird keine vollständige Minderung der Erwerbsfähigkeit angenommen. Dabei kommt es nicht darauf an, ob der A auch eine entsprechende Stelle vermittelt werden könnte.

Dieses Ergebnis klingt vordergründig »ungerecht«. Es ist aber zu bedenken, dass die Verletztenrente der gesetzlichen Unfallversicherung eine »Entschädigungsrente« für die erlittene Verletzung oder Erkrankung darstellt. Die zum Vergleich oftmals herangezogene Rente der gesetzlichen Rentenversicherung wegen verminderter Erwerbsfähigkeit hat dagegen die Aufgabe, den Versicherten sozial abzusichern und ihm ein Leben in Würde zu gewährleisten.

Problematisch ist auch der Fall des Zusammentreffens mehrerer Minderungen der Erwerbsfähigkeit. Die Teilrente wird nach § 56 Abs. 1 SGB VII erst geleistet, wenn die Erwerbsfähigkeit mindestens um 1/5, also um 20 % gemindert ist. Treffen mehrere Minderungen der Erwerbsfähigkeit zusammen, kann daraufhin eine Gesamtminderung der Erwerbsfähigkeit berechnet werden, die sich aber nicht durch Addition der einzelnen Grade der Minderung der Erwerbsfähigkeit ergibt, sondern durch eine vollständig neue Gesamtuntersuchung, in der auch ermittelt wird, wie sich die einzelnen Erkrankungen gegenseitig beeinflussen.

Zusammentreffen mehrerer Minderungen

Beispiel:
A verliert während der Arbeit an einer Maschine seinen rechten kleinen Finger. Hier wird üblicherweise eine Minderung der Erwerbsfähigkeit von 0 % angenommen. Verliert er nun bei einem späteren Arbeitsunfall auch den Mittelfinger der rechten Hand, was üblicherweise eine Minderung der Erwerbsfähigkeit von 10 % mit sich bringt, wird nicht einfach addiert (0 + 10 = 10), sondern es wird der Gesamtschaden festgestellt, der durch den gemeinsamen Verlust beider Finger entsteht, hier üblicherweise 20 %.

---

199 in Anlehnung an BSG vom 29.6.1962, BSGE 17, 160

E. Leistungen der gesetzlichen Unfallversicherung

Beispiele Es würde den Rahmen sprengen, hier auf weitere Einzelheiten einzugehen. Abschließend werden deshalb beispielhaft einige Sätze der Minderung der Erwerbsfähigkeit genannt[200]:

Blindheit auf einem Auge	25 %
Blindheit auf beiden Augen	100 %
Verlust des Geruchssinns	10 %
Kehlkopfverlust	50 %
Bronchitis	10–60 % (je nach Erscheinungsbild und Beschwerden)
Lungen-Tbc	20–100 % (abhängig davon, ob aktiv oder inaktiv)
Magengeschwür	30–40 %
Milzverlust	10 %
Verlust einer Niere	20 % (wenn die andere vollkommen funktionsfähig ist, bei Funktionsstörungen auch der anderen Niere 30–100 %)
unvollständige Querschnittslähmung mit Teillähmung der Beine und Störung der Blasen- und Darmfunktion	60–80 %
Verlust eines Armes im Schultergelenk	70 %
Verlust des Unterschenkels im Knie	60 %

Selbstverständlich geht es bei der Rentengewährung nicht ausschließlich um die Folgen eines Arbeitsunfalles. Es sei nochmals ausdrücklich darauf hingewiesen, dass auch und gerade Berufskrankheiten derartige Leistungen nach sich ziehen können.

---

200 KassKomm-Ricke, § 56 SGB VII Rn. 42 ff.

II. Leistungen nach dem Schadensfall

6. Sterbegeld

Nach § 63 Abs. 1 SGB VII ist an die Hinterbliebenen des Opfers eines Arbeitsunfalls und der in § 63 Abs. 2 SGB VII aufgezählten Berufskrankheiten (z.B. Silikose) ein Sterbegeld zu zahlen. Daneben können auch die Überführungskosten geltend gemacht werden.

Sterbegeld und Überführungskosten

Das Sterbegeld beträgt nach § 64 SGB VII ein Siebtel der im Zeitpunkt des Todes geltenden Bezugsgröße. Die Bezugsgröße ist in § 18 SGB IV geregelt und ist ein allgemeiner Maßstab, der durch das Durchschnittsentgelt in der Gesetzlichen Rentenversicherung bestimmt, jährlich an die Einkommensentwicklung angepasst und für verschiedene Leistungen der gesetzlichen Sozialversicherung zugrunde gelegt wird. Derzeit (Berechnung gilt für das Jahr 2002) beträgt danach das Sterbegeld in den alten Bundesländern 4.020 Euro und in den neuen Bundesländern 3.360 Euro. Das Sterbegeld wird nur an denjenigen ausgezahlt, der für die Bestattungskosten aufzukommen hat. Die Höhe der Bestattungs- und Überführungskosten muss nicht nachgewiesen werden, da eine Beschränkung der Erstattung des Sterbegeldes auf die konkret angefallenen Bestattungskosten im neuen Recht nicht mehr vorgenommen wird. Diese sind nur noch nachzuweisen, wenn umstritten ist, wer für die Ausgaben tatsächlich aufgekommen ist.

Berechnung

Daneben kann das Sterbegeld der gesetzlichen Krankenversicherung nach § 58 SGB V in Anspruch genommen werden. Dieses wird nach den Einsparungen durch die Gesundheitsreform nur noch an diejenigen (bzw. deren Hinterbliebene) ausgezahlt, die bereits am 1.1.1989 in der gesetzlichen Krankenkasse versichert waren. Es beträgt pauschal 1.050 Euro.

Sterbegeld der gesetzlichen Krankenversicherung

7. Renten an Hinterbliebene

Neben dem Sterbegeld ist die wichtigste Leistung an Hinterbliebene die Hinterbliebenenrente. Sie ist in den §§ 65 ff. SGB VII geregelt.

E. Leistungen der gesetzlichen Unfallversicherung

a) Grundsätzliches

Voraussetzungen

Witwen oder Witwer erhalten bis zu ihrem Tod oder ihrer Wiederverheiratung (zur damit verbundenen Abfindung siehe unten S. 189 f.) eine Hinterbliebenenrente, wenn der Verletzte bei einem Arbeitsunfall verstorben oder einer Berufskrankheit erlegen ist. Dieser Anspruch besteht auch für Waisen (§ 67 SGB VII) und für Verwandte aufsteigender Linie (§ 69 SGB VII).

Elternrente

Die Elternrente wird gewährt, wenn der Tote lediglich Verwandte der aufsteigenden Linie hinterlässt, die er ohne den Arbeitsunfall von seinem Verdienst wesentlich unterhalten hätte.

»Frühere Ehefrau«

Der Kreis der Leistungsberechtigten wird erweitert um die »frühere Ehefrau« (§ 66 SGB VII). Wurde die Ehe geschieden, aufgehoben oder für nichtig erklärt und hat der Verletzte bis zu seinem Arbeitsunfall Unterhalt geleistet, so ist ebenfalls eine Rente zu gewähren. Maßgeblich ist die Unterhaltsleistung im letzten Jahr vor Eintritt des Arbeitsunfalls. Hat der Verstorbene vor seinem Tod an mehrere Berechtigte Unterhalt geleistet, so wird die Rente gesplittet und zwar im Verhältnis der Dauer der Ehen mit dem Verletzten.

Versorgungsehe

Eine Einschränkung erfährt die Hinterbliebenenrente im Falle des § 65 Abs. 6 SGB VII. Danach ist keine Rente zu gewähren, wenn lediglich eine Versorgungsehe vorlag. Für das Vorliegen einer Versorgungsehe gibt es eine gesetzliche Vermutung, d.h. liegen bestimmte Umstände vor, so geht der Versicherungsträger davon aus, dass keine Leistungen zu erbringen sind, wenn nicht das Gegenteil geltend gemacht wird. Eine Versorgungsehe wird angenommen,

➢ wenn die Ehe erst nach dem Arbeitsunfall geschlossen wurde und

➢ der Verletzte innerhalb des ersten Jahres der Ehe verstirbt.

Ist die Annahme nicht gerechtfertigt, dass der alleinige oder überwiegende Zweck der Heirat derjenige war, dem

Hinterbliebenen eine Versorgung zu verschaffen, so liegt keine Versorgungsehe vor. Der Unfallversicherungsträger muss diese Umstände von Amts wegen prüfen; die Beweislast für die Gründe der Eheschließung liegt beim Anspruchsteller. Folgende Indizien sprechen beispielsweise gegen eine Versorgungsabsicht, wobei es auf die Motive beider Ehegatten ankommt:

➢ Die tödliche Folge des Versicherungsfalles war nicht vorhersehbar (z.B. wenn eine Berufskrankheit vorlag).
➢ Es kann der Nachweis erbracht werden, dass feste Heiratsabsichten bereits vor dem Versicherungsfall vorlagen.
➢ Eine Heirat erfolgt aus Vereinsamungsangst.

Die Rentenzahlung bei Hinterbliebenenrenten ist begrenzt auf die Zeit bis zum Tod oder zur Wiederverheiratung des Hinterbliebenen. Wird die erneute Ehe des wiederverheirateten Ehegatten aufgelöst, z.B. durch Scheidung, lebt der Rentenanspruch erneut auf (zur möglichen Rückzahlung einer Abfindung in diesem Fall siehe unten S. 189). | Grenze der Rentenzahlung

b) Höhe der Rente

Für die Höhe der Rente unterscheidet man zwischen der »kleinen« und der »großen« Witwen- und Witwerrente. Die Unterscheidung wird am Lebensalter des Hinterbliebenen festgemacht. Die Grenze ist das 45. Lebensjahr. Hat der Berechtigte dieses 45. Lebensjahr erreicht, so erhält er die große Witwen- und Witwerrente. | »Kleine«/»große« Witwen- und Witwerrente

Die kleine Witwen- und Witwerrente wird seit dem 1.1.2002 an die Berechtigten nur noch über einen Zeitraum von 2 Jahren geleistet. Das wird damit begründet, dass Menschen, die jünger als 45 Jahre sind, jung genug sind, selbst wieder für ihren Lebensunterhalt zu sorgen. Für Versicherungsfälle vor dem 1.1.2002 gilt das alte Recht weiter, so dass hier eine Beschränkung auf 2 Jahre nicht stattfindet. Wichtig ist, dass der Hinterbliebene mit Erreichen des Lebensalters von 45 Jahren trotzdem den Anspruch auf die große Witwen- und Witwerrente behält. | Dauer der Zahlung

E. Leistungen der gesetzlichen Unfallversicherung

Beispiel:
A kommt bei einem Arbeitsunfall ums Leben. Er hinterlässt eine 39-jährige Ehefrau. Diese hat nun einen Anspruch auf die kleine Witwenrente für den Zeitraum von 2 Jahren und ab Erreichen des 45. Lebensjahres einen Anspruch auf die große Witwenrente. Damit entsteht für den Zeitraum zwischen dem 41. und dem 45. Lebensjahr eine Versorgungslücke, die die Ehefrau nach dem Willen des Gesetzgebers selbst zu überbrücken hat.

| Rentenhöhe |

Grundsätzlich beträgt die Witwen- und Witwerrente 30 % (kleine) des Jahresarbeitsverdienstes des Verstorbenen. Sie wird auf 40 % erhöht (große), wenn der Berechtigte

➢ berufs- oder erwerbsunfähig im Sinne des gesetzlichen Rentenrechts (SGB VI) ist,

➢ das 45. Lebensjahr vollendet hat oder

➢ mindestens ein waisenrentenberechtigtes Kind erzieht oder für ein Kind sorgt, das keine Waisenrente mehr erhält, trotzdem aber noch pflegebedürftig ist.

Für die Fälle der Berufs- oder Erwerbsunfähigkeit des Hinterbliebenen oder dessen Erziehungsverpflichtung für ein waisenrentenberechtigtes oder pflegebedürftiges Kind gilt die zeitliche Beschränkung der kleinen Witwen- und Witwerrente nicht.

| Anrechnung eigenen Einkommens |

Auf die Rente wird eigenes Einkommen des Hinterbliebenen angerechnet, das monatlich das 26,4-fache des aktuellen Rentenwerts übersteigt.

Der aktuelle Rentenwert wird nach § 68 SGB VI festgelegt und beträgt im Jahr 2002 25,31406 Euro (in den neuen Bundesländern 22,06224 Euro). Damit ist im Jahre 2002 Einkommen des Berechtigten anzurechnen, wenn es mehr als 668,29 Euro im Monat beträgt (alte Bundesländer).

Diesen Freibetrag gibt es auch bei Waisenrenten (alte Bundesländer 2002: 445,53 Euro, neue Bundesländer: 388,30 Euro). Außerdem erhöht sich der Freibetrag des Hinterbliebenen um 141,76 Euro (alte Bundesländer; in den neuen Bundesländern 123,55 Euro) um jedes waisenrentenberechtigte Kind des Hinterbliebenen.

II. Leistungen nach dem Schadensfall

Beispiel:
Der tödlich verunglückte A hinterlässt seine 39-jährige Frau mit zwei waisenrentenberechtigten Kindern. Er hatte einen Jahresarbeitsverdienst in Höhe von 35.000 Euro. Seine Frau verdient monatlich 1.200 Euro. Die Hinterbliebenenrente berechnet sich wie folgt:

Jahresarbeitsverdienst des A	35.000
davon 40 %	14.000
monatliche Witwenrente (1)	1.166,67
Einkommen der Witwe (monatlich)	1.200
abzüglich eigener Freibetrag	668,29
abzüglich zwei Freibeträge für ihre Kinder zu je 141,76	283,52
verbleibendes anrechnungsfähiges Einkommen	248,19
tatsächliche Anrechnung (40 %) nach § 65 Abs. 3 SGB VII (2)	99,28
monatlicher Auszahlungsbetrag der Witwenrente (1)	1.166,67
abzüglich Anrechnungsbetrag (2)	99,28
tatsächliche Auszahlung	1.067,39

Um die erste Zeit nach dem Todesfall zu überbrücken, erhalten die Berechtigten in den ersten drei Monaten nach dem Todesfall eine Vollrente im Sinne des § 56 Abs. 2 SGB VII. Diese beträgt 2/3 des Jahresarbeitsverdienstes des Verstorbenen. Auf diese Rente erfolgt keine Anrechnung des eigenen Einkommens der Hinterbliebenen. Für o.g. Beispiel bedeutet dies, dass die Ehefrau in den ersten drei Monaten eine Witwenrente in Höhe von 1.950 Euro erhält.

Rentenhöhe nach dem Todesfall

Die **Waisenrente** beträgt bis zur Vollendung des 18. Lebensjahres (bei längerer Ausbildung oder körperlicher oder geistiger Behinderung bis zum 27. Lebensjahr, wobei eine weitere Verlängerung durch Unterbrechung wegen Wehr- oder Zivildienst möglich ist) 30 % des Jahresarbeitsverdienstes für eine Vollwaise und 20 % für eine Halbwaise, § 68 SGB VII. In seltenen Fällen ist es möglich, dass dem Kind mehrere Renten aus der gesetzlichen Unfallversicherung zu gewähren sind. Dann erhält es jeweils nur die höchste Ren-

Höhe der Waisenrente

E. Leistungen der gesetzlichen Unfallversicherung

te, bei gleich hohen Renten diejenige des am weitesten zurückliegenden Arbeitsunfalls.

Verwandte aufsteigender Linie

Die Rente an Verwandte aufsteigender Linie beträgt 30 % des Jahresarbeitsverdienstes für ein Elternpaar und 20 % für einen Elternteil.

c) Witwen- oder Witwerbeihilfe, Waisenbeihilfe, laufende Beihilfe

Der Schwerverletzte, der aus der gesetzlichen Unfallversicherung eine Verletztenrente bezieht, kann natürlich auch aufgrund von Umständen versterben, die mit dem Unfall oder der Berufskrankheit nicht in Zusammenhang stehen. Dann haben Hinterbliebene keinen Anspruch auf Hinterbliebenenrente, sondern auf Witwen- oder Witwerbeihilfe nach § 71 SGB VII, die in Höhe von 40 % des Jahresarbeitsverdienstes als Einmalleistung gewährt wird. Das gilt auch für Waisen, die mit dem Verstorbenen in einem Haushalt gelebt haben und bei denen zur Zeit des Todes eine Witwe oder ein Witwer nicht mehr vorhanden war.

Laufende Beihilfe

§ 71 Abs. 4 SGB VII sieht die Möglichkeit einer laufenden Beihilfe vor, die gewährt wird, wenn ein Verletzter

➤ länger als 10 Jahre eine Rente wegen einer Minderung der Erwerbsfähigkeit von 80–100 % bezogen hat,

➤ nicht an den Folgen des Unfalls verstorben ist und

➤ ein Härtefall vorliegt.

In diesen Fällen kann anstelle der einmaligen Beihilfe an Witwen, Witwer oder Waisen eine laufende Beihilfe gezahlt werden. Ein Härtefall ergibt sich in der Regel daraus, dass der Verletzte gerade wegen seiner Minderung der Erwerbsfähigkeit für seine Altersversorgung bzw. die der Hinterbliebenen nicht mehr ausreichend sorgen konnte und so der Hinterbliebene nicht unerhebliche Einkommenseinbußen hinnehmen muss. Hier gibt es keine Schematisierung, vielmehr sind immer die wirtschaftlichen Umstände des Einzelfalles zu prüfen. Die Gewährung der laufenden Beihilfe ist damit eine Entscheidung, die im Ermessen des Versicherungsträgers liegt.

8. Abfindung von Rentenleistungen

Die Rentenleistungen der gesetzlichen Unfallversicherung können nach den Vorschriften der §§ 75 ff. SGB VII mit einmaligen Kapitalleistungen abgefunden werden. Hier gibt es verschiedene Modelle.

Gesetzliche Grundlagen der Abfindung

a) Abfindung für vorläufige Rente

Nach § 75 SGB VII kann der Träger der gesetzlichen Unfallversicherung im Falle einer absehbar vorläufigen Rente, weil z.B. der Verletzte wieder in das Berufsleben eingegliedert werden kann, wenn sich sein Leiden bessert, dem Rentenempfänger eine einmalige Gesamtvergütung in Höhe der zu erwartenden Rentenzahlungen auszahlen. Das soll dazu beitragen, dass sich der Empfänger gar nicht erst an die Rente gewöhnt und damit unter Umständen dem Arbeitsmarkt nicht mehr zur Verfügung steht. Diese Entscheidung kann der Unfallversicherungsträger von sich aus treffen. Es handelt sich dabei um eine Ermessensentscheidung, deren Ausgang oftmals recht unsicher ist, da schon die Frage der Vorläufigkeit der Rente zweifelhaft sein kann. Auf alle Fälle muss absehbar sein, dass die Minderung der Erwerbsfähigkeit vor dem Ablauf von drei Jahren unter den rentenberechtigten Grund sinken wird[201]. Der Verletzte kann deswegen die Entscheidung des Versicherungsträgers, ihm die Rente abzufinden, mit einem Widerspruch angreifen. Sinnvoller ist es aber, statt dessen einen Weiterzahlungsantrag nach § 75 Satz 2 SGB VII zu stellen, da die Mehrzahl der entsprechenden Widersprüche in der Praxis in einen solchen umgedeutet werden.

Absehbar vorläufige Rente

b) Abfindung für kleine Dauerrenten

Ist die Erwerbsfähigkeit dauerhaft um weniger als 40 % gemindert, kann die zu gewährende Dauerrente mit einer einmaligen Kapitalabfindung nach § 76 SGB VII abgefunden werden. Die Berechnung der Kapitalabfindung ergibt sich aus

Kleine Dauerrente

---

201 Petri u.a., § 75 SGB VII Rn. 1

E. Leistungen der gesetzlichen Unfallversicherung

einer eigens dafür erlassenen Verordnung[202]. Die Kapitalisierung[203] muss der Rentenempfänger beantragen. Verschlimmern sich die Verletzungsfolgen nachträglich, so ist dann wieder eine Verletztenrente möglich, § 76 Abs. 3 SGB VII.

Beispiel:
A hat bei einem Arbeitsunfall eine Minderung der Erwerbsfähigkeit von 25 % erlitten. Die ihm zu gewährende Rente wird nach § 76 SGB VII auf Antrag des A hin kapitalisiert. Nach vier Jahren tritt eine organisch bedingte Leidensverschlimmerung ein, die die Minderung der Erwerbsfähigkeit auf insgesamt 45 % ansteigen lässt. A bekommt nun eine zusätzliche Rente in Höhe von 20 %, da die Kapitalisierung angerechnet wird.

Bei Schwerverletzten (Minderung der Erwerbsfähigkeit über 50 %, § 57 SGB VII) lebt die Rente nach § 77 SGB VII dagegen in vollem Umfange wieder auf. Dies muss ebenfalls beantragt werden. Hier erfolgt nur eine Anrechnung in Höhe der bereits abgelaufenen Rente. Erhöht sich z.B. in dem o.g. Beispiel die Minderung der Erwerbsfähigkeit auf 85 %, so ist dem A ab dem Zeitpunkt der Antragstellung die volle Rente zu gewähren, lediglich gemindert durch die bereits kapitalisierten vorvergangenen Zeiträume, also um vier Jahre. Bei der Anrechnung dürfen Kapitalisierungen nur insoweit berücksichtigt werden, als sich die Rente dadurch nicht auf weniger als 50 % des Zahlbetrages mindern darf.

Beispiel:
A ist eine Dauerrente wegen einer Minderung der Erwerbsfähigkeit um 25 % zugesprochen worden. Diese wurde kapitalisiert. Aufgrund einer extremen Leidensverschlimmerung wird bei A nach Ablauf von sechs Jahren eine Minderung der Erwerbsfähigkeit von 90 % festgestellt. Er erhält nun eine Dauerrente in Höhe von 1.400 Euro, die sich bei Anrechnung der erfolgten Kapitalisierung für die vergangenen sechs Jahre auf 650 Euro mindern würde. Dann darf die Anrechnung nur bis zu einer Höhe der Rente von 700 Euro erfolgen.

---

202 Verordnung über die Berechnung des Kapitalwertes bei Abfindung von Leistungen aus der gesetzlichen Unfallversicherung vom 17.8.1965, BGBl. (1965) I, S. 894 i.d.F. vom 7.8.1996, BGBl. (1996) I, S. 1314

203 »Kapitalisierung« bedeutet die einmalige Abfindung anstelle der Rentenleistung.

II. Leistungen nach dem Schadensfall

c) Abfindung bei Minderung der Erwerbsfähigkeit ab 40 %

Diese Renten können auf Antrag des Versicherten durch einen Geldbetrag abgefunden werden. Die Abfindung nach § 78 SGB VII ist nur dann zulässig, wenn der Versicherte das 18. Lebensjahr vollendet hat und nicht davon ausgegangen werden kann, dass innerhalb des Abfindungszeitraumes die Minderung der Erwerbsfähigkeit wesentlich sinkt.

Minderung der Erwerbsfähigkeit ab 40 %

d) Abfindung bei Wiederverheiratung

Der Hinterbliebene hat den Anspruch auf Hinterbliebenenrente bis zu seinem Tod oder bis zur Wiederverheiratung. Im Falle der Wiederverheiratung erfolgt ebenfalls eine Abfindung. Nach § 80 SGB VII beträgt diese den 24-fachen Monatsbetrag der Rente.

Wiederverheiratung

Da, wie oben festgestellt wurde, die Rente wieder aufleben kann, wenn die nachfolgende Ehe wieder aufgelöst wird, sieht § 80 SGB VII eine Anrechnung der Abfindung auf die dann erneut zu gewährende Rente in Höhe von 1/24 der Abfindungssumme vor und zwar nach folgendem, recht kompliziertem Schema:

Wiederaufleben der Rente

»Wiederverheiratung«

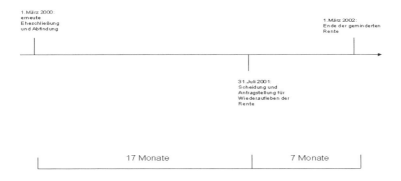

E. Leistungen der gesetzlichen Unfallversicherung

Minderung der wieder auflebenden Rente	Die wieder auflebende Rente wird um die bereits erhaltene Abfindung gemindert, soweit die Abfindung für den Zeitraum gewährt wurde, in dem die Rente wieder auflebt. Damit wird eine Doppelbelastung des Unfallversicherungsträgers bei Leistung von Rente und Abfindung für den gleichen Zeitraum verhindert. Bei der Bestimmung der angemessenen Teilbeträge muss der Unfallversicherungsträger sein Interesse an der vollständigen Tilgung des Betrages gegen das Interesse des Rentenberechtigten, vor einer unangemessenen Belastung durch die Kürzung geschützt zu werden, abwägen.

Beispiel:
Am 1.3.2000 erhält die hinterbliebene H eine Wiederverheiratungsabfindung von der Berufsgenossenschaft ihres verstorbenen Mannes in Höhe von 24.000 Euro (= 1.000 Euro Rente x 24). Am 31.7.2001 wird H rechtskräftig von ihrem zweiten Mann geschieden. Die Rente lebt bei ordnungsgemäßer Antragstellung ab 1.8.2001 in Höhe von 1.000 Euro pro Monat wieder auf. H war 17 Monate verheiratet und muss sich nun die Abfindung für die verbliebenen sieben Monate anrechnen lassen (7.000 Euro), die in gleichen Teilen von den ab 1.8.2001 zu zahlenden Rentenleistungen einbehalten wird.

Nach der ab 01.01.2002 geltenden Neuregelung bei den Hinterbliebenenrenten werden bereits bezogene Rententeile auf die Abfindung angerechnet.

Beispiel:
Die hinterbliebene Ehefrau E hat seit dem 1.2.2002 einen Anspruch auf eine »kleine« Witwenrente. Am 1.10.2002 heiratet sie erneut und lässt sich ihre – nach dem neuen Recht sowieso auf 24 Monate begrenzte – Hinterbliebenenrente abfinden. Auf diese Abfindung wird der Rentenbezugszeitraum Februar bis September (8 Monate) angerechnet, so dass E eine Kapitalisierung für 16 Monate erhält.

F. Betriebs- und Personalräte

Arbeitsschutz ist ein Thema, das alle im Betrieb betrifft, da nur so – aus einem Verständnis dafür, dass ein sicherer Arbeitsplatz allen nützt – die Sicherheit am Arbeitsplatz zu einer Selbstverständlichkeit werden kann. Gerade auch Betriebs- und Personalratsgremien sind gefordert, wenn es darum geht, Arbeitsunfälle zu verhüten oder die Folgen bzw. Konsequenzen solcher Unfälle für die Verbesserung der Unternehmensabläufe zu untersuchen. Sie können in Unternehmen auch einen Beitrag dazu leisten, Berufskrankheiten zu verhindern.

Dem Betriebsrat wird oft mehr Vertrauen entgegen gebracht, als anderen im Betrieb für den Arbeitsschutz Verantwortlichen. Er hat zudem oft die erforderliche Nähe zum Arbeitsplatz und Einblick in Probleme, die unbeteiligten Dritten kaum auffallen würden. Andererseits ist das Thema Arbeitsschutz auch ein Thema, mit dem sich Betriebsräte bei Ihren Kollegen (und Wählern!) durchaus profilieren können.

Größerer Praxisbezug von Betriebs- und Personalräten

Dem Betriebsrat fallen klar durch das Gesetz geregelte Aufgaben zu (siehe unten I.), die jedoch große Spielräume für eigene Initiativen bieten. Unterstützung für seine Tätigkeit kann sich der Betriebsrat bei der zuständigen Gewerkschaft, aber auch bei den Berufsgenossenschaften sichern.

Alle nachfolgenden Ausführungen gelten grundsätzlich auch für Personalratsgremien, die einschlägigen Vorschriften dazu finden sich im Bundes-Personalvertretungsgesetz und den einschlägigen Landes-Personalvertretungsgesetzen[204].

---

204 gute Übersicht zum Thema bei Müller, Arbeitsrecht im öffentlichen Dienst, S. 374 ff.

F. Betriebs- und Personalräte

I. Die Rolle des Betriebsrates

Neben die gesetzlich eindeutig geregelten Aufgaben des Betriebsrates im SGB VII treten Aufgaben aus dem Betriebsverfassungsgesetz (§§ 87 Abs.1 Nr. 7, 89 und 91 BetrVG) und dem Arbeitssicherheitsgesetz (§§ 9, 11 ASiG). Zudem können Themen des Arbeits- und Gesundheitsschutzes Gegenstand von freiwilligen Betriebsvereinbarungen nach § 77 BetrVG und damit innerbetrieblicher »Gesetzgebung« sein.

1. Betriebsratsaufgaben nach dem SGB VII

Das SGB VII regelt an drei Stellen ausdrücklich eine Beteiligung des Betriebsrates.

Informationspflichten des Arbeitgebers

Nach § 193 SGB VII muss der Arbeitgeber Unfälle, die zu einer mehr als dreitägigen Arbeitsunfähigkeit oder zum Tode führen, der Berufsgenossenschaft melden. Er muss dazu ein Meldeformular verwenden, das ihm von der Berufsgenossenschaft zur Verfügung gestellt wird. Dieses sieht vor, dass die Meldung vom Betriebsrat gegenzuzeichnen ist. Der Betriebsrat muss also von diesen Unfällen ebenfalls in Kenntnis gesetzt werden. Diese Verpflichtung ergibt sich im Übrigen auch aus § 89 Abs. 5 BetrVG. Dem Betriebsrat eröffnen sich mit dieser Kenntnis viele Möglichkeiten. Selbstverständlich muss eine Dokumentation solcher Unfälle auch durch den Betriebsrat erfolgen, um auffällige Häufungen bemerken und dieses Wissen auch unter präventiven Gesichtspunkten einsetzen zu können. Unfallursachen und -folgen sollten ebenfalls aufgezeichnet werden.

> **Praxistipp:**
>
> Verfügt der Betriebsrat über eine eigenständige Publikationsmöglichkeit im Haus (schwarzes Brett, Zeitung, Homepage o.ä.) kann dieses Wissen (natürlich anonymisiert!) zur Vermeidung weiterer Unfälle dieser Art auch publiziert werden.

Nach **§ 20 Abs. 3 SGB VII**[205] sind die »Aufsichtspersonen«[206] zu einer engen Kooperation mit dem Betriebsrat verpflichtet.

Zusammenwirken mit dem Betriebsrat

§ 89 BetrVG regelt korrespondierend hierzu die Verpflichtungen des Arbeitgebers gegenüber dem Betriebsrat im Bereich des Arbeitsschutzes.

Pflichten des Arbeitgebers

In der Praxis bedeutet dieses, dass

Auswirkungen auf die Praxis

- ➢ der Betriebsrat in den Erfahrungsaustausch einzubeziehen ist, wenn es um die Sicherheit an Arbeitsplätzen geht,
- ➢ er bei Betriebsbesichtigungen hinzu zu ziehen ist,
- ➢ ihm Besichtigungsprotokolle zu überlassen sind,
- ➢ Unfallanzeigen an den Betriebsrat weiterzugeben sind, damit er diese gegenzeichnen kann,
- ➢ sich die Aufsichtsperson durch den Betriebsrat über Betriebsabläufe oder Unfallhergänge unterrichten lassen kann,
- ➢ er anzuhören ist, wenn sich der Unternehmer von bestimmten Unfallverhütungsvorschriften befreien lassen will,
- ➢ Mitglieder des Betriebsrates als Praktiker bei der Erarbeitung neuer Sicherheitsvorschriften hinzugezogen werden können und
- ➢ er über Sicherheitsschulungen zu informieren ist.

Diese vielfältigen Möglichkeiten sollte jedes Gremium aktiv nutzen. Hat es der Arbeitgeber übrigens versäumt, der Berufsgenossenschaft zu melden, dass es im Unternehmen einen Betriebsrat gibt (weil dieser sich z.B. erst später konsti-

---

205 und der Verwaltungsvorschrift über das Zusammenwirken der Technischen Aufsichtsbeamten der Träger der Unfallversicherung mit den Betriebsvertretungen vom 21.6.1968, Bundes-Anzeiger Nr. 116 vom 21.6.1968, z.B. abgedruckt bei Böttcher/Kanngießer, Arbeitsschutz-Gesundheitsschutz, Köln 1995
206 siehe hierzu S. 46 ff. und zum Thema insgesamt Schwede, Aufsichtspersonen, Sicherheitsbeauftragte und Fachkräfte für Arbeitssicherheit, AiB 1998, 664

tuiert hat), so kann auch der Betriebsrat selbst bei der zuständigen Berufsgenossenschaft seine Existenz anzeigen.

Betriebsrat bei Bestellung eines Sicherheitsbeauftragten

§ 22 SGB VII, der Unternehmer mit mehr als 20 Beschäftigten zur Bestellung eines Sicherheitsbeauftragten verpflichtet, gewährt dem Betriebsrat ein Mitwirkungsrecht bei dessen Bestellung.

Der Betriebsrat kann dieser Bestellung aber nicht widersprechen. Das ist allerdings nicht unumstritten[207]. Grundsätzlich ist davon auszugehen, dass der Betriebsrat auf jeden Fall **vor** der Bestellung eingehend zu hören ist und der Arbeitgeber diese Anhörung mit dem Ziel einer Verständigung durchführt.

In vielen Unternehmen haben Arbeitgeber Probleme, einen Sicherheitsbeauftragten zu bestellen, weil es sich hierbei meistens um einen »Titel ohne Mittel« handelt. Der engagierte Betriebsrat hat hier Gestaltungsmöglichkeiten, wenn er den Arbeitgeber bei der Suche unterstützt oder gar eine Vereinbarung treffen kann, wonach dieses wichtige Amt mit einer Zusatzentlohnung attraktiver gestaltet wird (das BSG regt diese als zusätzlichen Anreiz sogar an[208]). Über die Bestellung, eine mögliche zusätzliche Vergütung und die Abberufung des Sicherheitsbeauftragten kann eine freiwillige Betriebsvereinbarung[209] nach § 77 BetrVG abgeschlossen werden.

2. Mitbestimmung nach dem Betriebsverfassungsgesetz

Mitwirkung in der Unfallverhütung

a) Die Mitbestimmung des Betriebsrates im Bereich der Unfallverhütung ist einmal in **§ 87 Abs. 1 Nr. 7 BetrVG** geregelt. Danach findet sie bei Regelungen über die Verhütung von Arbeitsunfällen und Berufskrankheiten sowie über den Gesundheitsschutz im Rahmen der gesetzlichen Vorschriften sowie der Unfallverhütungsvorschriften statt. Der Be-

---

207 siehe zum Meinungsstand D/K/K-Buschmann, § 89 BetrVG Rn. 35
208 BSGE 37, 262
209 Beispiele finden sich in Eichhorn/Steinmann, Handbuch Betriebsvereinbarungen, Bund-Verlag GmbH, 3. Auflage 2002

triebsrat hat danach grundsätzlich mitzubestimmen, wenn der Arbeitgeber verbindliche Arbeits- und Sicherheitsanweisungen erlässt, um Unfallverhütungsvorschriften zu konkretisieren.

Als Rahmenvorschrift kommt auch § 2 Abs. 1 VBG (Allgemeine Vorschriften) in Betracht[210]. Im Rahmen dieser Vorschrift hat der Betriebsrat eine Vielzahl von Möglichkeiten, auch selbst die Initiative zu ergreifen. Er kann

- ➢ Unfallquellen deutlich machen,
- ➢ über Abhilfen gemeinsam mit dem Arbeitgeber nachdenken und
- ➢ gegebenenfalls auch mit der Berufsgenossenschaft gemeinsam mit dem Arbeitgeber tätig werden.

In der Praxis ist z.B. häufig festzustellen, dass zwar die Unfallanzeigen (siehe oben 1.) gesammelt, Konsequenzen hieraus jedoch nicht gezogen werden. Der Betriebsrat sollte jedem Unfall nachgehen und bei Häufungen versuchen, Ursachenforschung zu betreiben.

Im Bereich der Berufskrankheiten werden die Möglichkeiten des Betriebsrats ebenfalls unterschätzt. Ein wichtiges Medium, den betrieblichen Gesundheitsschutz voranzubringen und als Betriebsrat die Initiative zu ergreifen, sind z.B. **Belegschaftsbefragungen**[211]. Sie sind ein gutes Instrument, Befindlichkeiten im Betrieb festzustellen und eine Basis zur Optimierung der Arbeitsbedingungen zu schaffen. Da diese Befragungen allen Beteiligten sehr dienlich sein können, wird der Arbeitgeber in der Regel solche Aktionen unterstützen. Gerade Befragungen zur Optimierung der Arbeitsbedingungen können im positiven Sinne erhebliche Auswirkungen im Bereich des Gesundheitsschutzes am Arbeitsplatz haben.

Belegschaftsbefragungen durch den Betriebsrat

---

210 BAG, Beschluss vom 16.6.1998, AiB-Telegramm 12/98, S. 67
211 siehe hierzu z.B. Satzer, Belegschaftsbefragungen, 2. Auflage, Bund-Verlag Frankfurt 1996

F. Betriebs- und Personalräte

> **Praxistipp:**
>
> Belegschaftsbefragungen sollten gut vorbereitet sein, um den gewünschten Effekt auch erreichen zu können. Sie sind mit einem nicht unerheblichen Aufwand verbunden, der neben der üblichen Arbeitsbelastung (wenn sich nicht freigestellte Mitglieder des Gremiums darum kümmern) zu bewältigen ist. Folgende Aspekte müssen u.a. einbezogen werden:
>
> 1. Gemeinsamkeit: Nur wenn Betriebsrat und Arbeitgeber »an einem Strang ziehen«, ist eine erfolgversprechende Aktion möglich!
> 2. Optimale Vorbereitung des Fragebogens: Zuerst muss das Ziel der Aktion geklärt werden, dann die Fragen, mit denen man dieses Ziel am besten erreichen kann. Möglichst keine »offenen Fragen« verwenden (das sind Fragen, die nicht nur durch Ankreuzen beantwortet werden können), da diese nur schwer und mit hohem Aufwand auszuwerten sind. Fragebögen sollen kurz und verständlich sein!
> 3. Die Aktion wird nur dann erfolgreich, d.h. repräsentativ, wenn eine große Zahl von Mitarbeitern auch teilnimmt – also muss dafür auch geworben werden!
> 4. Über die Ergebnisse der Befragung und die Konsequenzen daraus sollte informiert werden (Schwarzes Brett, Intranet, Betriebszeitung usw.).
> 5. Der Datenschutz muss unbedingt beachtet werden – alle Daten dürfen nur anonymisiert erhoben werden.

Mitwirkung im Arbeitsschutz

b) Wichtig ist auch **§ 89 BetrVG**, der dem Betriebsrat im Bereich des Arbeitsschutzes wichtige Aufgaben und Rechte zuweist. Dessen Abs. 1 regelt ausdrücklich, dass der Betriebsrat vor allem die Träger der gesetzlichen Unfallversicherung durch Anregungen, Beratung und Auskünfte zu unterstützen und sich im Betrieb für die Durchführung der

Vorschriften über den Arbeitsschutz und die Unfallverhütung einzusetzen hat.

Der Arbeitgeber muss den Betriebsrat nicht nur zu Besichtigungen heranziehen, sondern ihn nach § 89 Abs. 2 BetrVG auch umgehend über Auflagen und Anordnungen z.B. der Berufsgenossenschaften informieren. Der Betriebsrat ist zu Sitzungen und Begehungen mit dem Sicherheitsbeauftragten heranzuziehen und ihm sind Protokolldurchschriften solcher Veranstaltungen zu überlassen. Grundsätzlich sind dem Betriebsrat Protokolle immer zur Verfügung zu stellen, wenn diese angefertigt wurden, unabhängig davon, ob eine Pflicht zur Protokollierung bestand.

Pflichten des Arbeitgebers

Mit der erfolgten Neuregelung des § 89 BetrVG durch das Betriebsverfassungs-Reformgesetz[212] wurde der betriebliche Umweltschutz in der betrieblichen Mitbestimmung stärker verankert[213]. Damit ergibt sich eine eigene Zuständigkeit des Betriebsrates für den betrieblichen Umweltschutz, die mit den selben Rechten und Pflichten versehen ist, wie sie im Bereich des Arbeitsschutzes bestehen. Der Gesetzgeber will damit auch hier der Tatsache gerecht werden, dass Betriebsräte durch ihre ständige Nähe zum Arbeitsplatz viel dazu beitragen können, Probleme und Fragestellungen des betrieblichen Umweltschutzes praxisnah zu lösen.

Zuständigkeit im betrieblichen Umweltschutz

> **Praxistipp:**
>
> Die Neuregelung lässt viel Raum für eigene Initiativen, die vom Betriebsrat aufgenommen werden können. Neue Gesetze eröffnen – mangels entsprechender Vorgaben durch Literatur und Rechtsprechung – den Gremien im Rahmen einer an den Unternehmensinteressen ausgerichteten Vorgehensweise viele Spielräume, die u.a. auch dazu führen können, die Arbeitnehmer vermehrt für die Arbeit des Betriebsrates zu interessieren.

---

212 vom 23.7.2001, BGBl. I S. 1852
213 dazu ausführlich D/K/K-Buschmann, § 89 BetrVG Rn. 49-55

F. Betriebs- und Personalräte

Umsetzung von Abhilfemaßnahmen	c) Eine in der Praxis kaum beachtete Vorschrift ist § 91 **BetrVG**, nach der der Arbeitgeber bei Änderungen der Arbeitsplätze oder des Arbeitsablaufes, die gesicherten Kenntnissen über die menschengerechte Gestaltung der Arbeit widersprechen und so den Arbeitnehmer in besonderer Weise belasten, Abhilfemaßnahmen, die der Betriebsrat verlangen kann, umsetzen muss. Die Voraussetzungen dieser Vorschrift sind so vielschichtig, dass sie in der Praxis kaum je zusammentreffen, so dass eine Anwendung höchst selten ist.

3. Aufgaben nach dem Arbeitssicherheitsgesetz (ASiG)

Das Arbeitssicherheitsgesetz vom 12.12.1973 verpflichtet die Unternehmer, Betriebsärzte und Sicherheitsfachkräfte zu bestellen. Aufgrund der BGV A 7 und der BGV A 6 fallen unter diese Verpflichtung jedoch keine Kleinbetriebe, so dass bis heute nur etwa 50 % aller Arbeitnehmer so betreut werden.

Mitbestimmung bei Zusammenarbeit mit Fachkräften	a) § 9 **ASiG** räumt dem Betriebsrat sehr weitgehende Mitbestimmungsrechte bei der Zusammenarbeit mit diesen Fachkräften ein. Sie erstrecken sich über

> eine Verpflichtung zur Zusammenarbeit,
> eine Unterrichtungsverpflichtung des Betriebsrates durch die Fachkräfte bis hin zu
> einem Zustimmungsrecht des Betriebsrates bei der Bestellung und Abberufung dieser Fachkräfte.

Betriebsrat im Arbeitsschutzausschuss	b) In Betrieben mit mehr als 20 Beschäftigten hat der Arbeitgeber nach § 11 ASiG einen Arbeitsschutzausschuss einzuberufen, dem auch zwei Mitglieder des Betriebsrates angehören müssen. Dieser soll vierteljährlich tagen und es ermöglichen, dass an einem »runden Tisch« mit dem Arbeitgeber und den zuständigen Fachkräften Probleme des Arbeitsschutzes diskutiert werden können.

Es ist umstritten, ob der Betriebsrat im Wege eines Beschlussverfahrens den Arbeitgeber dazu zwingen kann, einen Arbeitsschutzausschuss zu bilden. Unter Berufung auf die Durchsetzung einer eigenständigen Rechtsposition des Betriebsrates wurde das vom Landesarbeitsgericht Hessen[214] bejaht, abgelehnt dagegen vom Landesarbeitsgericht Hamm[215]. Es ist indes auf jeden Fall möglich, dass die Einsetzung eines Arbeitsschutzausschusses von der zuständigen Behörde angeordnet wird[216].

Zwangsweise Durchsetzung

II. Zusammenfassung

Der Betriebsrat hat vielfältige Möglichkeiten, im Rahmen gesetzlicher Verpflichtungen, aber auch durch gesetzlich eingeräumte Initiativrechte, im Interesse der Arbeitnehmer die Verhütung von Arbeitsunfällen voranzubringen und die Ursachen für Berufserkrankungen zu bekämpfen.

Psychische Belastungen am Arbeitsplatz (Mobbing usw., siehe auch S. 102, 143 f.) und deren Krankheitsfolgen sind nach wie vor keine Berufskrankheiten. Umso mehr ist es notwendig, dass der Betriebsrat hier engagiert gegen derartige Aktivitäten vorgeht, um so auch auf dieser Ebene für ein »gesundes« Betriebsklima zu sorgen.

Es dürfte auffällig sein, dass es kaum einen Bereich im kollektiven Arbeitsrecht gibt, zu dem derart wenig Rechtsprechung existiert. Arbeitssicherheit und Gesundheitsschutz sind für beide Betriebsparteien derart wichtige Aufgaben, dass ein konstruktives Miteinander nur allen im Unternehmen dienen kann. Trotzdem ist der Betriebsrat als »Wächter der Arbeitnehmerinteressen« natürlich derjenige, der gegebenenfalls die Initiative ergreifen muss, wenn es darum geht, Gefahren für die Gesundheit zu erkennen und Ansätze zu entwickeln, wie man diesen begegnen kann.

---

214 NZA 1997, 114
215 NZA-RR 1996, 213
216 VG Hannover vom 6.10.1995, AuA 1996, 399

G. Träger der gesetzlichen Unfallversicherung

Der »Träger« einer Versicherung ist derjenige, der sie betreibt. Das heißt,

- ➢ an ihn werden die Beiträge geleistet,
- ➢ er verwaltet diese und
- ➢ sorgt im Falle eines Versicherungsfalles für die Leistungen an den Versicherten.

Bei der Frage der Trägerschaft wird der Unterschied zwischen »echter« und »unechter« Unfallversicherung (siehe oben S. 7 f.) deutlich, da sie sich insbesondere hier gravierend unterscheiden. Träger der »echten« Unfallversicherung sind die 35 gewerblichen Berufsgenossenschaften, die der »unechten« Unfallversicherung die Gemeindeunfallversicherungsverbände, Landes- und Feuerwehrunfallkassen und die zu Versicherungsträgern erklärten Gemeinden (so z.B. die Städte Düsseldorf, Köln oder München).

Daneben gibt es als Träger der landwirtschaftlichen Unfallversicherung 21 landwirtschaftliche Berufsgenossenschaften und als Träger der See-Unfallversicherung die See-Berufsgenossenschaft.

I. Gewerbliche Berufsgenossenschaften

1. Rechtsform und Organisation

Die gesetzliche Unfallversicherung[217] wird durch 35 gewerbliche Berufsgenossenschaften gewährleistet, in denen die Unternehmer auf genossenschaftlicher Basis zusammengeschlossen sind. Die Berufsgenossenschaften sind **Körperschaften des öffentlichen Rechts** mit einer eigenen Selbstverwaltung und Organisation. Ihre Eigenschaft als

Berufsgenossenschaft
= Körperschaft des
öffentlichen Rechts

---

217 BGI 506 – »Merkblatt über die gesetzliche Unfallversicherung« (zu beziehen über den Carl Heymanns Verlag)

G. Träger der gesetzlichen Unfallversicherung

Körperschaft öffentlichen Rechts gestattet es ihnen, wie eine Behörde zu handeln, d.h. in der Praxis, dass die Bescheide, die die Berufsgenossenschaft erlässt, wie Verwaltungsakte einer Behörde zu behandeln und gegebenenfalls anzugreifen sind (siehe dazu unter H.).

Paritätische Verwaltung

Interessant ist aber auch, dass – obwohl Mitglieder der Berufsgenossenschaft nur die Unternehmer sind – die Selbstverwaltung nach den §§ 43 ff. SGB IV den Unternehmern und den Versicherten gemeinsam zugestanden wird.

Was bedeutet Selbstverwaltung?

Selbstverwaltung bedeutet, dass die Berufsgenossenschaften die ihnen durch Gesetz übertragenen Aufgaben – unter staatlicher Aufsicht – eigenverantwortlich durchführen. Sie sind jeweils einer Vertreterversammlung verantwortlich, die paritätisch (d.h. gleichberechtigt je zur Hälfte) aus Arbeitgeber- und Arbeitnehmervertretern zusammengesetzt ist. Dort werden Satzungen, der Beitragssatz, wichtige Investitionsentscheidungen der Berufsgenossenschaften u.ä. beschlossen. Die Vertreterversammlung wählt den Vorstand und beruft auch den Hauptgeschäftsführer der jeweiligen Berufsgenossenschaft, der hauptamtlich die laufenden Geschäfte führt.

2. Gliederung der gewerblichen Berufsgenossenschaften und ihre Zuständigkeit

Gliederung nach Berufs- und Gewerbezweigen

Die gewerblichen Berufsgenossenschaften **gliedern sich fachlich nach Berufs- und Gewerbezweigen**. Diese Gliederung hat sich seit der gesetzlichen Begründung des Unfallversicherungsschutzes im Jahre 1884 gehalten und beruht im Wesentlichen auf dem Gedanken, dass eine derartige fachliche Aufteilung ein Höchstmaß an Kompetenz für die verschiedenen Bereiche sichert und auch dem unterschiedlichen Risiko, das die verschiedenen Berufszweige naturgemäß haben, gerecht wird.

I. Gewerbliche Berufsgenossenschaften

Die einzelnen gewerblichen Berufsgenossenschaften[218]:	Berufsgenossenschaften und ihr Hauptsitz
1. Bergbau-BG, Bochum 2. Steinbruch-BG, Hannover-Langenhagen 3. BG der keramischen Glasindustrie, Würzburg 4. BG der Gas-, Fernwärme- und Wasserwirtschaft, Düsseldorf 5. Hütten- und Walzwerks-BG, Düsseldorf 6. Maschinenbau- und Metall-BG, Düsseldorf 7. Norddeutsche Metall-BG, Hannover 8. Süddeutsche Metall-BG, Mainz 9. Edel- und Unedelmetall-BG, Stuttgart 10. BG der Feinmechanik und Elektrotechnik, Köln 11. BG der chemischen Industrie, Heidelberg 12. Holz-BG, München 13. Binnenschifffahrts-BG, Duisburg 14. Papiermacher-BG, Mainz 15. BG Druck und Papierverarbeitung, Wiesbaden 16. Lederindustrie-BG, Mainz 17. Textil- und Bekleidungs-BG, Augsburg 18. BG Nahrungsmittel und Gaststätten, Mannheim 19. Fleischerei-BG, Mainz 20. Zucker-BG, Mainz 21. Bau-BG Hamburg, Hamburg 22. Bau-BG Hannover, Hannover 23. Bau-BG Rheinland und Westfalen, Wuppertal 24. Bau-BG Frankfurt, Frankfurt am Main 25. Südwestliche Bau-BG, Karlsruhe 26. Württembergische Bau-BG, Böblingen 27. Bau-BG Bayern und Sachsen, München 28. Tiefbau-BG, München 29. Großhandels- und Lagerei-BG, Mannheim 30. BG für den Einzelhandel, Bonn 31. Verwaltungs-BG, Hamburg 32. BG der Straßen-, U-Bahnen und Eisenbahnen, Hamburg 33. BG für Fahrzeughaltungen, Hamburg 34. BG für Gesundheitsdienst und Wohlfahrtspflege, Hamburg 35. See-BG, Hamburg	

---

218 Die Adressen finden sich im Internet unter http://www.hvbg.de/d/ftopsets/adressen/bg.htm.

G. Träger der gesetzlichen Unfallversicherung

Zuständigkeit

Nach §§ 121, 122 SGB VII regelt sich die **Zuständigkeit der Berufsgenossenschaft** für den einzelnen Unternehmer nach »Art und Gegenstand« des Unternehmens. Um möglichst kein Unternehmen aus dem Schutz der Versicherungsleistungen und damit aus der Pflichtmitgliedschaft herausfallen zu lassen, ist der Unternehmensbegriff bereits im Gesetz (§ 136 Abs. 3 Nr. 1 SGB VII) sehr weit gefasst.

Wer ist Unternehmer?

Unternehmer ist danach, wem das Ergebnis des Unternehmens unmittelbar zum Vor- oder Nachteil gereicht. Darunter fallen, wie es in § 121 Abs. 1 SGB VII ausdrücklich heißt, alle Betriebe, Einrichtungen oder Tätigkeiten. Dabei ist weder ein wirtschaftlicher Zweck noch ein Geschäftsbetrieb erforderlich.

Beispiel:
A beschäftigt in seiner Privatwohnung die Reinigungskraft R. Diese verunglückt, als sie beim Fensterputzen von der Leiter fällt, schwer. Die Krankenkasse der R schaltet die zuständige Berufsgenossenschaft ein, die anschließend Leistungen an R erbringt. A wiederum wird von der Berufsgenossenschaft aufgefordert, Beiträge an diese zu zahlen. A weist das von sich, da er ja kein »Unternehmer« sei.

Nach der Rechtsprechung des BSG[219] ist A im Unrecht. Er kann als Unternehmer im Sinne des Unfallversicherungsrechts betrachtet werden.

---

219 BSG vom 30.10.1962, BSGE 18, 93; BSG vom 11.12.1973, BSGE 37, 28

I. Gewerbliche Berufsgenossenschaften

Allgemein definiert die Rechtsprechung[220] ein Unternehmen damit, dass es

> planmäßig,
> auf eine bestimmte Dauer angelegt,
> auf eine bestimmte Vielzahl von Tätigkeiten gerichtet,
> einem Unternehmenszweck dient und
> mit einer gewissen Regelmäßigkeit ausgeübt wird.

Begriff des Unternehmens

Etwas problematisch ist die Frage der Zuständigkeit dann, wenn das Unternehmen Tätigkeiten ausübt, die nicht einheitlich einer Berufsgenossenschaft zugeordnet werden können. Dieses ist in der Praxis sehr häufig der Fall, denkt man nur daran, dass jedes produzierende Unternehmen auch über eine kaufmännische Verwaltung verfügt, in größeren Industriebetrieben oftmals eigene Speditionen und Hauswerkstätten vorgehalten werden oder in Krankenhäusern Großküchen mit einer Vielzahl von Beschäftigten vorhanden sind. Um Kompetenzüberschneidungen zu verhindern, ist trotzdem immer nur eine Berufsgenossenschaft zuständig, wobei hier der **Hauptunternehmenszweck** zugrunde gelegt wird. Ein wichtiges Indiz dafür kann z.B. sein, wo die größte Zahl von Arbeitnehmern beschäftigt ist. Wie oben angesprochen, ist einer der Vorteile der Aufteilung der gewerblichen Berufsgenossenschaften auf verschiedene Gewerbezweige eben der der ausgeprägten Kompetenz für diese Gewerbe. Bei Mischunternehmen wird der möglicherweise auftretende Mangel an Kompetenz bei zugeordneten Abteilungen, die nicht diesem Gewerbe angehören, durch die sehr enge Kooperation der Berufsgenossenschaften untereinander ausgeglichen.

Der Hauptunternehmenszweck

Auch bei **Zeitarbeitsunternehmen** trifft man auf diese Problematik. Hier gibt es sehr große Unternehmen, die ihre Mitarbeiter in viele verschiedene Sparten »vermieten«.

Zeitarbeitsunternehmen

---

220 BSG vom 25.2.1976, BSGE 41, 214

G. Träger der gesetzlichen Unfallversicherung

Zentral für alle Zeitarbeitsunternehmen ist jedoch die Verwaltungs-Berufsgenossenschaft zuständig[221].

Bei Zeitarbeitsunternehmen ist vor allem umstritten, welchen Gefahrklassen die Beiträge unterliegen, wenn Mitarbeiter in gefährlichen und in weniger gefährlichen Bereichen tätig sind. Eine differenzierte Betrachtung nach den entsprechenden Bereichen, an der sich die Beitragshöhe ausrichten müsste, lehnt die Rechtsprechung[222] ab: Die Berufsgenossenschaft kann durch ihre Vertreterversammlung einen einheitlichen Gefahrtarif (zum Begriff siehe unten S. 209 f.) festlegen, der keinen Nützlichkeits- oder Zweckmäßigkeitserwägungen durch die Gerichte unterliegt.

Entstehen der Mitgliedschaft

Die **Mitgliedschaft** eines Unternehmens in der zuständigen Berufsgenossenschaft **entsteht** nach § 136 Abs. 1 SGB VII **kraft Gesetz**. Das bedeutet vor allem für den betroffenen und damit versicherten Arbeitnehmer, dass sein Versicherungsschutz nicht davon abhängig ist, dass der Unternehmer um eine Mitgliedschaft nachgesucht hat oder gar bereits Beiträge geleistet hat. Es ist auch ohne Belang, ob es sich um einen Vollzeitarbeitnehmer, eine Teilzeitkraft oder Aushilfskräfte handelt.

Das Unternehmen beginnt bereits mit den vorbereitenden Arbeiten, d.h. dass z.B. schon Tätigkeiten anlässlich der Unternehmensgründung oder der Errichtung des Unternehmens versichert sind. Der Träger der Unfallversicherung stellt den Beginn seiner Zuständigkeit dem Unternehmer gegenüber durch einen schriftlichen Bescheid fest. Damit ist ein weitgehender Schutz der Arbeitnehmer gesichert.

Beispiel:
Rechtsanwalt R gründet eine eigene Kanzlei und stellt sofort eine Anwaltsgehilfin A und eine Auszubildende ein. Er kümmert sich nicht weiter um die »leidigen Personalangelegenheiten«, sondern konzentriert sich vollständig auf seine Mandate. Als sich die Angestellte A beim Hantieren mit einem mehrbändigen Gesetzeskommentar einen Sehnenanriss zuzieht, wird sie

---

221 BSG vom 21.8.1991, NZA 1992, 335
222 LSG München vom 19.11.1998, BB 1999, 2616

vom behandelnden Hausarzt – nach Schilderung des Unfallherganges – zum Durchgangsarzt überwiesen. Die vom Durchgangsarzt eingeschaltete Verwaltungs-BG übernimmt die Behandlungskosten und stellt R gegenüber gleichzeitig per Bescheid fest, dass dieser beitragspflichtiges Mitglied ist.

> **Praxistipp:**
>
> Gerade bei neu gegründeten Kleinunternehmen (»Existenzgründer«) besteht immer wieder eine gewisse Unsicherheit und Unkenntnis hinsichtlich derartiger Verpflichtungen. Die meisten Unternehmer sind nach dem deutschen Kammersystem aber Pflichtmitglieder in Kammern (Handwerkskammer, Rechtsanwaltskammer, Ärztekammer usw.), die diesbezüglich auch zur Beratung und Unterstützung verpflichtet sind.

Eine die Beitragspflicht auslösende Mitgliedschaft kann auch entstehen, wenn dafür eigentlich keine Rechtsgrundlage bestand, jedoch Leistungen erbracht worden sind.

Beispiel:
Ein in der Bundesrepublik Deutschland ansässiges Bauunternehmen warb in den 70er Jahren in Jugoslawien Arbeitnehmer an, die dann auf Baustellen in der DDR eingesetzt wurden. In dieser Zeit gingen Unternehmer und die Bau-Berufsgenossenschaft davon aus, dass diese Mitarbeiter unter dem Schutz der gesetzlichen Unfallversicherung standen, so dass Beiträge gezahlt und Leistungen für diverse Arbeitsunfälle erbracht wurden. Nachträglich stellte sich heraus, dass eine Mitgliedschaft des Unternehmens nach den Vorschriften des Unfallversicherungsrechts nicht vorlag.

Die zurückgeforderten Beiträge mussten jedoch nicht erstattet werden, da die Berufsgenossenschaft in dieser Zeit auch Leistungen erbracht hat, damit also eine Art »faktische Mitgliedschaft« entstanden war[223].

---

223 BSG vom 2.2.1999, NZS 1999, 507

II. Träger der »unechten« Unfallversicherung

Die Träger der »unechten« Unfallversicherung (zum Begriff siehe oben S. 7 f.) sind die Gemeindeunfallversicherungsverbände, Landes- und Feuerwehrunfallkassen und die zu Versicherungsträgern erklärten Gemeinden.

III. Weitere Träger der Unfallversicherung

Für die land- und forstwirtschaftlichen Berufe gibt es 21 Landwirtschaftliche Berufsgenossenschaften, die für insgesamt ca. 4,5 Mio. Personen in ca. 1,8 Mio. Betrieben Versicherungsschutz gewähren.

Daneben gibt es bereits seit 1887 die See-Berufsgenossenschaft, die den Schutz für die der Seefahrt dienenden Unternehmen übernimmt. Dazu gehören nicht nur die Seeschiffe als solche, sondern auch die entsprechenden Hafen- und andere Hilfsbetriebe.

IV. Reformansätze

Auf europäischer Ebene ist das bundesdeutsche Unfallversicherungssystem in seiner Form einmalig. Im Zuge der »Europäisierung« ganzer Rechtsbereiche liegt es auf der Hand, dass auch hier Reformdiskussionen angestoßen werden. Diese gehen bis zu der Forderung, das gesamte System zu privatisieren und auch private Versicherer als Konkurrenz zu den etablierten Berufsgenossenschaften zuzulassen.

V. Finanzierung

Einseitige Beitragsfinanzierung

Die gesetzliche Unfallversicherung finanziert sich durch die **Beiträge der Unternehmer.** Hier gilt die Besonderheit, dass die Unternehmer die Beiträge alleine erbringen, die Arbeitnehmer als Versicherte dagegen keine Beitragsverpflichtung trifft.

V. Finanzierung

An diesem Punkt setzt regelmäßig eine Diskussion ein, die – angeregt von einigen Unternehmensverbänden – dieses System als nicht mehr zeitgemäß ablehnt und eine Beteiligung der Arbeitnehmer am Beitragsaufkommen fordert[224]. Das ist jedoch schon aus systematischen Gründen abzulehnen: Die gesetzliche Unfallversicherung ist eine Unternehmenshaftpflicht-Versicherung.

Im Jahr 2000 wurden im Bereich der gewerblichen Berufsgenossenschaften insgesamt 8,64 Milliarden Euro an Beiträgen eingenommen. Bezogen auf die Lohnsumme, die diesen Beiträgen zugrunde gelegt wurde, liegt der durchschnittliche Beitragssatz im Jahr 2000 bei 1,31 % (im Vorjahr noch 1,33 %) mit insgesamt weiter sinkender Tendenz.

Höhe des Beitragsaufkommens

Im Gegensatz zur gesetzlichen Renten- und Krankenversicherung wird der Beitrag durch den Versicherungsträger nicht pauschal auf einen bestimmten Prozentsatz für alle Versicherten festgelegt, sondern für jeden Unternehmenszweig im einzelnen bestimmt. Dieser wird auch »Gefahrtarif« genannt.

Keine pauschalen Beitragssätze

Dieses recht komplizierte Verfahren nach § 153 Abs. 1 SGB VII legt zugrunde

Bestimmung der Beitragshöhe

➢ das Arbeitsentgelt der Versicherten in einem Unternehmen,
➢ die Gefahrklasse
➢ und eine Umlageziffer.

Damit wird sichergestellt, dass die Unternehmen **ihrem Risiko gerechte Beiträge** leisten, indem

Beitragshöhe entsprechend dem Risiko

➢ die wirtschaftliche Kraft des Unternehmens, dokumentiert durch die Arbeitsentgelte, und

---

224 FAZ vom 23.12.1998

G. Träger der gesetzlichen Unfallversicherung

> ➢ das mit dem Unternehmenszweck verbundene Risiko, dokumentiert durch eine aus Durchschnittszahlen der aufgetretenen Versicherungsfälle ermittelte Gefahrklasse,

ins Verhältnis gesetzt werden.

Selbstverständlich kann es auch hier, wie in anderen Zweigen des Sozialversicherungsrechts, zu Verzerrungen führen, wenn kleine Unternehmen mit hohen Arbeitsentgelten und geringer Unfallhäufigkeit unverhältnismäßig hohe Beiträge zu leisten haben. Aber auch hier ist auf den Solidaritätsgedanken zu verweisen, der dem gesamten Sozialversicherungsrecht zugrunde liegt, nach dem die Leistungsfähigeren mit ihren etwas höheren Beiträgen für die weniger Leistungsfähigeren aufkommen sollen.

Risikostrukturausgleich

Da auch im Bereich der gewerblichen Berufsgenossenschaften Versicherungsträger vorhanden sind, die aufgrund wirtschaftlicher Probleme der Mehrzahl ihrer Mitgliedsunternehmen ihre Leistungen nicht mehr unbedingt sichern können (so z.B. die Bergbau-BG oder die Binnenschifffahrts-BG), kann es auch hier, wie z.B. im Krankenversicherungsrecht, zum Ausgleich durch »wohlhabendere« Berufsgenossenschaften kommen. Hierbei spricht man von **Risikostrukturausgleichen**, die in den §§ 176 ff. SGB VII ausdrücklich geregelt sind. Im Rahmen dieser wirtschaftlichen Probleme einzelner Berufsgenossenschaften sind auch Fusionen vorgesehen.

H. Verfahrensfragen

Werden Leistungen erbracht, richtet sich das Verfahren der gesetzlichen Unfallversicherung nach

- ➢ den Vorschriften des SGB X (Verwaltungsverfahren) und
- ➢ dem Sozialgerichtsgesetz (SGG) für das Widerspruchs- und Klageverfahren.

Daneben gibt es auch im SGB VII selbst Verfahrensvorschriften, insbesondere zu den Anzeigepflichten des Unternehmers.

I. Anzeigepflichten

Man unterscheidet drei unterschiedliche Anzeigepflichten:

Ist der Verletzte bereits bei einem Arzt in Behandlung, so muss dieser bei dem Verdacht auf Vorliegen einer Berufskrankheit den zuständigen Unfallversicherungsträger nach § 202 SGB VII hierüber unterrichten. Hat der Arbeitnehmer den Verdacht, dass bestimmte Krankheitsbilder beruflich bedingt sind, so ist es selbstverständlich in seinem Interesse, den Hausarzt darüber zu informieren, dass ein entsprechender Zusammenhang mit der Berufstätigkeit bestehen könnte. Gerade Erkrankungen oder Verletzungen mit Spätfolgen, die zu einer Minderung der Erwerbstätigkeit führen können, sollten zeitnah festgestellt werden, um im Schadensfalle nicht in Beweisnot zu geraten.

Anzeigepflicht des behandelnden Arztes

Gemäß § 188 SGB VII können die Unfallversicherungsträger von den Krankenkassen Auskunft über die Behandlung, den Zustand sowie über Erkrankungen und frühere Erkrankungen des Versicherten verlangen, soweit dieses für die Feststellung des Versicherungsfalls erforderlich ist. Sie sollen dabei ihr Auskunftsverlangen auf solche Erkrankungen oder auf solche Bereiche von Erkrankungen beschränken, die mit dem Versicherungsfall in einem ursächlichen Zusammenhang stehen können. Der Versicherte kann vom Unfallversicherungsträger verlangen, über die von den Krankenkassen

Anzeige durch die Krankenkasse

H. Verfahrensfragen

übermittelten Daten unterrichtet zu werden. Nach § 4 Berufskrankheiten-Verordnung kann jedoch auch schon der Arzt der zuständigen Berufsgenossenschaft den Unfall melden (Muster siehe http://www.arbeitssicherheit.de).

Anzeigepflicht des Unternehmers

Nach § 193 SGB VII muss der Unternehmer der Berufsgenossenschaft jeden Unfall im Betrieb anzeigen, der ein Todesopfer gefordert hat oder zu einer vollständigen oder teilweisen Arbeitsunfähigkeit von mehr als drei Tagen geführt hat (Muster siehe http://www.arbeitssicherheit.de). Die Unfallanzeige des Unternehmers muss vom Betriebsrat gegengezeichnet werden, womit dieser allerdings lediglich die Kenntnisnahme, nicht dagegen die Richtigkeit der Angaben, bestätigt. Auch muss der Unternehmer eine mögliche Berufskrankheit anzeigen (Muster siehe http://www.arbeitssicherheit.de). Die seit dem 1.8.2002 gültige neue Unfallversicherungs-Anzeigeverordnung hat dieses Verfahren deutlich vereinfacht. Form und Inhalt der Anzeigen sind vereinheitlicht und für das gesamte Bundesgebiet verbindlich. Im Gegensatz zu den früheren Fragebogen werden nur noch die absolut notwendigen Angaben abgefragt, um den bürokratischen Aufwand in den Betrieben zu verringern und den Sozialdatenschutz zu stärken. Die neue Unfallversicherungs-Anzeigenverordnung lässt auch Meldewege durch Datenübertragung zu, soweit diese von Betrieben und Versicherungsträgern eingerichtet werden.

> **Praxistipp:**
>
> Eine im Gesetz nicht genannte »Anzeige« ist eigentlich auch eine Selbstverständlichkeit: Es ist meistens der Arbeitnehmer vor Ort, der Risiken und Gefahren für die Gesundheit erkennt. Er muss sich deswegen an den Sicherheitsbeauftragten, die Aufsichtsperson, den Betriebsrat oder den Unternehmer wenden und Abhilfe anmahnen und so dazu beitragen, Unfälle zu verhüten.

II. Antrags- und Rechtsmittelverfahren

Im unproblematischen Regelfall übernimmt der Träger der Unfallversicherung die Leistungen und alles geht seinen geordneten Gang. Was ist jedoch zu unternehmen, wenn es Probleme gibt?

1. Grundsätzliches

Sollte das Vorliegen eines Arbeitsunfalles von der Berufsgenossenschaft bestritten werden, empfiehlt es sich vor allem, Zeugen für den Unfallhergang oder nähere Umstände vorzumerken, falls diese erst später benötigt werden. Auch der Betriebsrat könnte befragt werden, wenn es darum geht, Unterstützung zu bekommen.

Es gibt Unternehmer, die ihren Arbeitnehmern von einer Unfallanzeige beim Hausarzt abraten, um möglichst wenige Unfälle anzeigen zu müssen. Dieses wird ab und zu auch durch kleine Zusatzleistungen »schmackhaft« gemacht (Unternehmer glauben, dadurch Beiträge einsparen zu können). Von einem solchen Verfahren ist dringend abzuraten, da zum Zeitpunkt des Arbeitsunfalls für den Versicherten eventuelle weitere Folgen nicht absehbar sind und er sich unter Umständen dadurch selbst einer geordneten sozialen Versorgung entzieht.

2. Das Verfahren vom Leistungsantrag bis zur Klage

Antrag auf Leistung

- wird gestellt bei der Berufsgenossenschaft als zuständigem Leistungsträger; üblicherweise unter Einhaltung bestimmter Formvorschriften (Formular)

Entscheidung des Versicherungsträgers (Verwaltungsakt)
- unterliegt Formvorschriften; muss eine Begründung und eine Rechtsbehelfsbelehrung enthalten

H. Verfahrensfragen

> **Widerspruch gegen diesen Verwaltungsakt**
> - schriftlich; an die Adresse, die in der Rechtsbehelfsbelehrung genannt wurde; üblicherweise innerhalb der Frist von einem Monat; Begründung nicht erforderlich, aber angeraten
>
> **Widerspruchsbescheid durch die Berufsgenossenschaft**
> - unterliegt Formvorschriften; muss eine Begründung und eine Rechtsbehelfsbelehrung enthalten
>
> **Klage zum Sozialgericht**
> - schriftlich; unterliegt keinen weiteren Formvorschriften; an das Sozialgericht, das in der Rechtsbehelfsbelehrung angegeben wurde; Begründung nicht erforderlich, aber anzuraten
>
> **Berufung, Revision**
> - sozialgerichtliche Rechtsmittel, nur wenn ausdrücklich zugelassen

3. Die Ablehnung der Leistungsübernahme

Anforderungen an den Verwaltungsakt

In der Regel wird die Nichtübernahme von Leistungen seitens der Berufsgenossenschaft dem Versicherten gegenüber durch einen Bescheid, der im Amtsdeutsch Verwaltungsakt heißt, festgestellt. Dieser Verwaltungsakt bedarf einer bestimmten Form (insbesondere Schriftform!). Er muss begründet und mit einer Rechtsbehelfsbelehrung versehen werden, d.h. aus dem Verwaltungsakt muss hervorgehen,

➢ warum die Leistung abgelehnt wurde und

➢ wohin man gegebenenfalls ein Rechtsmittel zu richten hat und welche Form und Frist zu wahren ist (= Rechtsbehelfsbelehrung).

Begründung bei Ermessensentscheidung

Eine Ermessensentscheidung lässt der Behörde in einem bestimmten gesetzlichen Spielraum die Möglichkeit, eine Entscheidung zu treffen. In der gesetzlichen Unfallversicherung kann die Frage, ob ein Arbeitsunfall vorliegt oder nicht (siehe dazu oben S. 73 ff.) durchaus eine Ermessensentscheidung sein. Vor allem dabei müssen aus der Begründung die Erwägungen, die der Entscheidung zugrunde lagen, deutlich werden. Ist das nicht der Fall, ist der Verwaltungsakt bereits aus formellen Gründen rechtswidrig. Das bedeutet jedoch nicht, dass damit der Verwaltungsakt »aus der Welt wäre«. Diese Rechtswidrigkeit muss ausdrücklich festgestellt werden.

Eine Ablehnung einer Leistung unter schlichter Bezugnahme lediglich auf höchstrichterliche Rechtsprechung ohne Wertung des Einzelfalles ist ein Ermessensfehler und macht den Verwaltungsakt rechtswidrig.

Beispiel:
A hat die Anerkennung eines Unfalles, der sich auf dem Heimweg von der Arbeit nach Hause ereignet hat, als er an der Tankstelle anhielt, um seinen Wagen aufzutanken, bei der Berufsgenossenschaft beantragt. In dem ihm nun vorliegenden Ablehnungsbescheid vom 21.5.2002 heißt es dazu: »Die Anerkennung als Wegeunfall ist ausgeschlossen, da Sie beim Tanken grundsätzlich unversichert sind (siehe Urteil des Bundessozialgerichts vom...).«

Dieser Bescheid ist schon unter rein formellen Aspekten als rechtswidrig anzusehen: Eine Ermessensabwägung ist nicht erkennbar, es wird sich nicht mit dem Tatbestand des Tankens auseinandergesetzt und eigene Argumentationen werden durch Bezugnahme auf Rechtsprechung ersetzt.

Bei schwirigen Sachverhalten, insbesondere bei Berufskrankheitenverfahren, empfiehlt sich bereits in diesem Verfahrensstadium die Hinzuziehung eines Rechtsanwaltes, möglichst eines Fachanwaltes für Sozialrecht. Fachanwälte für Sozialrecht finden sich im Telefonbuch oder über den Anwaltssuchservice. Anwälte in der Nähe des Versicherten werden auf Nachfrage auch von der Anwaltskammer beim jeweiligen Oberlandesgericht benannt. Diese Benennung ist nicht mit einer Empfehlung zu verwechseln. Die Kammer darf nämlich keine Anwälte empfehlen.

Grundsätzlich ist es jedoch nicht immer erforderlich, einen Anwalt einzuschalten, da es – mit Ausnahme des Verfahrens

| Kein Anwaltszwang in unteren Instanzen |

H. Verfahrensfragen

vor dem BSG (hier werden jedoch auch Verbandsvertreter, z.b. von der Gewerkschaft oder dem Arbeitgeberverband akzeptiert) – keinen Anwaltszwang gibt. Verfahren mit Anwaltszwang können nur betrieben werden, wenn ein vom Mandanten bevollmächtigter Anwalt Erklärungen abgibt.

4. Der Widerspruch

Rechtsbehelf gegen Ablehnung	Lehnt die Berufsgenossenschaft die Anerkennung eines Arbeitsunfalls oder einer Berufskrankheit ab, so kann gegen diesen Verwaltungsakt Widerspruch bei der Widerspruchsstelle der Berufsgenossenschaft eingelegt werden. Adressen, zu wahrende Formen und Fristen sind der Rechtsbehelfsbelehrung zu entnehmen. Wird die Frist von üblicherweise einem Monat versäumt, so ist der Bescheid bestandskräftig, d.h. er entfaltet dann seine volle Wirkung!
Frist bei fehlender Rechtsbehelfsbelehrung	Bei einer fehlenden Rechtsbehelfsbelehrung verlängert sich die Frist zur Einlegung des Widerspruchs (siehe dazu unten) von einem Monat auf ein Jahr. Formvorschriften sind nicht zu wahren, da sie ja nicht bekannt sind. Aus Beweisgründen sollte man jedoch immer ein Einschreiben mit Rückschein verwenden oder den Widerspruch – wenn möglich – persönlich abgeben. Ein Verwaltungsakt eines gesetzlichen Unfallversicherungsträgers, der ohne Rechtsbehelfsbelehrung zugestellt wird, sollte grundsätzlich mit einem Widerspruch angegriffen werden, um sich keinesfalls seiner Rechte zu begeben.
Keine Pflicht zur Begründung	Der Widerspruch muss nicht begründet werden; es genügt also, unter Bezugnahme auf den Bescheid der Berufsgenossenschaft Widerspruch bei der Widerspruchsstelle einzulegen, wobei nicht einmal das Wort »Widerspruch« verwendet werden muss. Es genügt, dass aus dem Schreiben hervorgeht, dass man mit der Entscheidung der Berufsgenossenschaft nicht einverstanden ist.

Natürlich empfiehlt es sich aber, den Widerspruch zu begründen. Ist man mit dem Träger der Unfallversicherung bezüglich der Wertung von Umständen, die einen Arbeitsunfall oder eine Berufskrankheit begründen können, nicht einer Meinung, so liegt es geradezu auf der Hand, seine Argumente auch geltend zu machen.

Beispiel:
A aus dem o.g. Beispiel kann in seinem Widerspruch schlicht schreiben:

»Gegen Ihren Bescheid vom 21.5.2002 lege ich hiermit Widerspruch ein.«

oder noch besser formulieren:

»Gegen Ihren Bescheid vom 21.5.2002 lege ich hiermit Widerspruch ein, den ich wie folgt begründe: Sie haben Ihr Ermessen nicht ordnungsgemäß ausgeübt, weil Sie eigene Argumentationen lediglich durch ein Urteil des Bundessozialgerichts ersetzt haben. Zudem haben Sie sich mit dem von mir geschilderten Unfallhergang nicht auseinandergesetzt, zumindest ist dieses Ihrem Bescheid nicht zu entnehmen.«

Aus diesem Beispiel wird auch deutlich, warum es für den Versicherten so wichtig ist, dass der Ursprungsbescheid der Berufsgenossenschaft ausführlich die Argumentation, die zur Ablehnung führte, enthält. Denn nur dann kann der Versicherte prüfen, ob die der Entscheidung zugrunde gelegten Umstände wirklich so gegeben waren und sich wirklich konstruktiv »wehren«. Es muss dem Versicherten möglich sein, alle der Entscheidung zugrunde liegenden Tatsachen, Zusammenhänge und Umstände zu erkennen. Diese sind die Grundlage der Leistungsbewilligung oder -ablehnung und damit im Falle einer Auseinandersetzung Gegenstand des Verfahrens.

Die Widerspruchsstelle prüft den Widerspruch, wobei sie auf die vorhandenen Unterlagen zugreift, jedoch auch neue Ermittlungen und Untersuchungen anstellen kann. Auch sie handelt nach freiem Ermessen, muss also vom Versicherten benannte Zeugen nicht anhören oder von diesem in Auftrag gegebene Gutachten nicht in die Entscheidung einbeziehen.

Anforderungen an den Widerspruchsbescheid

H. Verfahrensfragen

Wird aufgrund des Widerspruchs die Leistung bewilligt, ist das Verfahren damit beendet. Wird die Leistungsverweigerung aufrechterhalten, wird dem Versicherten ein Widerspruchsbescheid zugestellt (Postzustellurkunde). Für diesen gelten hinsichtlich Inhalt und Form die Anmerkungen zum Leistungsbescheid. Dieser muss also ebenfalls begründet und mit einer Rechtsbehelfsbelehrung versehen sein, aus der zu ersehen ist, innerhalb welcher Frist (regelmäßig ein Monat) zu welchem Sozialgericht Klage erhoben werden kann.

5. Die Klage zum Sozialgericht

Anhand der Rechtsbehelfsbelehrung im Widerspruchsbescheid kann nun festgestellt werden, innerhalb welcher Frist Klage bei welchem, örtlich zuständigen, Sozialgericht erhoben werden kann.

Der Widerspruchsbescheid ist eine Zulässigkeitsvoraussetzung für die Klage beim Sozialgericht. Selbst wenn es für diese Klagen wiederum keine ausdrücklichen Formvorschriften gibt, ist der Klage auf alle Fälle eine Kopie des Widerspruchsbescheides beizufügen. Fehlt diese, kann die Klage bereits unter formellen Aspekten abgewiesen werden.

Amtsermittlungsgrundsatz

Selbstverständlich kann das Sozialgericht den Sachverhalt ohne Aktenkenntnis nicht entscheiden. Deshalb liegt es im Interesse des Versicherten, dem Gericht von Anfang an so viele und geeignete Dokumente als möglich zur Verfügung zu stellen. Auch Zeugen sollte man sofort mit einer ladungsfähigen Adresse benennen. Die Klage vor dem Sozialgericht muss ebenfalls nicht begründet werden, da der so genannte Amtsermittlungsgrundsatz gilt.

II. Antrags- und Rechtsmittelverfahren

> **Praxistipp Amtsermittlungsgrundsatz:**
>
> Der Richter ist gesetzlich dazu verpflichtet, von sich aus alle relevanten Umstände zu ermitteln, die für oder gegen eine Leistungsgewährung sprechen können. Das bedeutet auch, dass der Richter die Verfahrensakten vom Versicherungsträger heranziehen muss. Umfang und Inhalt der Aufklärungspflicht richten sich nach dem jeweiligen Ermittlungsziel. Dabei ist das Gericht nur zu solchen Ermittlungen verpflichtet, die nach der Sachlage als geboten erscheinen oder die nach dem Vorbringen der Beteiligten geboten sein können[225].
>
> Das bedeutet für die Praxis, den Vortrag sehr genau und umfassend abzufassen und sich keineswegs darauf zu verlassen, dass das Gericht seiner Ermittlungspflicht schon nachkommen werde!

Um sich ein Bild über den Akteninhalt auch der Gegenseite zu machen, kann man als Kläger Akteneinsicht beantragen. Wenn man nicht anwaltlich vertreten ist, muss man diese bei Gericht selbst einsehen, der Anwalt kann sie in seine Kanzlei übersenden lassen.

> **Praxistipp:**
>
> Auch hier gilt: Grundsätzlich genügt es, an das Gericht zu schreiben:
>
> »Ich erhebe hiermit Klage gegen den anliegenden Widerspruchsbescheid.« und diesen einfach anzufügen.
>
> Besser wird es aber sein, dem Gericht auch ausführlich zu begründen, warum man meint, man habe einen Anspruch und – wenn ein solcher vorhanden ist – auch schon die entsprechenden Beweismittel zu benennen und gegebenenfalls beizufügen.

---

[225] BSG vom 16.10.1991, Az.: 11 RAr 137/90

H. Verfahrensfragen

> Ist Klage erhoben, sollte man nicht allzu oft beim Gericht anrufen und nach dem Verfahrensstand fragen, da die Richter der Sozialgerichtsbarkeit hochgradig überlastet sind und auf derartige Anfragen sehr unwillig reagieren. Das Verfahren liegt nach Klageerhebung in der Hand des Gerichts und wird von diesem auch gesteuert.

Kosten des Klageverfahrens

Das gesamte Verfahren in der Sozialgerichtsbarkeit ist kostenlos. Auch die Anwaltsgebühren sind begrenzt, so dass sich das Kostenrisiko eines solchen Verfahrens in Grenzen hält. Rechtsschutzversicherungen übernehmen bei Standardpolicen Gebühren für solche Verfahren nicht, es können jedoch entsprechende Risiken abgesichert werden. Es gibt Anwälte, die bei derartigen Verfahren »Honorarvereinbarungen« abschließen wollen, die in der Regel über den in der Gebührenordnung festgelegten Sätzen liegen. Darauf muss man sich jedoch nicht einlassen, gegebenenfalls sollte man einen anderen Anwalt einschalten. Bei Berufskrankheitenverfahren ist jedoch zu bedenken, dass unter Umständen aufwändige und teure Gutachten einzuholen sind. Die Kosten für diese Gutachten können gegebenenfalls zu Lasten des Sozialleistungsberechtigten gehen. Über die Risiken klärt jedoch der Anwalt auf.

Auch den Zeitfaktor solcher Verfahren sollte man nicht außer Acht lassen. Bereits das Verfahren für die Anerkennung einer Berufskrankheit bei der Berufsgenossenschaft kann sich über längere Zeit hinziehen. Das Widerspruchsverfahren nimmt in der Regel nochmals mindestens 4 bis 5 Monate in Anspruch. Verfahrenszeiten vor den Sozialgerichten hängen von der Belastung der Gerichte ab, sind aber in erster Instanz mit mindestens einem Jahr anzusetzen.

Der Richter wird versuchen, sich im Rahmen der Amtsermittlung selbst ein komplexes Bild des Geschehens zu machen und wird dazu – wenn notwendig – auch einen Termin zur mündlichen Verhandlung ansetzen. Fordert das Gericht weitere Unterlagen an, sollte man diese innerhalb der gesetzten Fristen übersenden. Ist die Klage vollkommen aussichtslos, wird gegebenenfalls das Gericht schon frühzeitig darauf hinweisen und die Rücknahme der Klage nahe legen. Ob man diesem Hinweis folgt, ist der eigenen Entscheidung vorbehalten – hält man die Klage aufrecht, muss man in einem solchen Fall aber mit einer Klageabweisung rechnen.

Entschließt man sich zu einer Klage vor dem Sozialgericht, so ist spätestens jetzt die Inanspruchnahme rechtlicher Hilfe geboten. Ein Fachanwalt für Sozialrecht, aber auch gewerkschaftlicher Rechtsschutz (selbstverständlich nur bei Mitgliedschaft in einer Gewerkschaft) sind zwar keine Garanten für einen Erfolg, stellen aber sicher, dass zumindest keine Verfahrensfehler gemacht werden und können aufgrund ihrer Erfahrungen und ihrer Fachkenntnisse dem Versicherten helfen, gegen den »übermächtigen« Sozialversicherungsträger zu bestehen.

6. Rechtsmittel

Gegen Urteile der Sozialgerichte ist die Berufung zum Landessozialgericht (LSG) möglich. Hier wird das gesamte Verfahren gegebenenfalls nochmals aufgerollt, unter Umständen gar neue Gutachten eingeholt. In diesem Fall kann sich das Verfahren nochmals um ca. ein Jahr verlängern. Gegen die Entscheidung des LSG kann Revision zum BSG eingelegt werden, wenn diese von dem entscheidenden LSG zugelassen worden ist (z.B. weil das Verfahren grundsätzliche Bedeutung hat). Hierfür muss erneut mindestens ein Zeitraum von 6 Monaten eingeplant werden.

Stichwortverzeichnis

Abfindung
   Anrechnung 189
   Erwerbsfähigkeitsminderung 189
   kleine Dauerrente 187
   Rentenleistung 187
   Rentenminderung 190
   vorläufige Rente 187
   Wiederverheiratung 189
AIDS 136
Alkohol 91
   als Unfallursache 95
   Prävention 69
   Trunkenheit am Arbeitsplatz 94
Alltägliche Belastung 106
Amtsermittlungsgrundsatz 218
Angestellte, leitende 167
Angst, ~zustände 142, 143
Anordnung
   Bußgeld bei Nichtbefolgung 47
   für den Einzelfall 47
   sofort vollziehbar 47
Anwaltszwang 215
Anzeigepflicht
   Arzt 211
   Hausarzt 156
   Krankenkasse 211
   Unternehmer 212
Arbeitgeber
   alleiniger Beitragszahler 7
   Gesundheitsschutzverpflichtung 42
Arbeitnehmer
   Haftung 99
   Heimarbeiter 20
   ins Ausland entsendet 15
   Leiharbeitnehmer 15
   Scheinselbständige 12, 14, 20
   Telearbeit 20
Arbeitsbeschaffungsmaßnahme 18
Arbeitsgerät
   Begriff 108
   Unfall 107

Arbeitsplatz
   Informationsflut 53
   Rauchen, Nichtraucherschutz 43
   Spielerei 98
Arbeitsschutz 37
   Aufgaben 38
   Begriff 37
   gesetzliche Grundlagen 38
   Zuständigkeit 44
Arbeitsschutzausschuss 198
Arbeitsschutzvorschriften
   Bußgeld bei Verstoß 44
   Durchsetzung 44
   Überwachung 44
Arbeitssicherheit
   Fachkraft für ~ 50
Arbeitsunfähigkeit 166
   Begriff 169
   Bescheinigung 166
   gleichgeartete Tätigkeit 169
   Verletztengeld 170
   Verweisung auf andere Tätigkeit 170
Arbeitsunfall
   Antragsverfahren 213
   Anzeigepflicht 212
   Arzt 155
   Begriff 73
   echter/unechter Körperschaden 102
   Gelegenheitsursache 104
   Gesetzestext 73
   Gesundheitsschaden als Folge 102
   im Ausland 15
   mit Arbeitsgerät 107
   Mitwirkungspflichten 162
   Prüfung 73
   Statistik 3
   Stolpern 57
   Unfall (Begriff) 75
   Ursächlichkeit 72
   versicherte Tätigkeit 76
   Versicherungsfall 71
   vorgetäuschter 107

Stichwortverzeichnis

Arbeitsverhältnis
   Indizien für das Vorliegen 12
Arbeitsvertrag 12
Arzneimittel
   am Arbeitsplatz 96
   Prävention 69
   Versorgung 158
Arzt
   Abrechnung 148, 154, 162
   Anzeigepflicht 156, 211
   Schweigepflicht, Befreiung 147
   bei Arbeitsunfall 155
   Betriebsarzt 51, 155
   bg'licher Gutachter 148
   Durchgangsarzt 155
   Hausarzt 156
   Heilbehandlung 154
   Information der Krankenkasse 156
   Kassenarzt 154
Asbest 138
Asbestose 132, 137, 140, 141
Aufsichtspersonen 46
Ausbildung
   Kostenübernahme 54
Aushilfen 11
Auszubildende 15
aut-idem-Regelung 158

Bandscheibenschäden 135
Bau, Selbsthilfe 30
Beauftragte 45
   Sicherheitsbeauftragte 41
Behandlung, stationäre 161
Behandlungskosten 101
Beihilfe
   Härtefall 186
   laufende 186
   Witwen~ und Waisen~ 186
Beitragsbemessungsgrenze 171
Belegschaftsbefragung 58
Berufsgenossenschaft
   Arten 203
   Aufsichtsperson 46
   Fachklinik 156
   Gliederung 202

   Lehrgänge 54
   Mitgliedschaft kraft Gesetz 206
   Rechtsform 201
   Risikostrukturausgleich 210
   Selbstverwaltung 202
   Technische Aufsichtsbeamte 46
   Zuständigkeit 204
Berufshilfemaßnahme 168
Berufskrankheit 123
   ~en-Verordnung 126, 128
   AIDS 136
   Anerkennung 127
   Anerkennung verweigert 148
   Anerkennungsverfahren 146
   Angst 142
   Asbestose 137
   Atemwegserkrankung 132, 137
   Bauchfellerkrankung 132, 137
   Beginn 145
   Begriff 128
   Bossing 143
   Burnout-Syndrom 144
   chemische Einwirkungen 128, 134
   Feststellungsverfahren 148
   gesetzliche Regelung 123
   Hauterkrankungen 130, 134, 139, 140
   Infektionskrankheit 132, 136, 141
   Katalog 128
   Katalogkrankheiten 127
   Leistungsbescheid 148
   Lungenerkrankung 132, 137
   Lungenkrebs 139
   Mitwirkung des Arbeitnehmers 147
   Mobbing 143
   physikalische Einwirkungen 130, 135
   psychische Belastungen 142
   psychische Störungen 144
   Quarzstaublunge 139
   Quasiberufskrankheit 141
   Rippenfellerkrankung 132
   Rückenfellerkrankung 137
   Tropenkrankheit 132, 136
   Tropenkrankheiten 140

Stichwortverzeichnis

Ursachenzusammenhang 141
Verätzung 135
Wechsel der Tätigkeit 146
Zuständigkeit 145
Berufskrankheiten
  Anerkennungsquote 3
  Statistik 3
Berufskrankheiten-Verordnung
  Bandscheibenschädigungen 135
Berufsunfähigkeitsversicherung 8
Beschäftigte 12
  Arbeitsbeschaffungsmaßnahmen 18
  Begriff 12
  Familienmitglieder 17
  geringfügig 16
Beschäftigungsverhältnis 13
Betriebliche Sozialveranstaltung 90
Betriebsanweisungen 65
Betriebsarzt 51
  Aufgaben 51
  Auslagerung der Aufgaben 52
  erforderliche Fachkunde 51
  Krankmeldung 51
  Überweisung an Durchgangsarzt 155
Betriebsausflug 90
  Incentivreise 92
Betriebsfest 90
  Alkohol 91
Betriebsrat 191
  Arbeitgeberpflichten 197
  Arbeitsschutzausschuss 198
  Aufgaben 192, 194, 198
  Belegschaftsbefragungen 195
  Informationspflicht 192
  Mitbestimmung 194
  Mitwirkung 194
  Prävention 191
  Umweltschutz 197
  Unfalldokumentation 192
  Zusammenarbeit 193
  Zusammenarbeit Fachkräften 198
Betriebssicherheitsverordnung 40
Betriebssport 93
Betriebsversammlung 89
Betriebszweck 99
Bildungsmaßnahme, betriebliche 16

Bossing 102, 143
Branchenzugehörigkeit 20
Brille, Ersatz 103, 157
Burnout-Syndrom 144
Bußgeld 44, 47

Chemische Einwirkungen 128

Dienstreisen 81, 82, 83
Dokumentationspflicht 58
  Kleinbetriebe 58
Drogenmissbrauch
  Prävention 69
Druckschädigung der Nerven 136
Durchgangsarzt 155
  Überweisung an ~ 155

eigenwirtschaftliche Tätigkeit 78
Einwirkungen
  chemische 128, 134
  physikalische 135
Elternrente 182
E-Mail als Stressfaktor 53
Entgeltfortzahlung 166, 168
Erlaubnis, gewerberechtliche
  Entzug 44
Ermessensentscheidung 214
Ersatzvornahme 47
Erste Hilfe 41, 61, 151
EU-Richtlinien 38

Fachklinik, bg'liche 156
Fachkraft für Arbeitssicherheit 50
  Aufgaben 50
  Ausbildung 51
  Auslagerung der Aufgaben 52
  Beobachtung 51
  Beratung 50
  Fortbildung 50
  Freistellung 50
  Überprüfung 50
Fahrlässigkeit 96, 100, 101
  grobe 99
Familienunternehmen 17
Familienwohnung, abweichende
  unübliche Abweichung 123

225

Stichwortverzeichnis

Ferienwohnung 93
Feuerwehrunfallkasse 201
Fortbildung 45
Freiberufler 11
Freie Mitarbeiter 13
Gefahr
  erhebliche, gegenwärtige 26
  selbstgeschaffene 96
Gefährdungsbeurteilung 55
  Arten 56
  Dokumentationspflicht 58
  Durchführung 55
  Schema 56
Gefahrklasse 209
Gefahrstoffe 63
  Büro 64
Gefahrtarif 209
Gelegenheitsursache 104
  Kriterien 105
  nichtalltägliche Belastung 106
Gemeindeunfallkasse 8
Gemeindeunfallversicherungsverband 201
Gemeine Gefahr 26
Gemeine Not 26
gesetzliche Unfallversicherung
  Finanzierung 208
Gesundheitsschaden 103, 104
  Begriff 104
  Unfallfolge 102

Haftungsbeschränkung 99
Hausarzt 155
  Anzeigepflicht 156
  Überweisung an Durchgangsarzt 155
Haushaltshilfe 165
Heilbehandlung 152, 153
  Ermessensentscheidung 153
  Umfang 154
  Ziel 153
Heilmittel 158
Heimarbeit 18
  Gewerbeaufsicht 19

mitarbeitende Ehegatten 20
Telearbeit 20
Hepatitis 136
Hilfeleistung 26
Hilflosigkeit 159
Hilfsbedürftigkeit 160
Hilfsmittel 157, 158, 159
  orthopädische 159
Hinterbliebenenrente 181
  Elternrente 182
  frühere Ehefrau 182
  Versorgungsehe 182
  Voraussetzungen 182
  Waisenrente 185
  Wiederaufleben 183
  Zahlungsdauer 183
HIV-Infektion 136
Hörgerät, Ersatz 103

Incentivreise 81, 92
Infektionskrankheit 136
  Begriff 136

Kausalitätsverhältnis 72
Kennzeichnung
  gefährliche Stoffe 65
  Symbole 65
Kfz-Hilfe 159, 165
Kinder
  Kindergärten 22
  Kinderhort 22
  Tageseinrichtungen 22
  Waisenrente 185
Klage 213, 218
  Amtsermittlungsgrundsatz 218
  Anwaltsgebühren 220
  Kosten 220
  Rechtsmittel 221
Klassenfahrt 22
Kleinbetrieb
  Checkliste Prävention 66
  Dokumentationspflicht 58
Kollegen
  ~streit 101
  Fehlverhalten 99

Stichwortverzeichnis

Schädigung durch ~ 98
Körperersatzstücke 157, 159
Körperschaden
   echter 102
   unechter 102, 157
Krankengeld 167
Krankenkasse
   Anzeigepflicht 211
Krankenpflege, häusliche 159
Kündigung, fristlose 44
   vorgetäuschter Arbeitsunfall 107

Landesunfallkasse 201
laufende Beihilfe 186
Leichtfertiges Verhalten 96
Leiharbeitnehmer 15
Leistungsantrag 213
Leistungsübernahme
   Ablehnung 214

Medikamente
   am Arbeitsplatz 96
   Prävention 69
Minderung der Erwerbsfähigkeit 176
   Beispiele 180
   Maß der Einschränkung 177
   mehrere Minderungen 179
   Stufen 178
   Teilrente 179
   Verweisbarkeit 176
Mitwirkungspflichten 162
   Grenzen 163
   Umfang 162
Mobbing 102, 143

Nachweisgesetz 12
Nichtraucherschutz 43
Nichtselbständigkeit 13
Nothelfer 7
Nutzungsausfall 100

Personalkauf 92
Personalrat 191
   Prävention 191
Pflege
   durch Haushaltsangehörige 160

gewerbsmäßige 31
Pflegebedürftigkeit 160, 161
Pflegeleistungen 161
Pflegeperson 30
Verrichtungskatalog 161
Prävention 3, 4, 37, 151
   Arbeitsplatzveränderung 59
   Bedeutung 37
   Begriff 37
   Drogenmissbrauch 69
   gesetzliche Grundlagen 38
   Kleinbetrieb 65
   Mittel 53
   Präventionsmittel 58
   Suchtmittel 69, 96
   Telearbeit 67
   Wegeunfall 62
   Zuständigkeit 44
privatärztliche Leistungen 154
Psychoterror 102

Quasiberufskrankheit 141

Rauschgift 96
Rechtsmittelverfahren 213
Rehabilitation 152, 153
   berufsfördernde 164
   Kfz-Hilfe 165
   Leistungen 164, 165, 166, 167
   Mitwirkungspflichten 162
   soziale 164, 165
Reisekostenersatz 165
Rente
   Abfindung 187
   Elternrente 182
   Hinterbliebenen~ 35, 181
   kleine Dauer~ 187
   Schwerverletztenzulage 175
   Verletzten~ 175
   Voll- und Teilrente 175
   vorläufige ~, Abfindung 187
   Waisen~ 185
   Wiederaufleben 189
   wiederauflebende 190
   Wiederverheiratung 189
   Witwen~ 185

Stichwortverzeichnis

Rentenzahlung, Dauer 175
Rettung 26

Sachleistungsprinzip 155
Schaden
  Gesundheits~ 103
  Verschlimmerungs~ 103
Schadensersatz 44, 99, 100, 157
Scheinselbständigkeit 12, 14
Schmerzensgeld 100, 101
Schüler
  Klassenfahrt 22
  Nachhilfeunterricht 22
Schulung
  Gegenstand 55
  interne 55
Schweigepflicht 48, 147
SGB VII 2
Sicherheitsbeauftragte 41, 48
  Anzahl 48
  Aufgaben 49
  Bestellung 48
  Kündigungsschutz 50
  Mitglied des Unternehmens 49
  Mitwirkung Betriebsrat 48
  Nachteilsausgleich 50
  Schwarzes Brett 49
  Weisungsbefugnis 49
Silikose 137, 140
Sozialgesetzbuch
  Aufbau 6
Sozialversicherung
  Prinzipien 1
Sozialversicherung, gesetzliche 5
Sterbegeld 181
Straftat
  Verdacht 27
Streik 89
Stress 53
Suchtmittel 96
  Prävention 69
Tarifverträge, Arbeitszeitregelung 42
Tätigkeit
  betriebliche 99
  im Unternehmensinteresse 83

versicherte (Begriff) 76
Vorliegen 13
Tätigkeit, eigenwirtschaftliche 78
Versicherungsschutz 79
Tätigkeit, gemischte 81
Tätigkeit, versicherte 77
  Begriff 76
  eigenwirtschaftliche Tätigkeit 78
  Einzelfälle 85
  Fallgruppen 85
  innerer Zusammenhang 80
  Orte 77
  Unterbrechung 80
  Zweckrichtung 77
Tätlichkeit 98
Technische Aufsichtsbeamte 46
Telearbeit 20
  Beweisprobleme 84
  Checkliste 68
  Kriterien 20
  Prävention 67
  Scheinselbständigkeit 20
  soziale Vereinsamung 68
  versicherte Tätigkeit 84
Telearbeitsplatz
  Abgrenzungsprobleme 84
Tropenkrankheit 136
  Begriff 137

Überbetriebliche Dienste 52
  Anschlusszwang 52
  Mitbestimmung des Betriebsrates 52
Übergangsgeld 168, 173
  Berechnung 173
  kürzere Gewährung 174
  längere Gewährung 174
  Maßnahme der Berufshilfe 174
  Voraussetzungen 173
Umschulung 164
Unfall 73
  Arbeitsgerät 107
  Begriff 75
  tödlich 4
Unfallfürsorgevorschriften
  beamtenrechtliche 36

Stichwortverzeichnis

Unfallklinik, bg'liche 156
Unfallverhütung 151
Unfallverhütungsvorschriften 4, 5, 40
Unfallversicherung
    Aufgaben 4
    Bedeutung 4
    echte 201
        Träger 201
    Gemeindeunfallkasse 8
    gesetzliche 8
        Träger 201
    Leistungen 151
    private 8
    unechte 201
        Träger 201
Unglücksfall 26
Unternehmen
    Begriff 205
Unternehmensstätte 33
Unternehmer
    ausländische 42
    Begriff 32, 204
    Ehepartner 32
Unternehmerhaftpflichtversicherung 1

Verbandsmittel 158
Vergewaltigung 101
Verletztengeld 153, 166, 167, 168
    Anrechnung anderer Einkünfte 174
    Arbeitslose 172
    Beitragsbemessungsgrenze 171
    Höchstjahresverdienstgrenzen 172
    Höhe 170
    Leistungsbeginn 166
    Leistungsende 168
    Pauschale Berechnung 173
    Ruhen 168
    Überschreiten der
        Beitragsbemessungsgrenze 172
    unbillige Härte 173
Verletztenrente 175
    Arten 175
    Berechnung des
        Jahresarbeitsverdienstes 175
    Erhöhung 176
    Minderung 175

Minderung der Erwerbsfähigkeit 176
Schwerverletztenzulage 175
Teilrente 175
Verweisbarkeit 176
Vollrente 175
Voraussetzungen 175, 176
Zweck 175
Verschlimmerungsschaden 103
Versicherte
    freiwillig 34
        Beitrag 34
        Beitrittsantrag 35
        Mitgliedschaftsende 35
    kraft Gesetz 11
    kraft Satzung 32
    Personenkreis 11
Versicherung
    Berufsunfähigkeits~ 8
    Gemeindeunfallkasse 8
    gesetzliche Sozialversicherung 5
    gesetzliche Unfall~ 1
    private Absicherung 8
    Sozial~ 1
    Träger der Sozialversicherung 1
    Unternehmerhaftpflicht~ 1
    Zahl der Versicherungsfälle 3
Versicherungsfall 71
    Grundprinzip 71
    Grundvoraussetzungen 71
Versicherungsschutz
    Alkohol am Arbeitsplatz 94, 96
    Arbeitsuche 85
    Bedeutung persönliche Motive 97
    bei leichtfertigem Verhalten 96
    Besorgung, private 86
    Besucher 33
    Betriebsausflug 90, 92
    Betriebsfest 90
    Betriebsratstätigkeit 89
    Betriebssport 93
    Betriebsversammlung 89
    eigenwirtschaftliche Tätigkeit 78
    Einkauf, privater 86
    Einzelfälle 85
    Essen und Trinken 86

Stichwortverzeichnis

Fahrlässigkeit 99
Ferienwohnung 93
Fortbildungsveranstaltung für
  Betriebs- und Personalräte 89
Getränkekauf 95
Gewerkschaftsbesuch 89
Körperpflege 87
Leistungskatalog 152
Medikamente am Arbeitsplatz 96
Ort der Tätigkeit 77
Personalkauf 92
Personalratstätigkeit 89
Schädigung durch Kollegen 98
Spaziergang 88
Spielerei am Arbeitsplatz 98
Streik und Aussperrung 89
Tätigkeit 77
Trunkenheit am Arbeitsplatz 94, 98
Umziehen 87
Vorsatz 99
Wettrennen 98
Zweck der Tätigkeit 77
Versorgungsehe 182
  Voraussetzungen 182
Verwaltungsakt 214
  Ermessensentscheidung 215
Vorsorge, private 8

Waisenbeihilfe 186
Waisenrente
  Höhe 185
Weg, versicherter 100
Wegeunfall 108
  Abweg 120
  Abweichen vom Weg 116
  abweichende Familienwohnung 122
  Abweichung vom Weg 110, 112, 117, 120
  Beginn des Weges 114
  Checkliste Prävention 62
  Dokumentation 62
  eigenwirtschaftliche Tätigkeit 111, 114
  Einkauf 86
  Ende des Weges 115

Fahrgemeinschaft 121
Fahrzeugreparatur 112
Fortbewegung (Begriff) 111
In Obhut bringen von
  Kindern 120
irrtümliche Umwege 117
kürzester Weg 111
Panne 111
Schneeräumen 111
selbstgeschaffene Gefahr 114
Statistik 109
Straßenverkehrsordnung 113
Tanken 111
Toilettenbesuch 111
Umkehren 116
Umweg 110, 111, 112, 116
unmittelbarer Weg 110
Unterbrechung 117, 118
Verkehrsmittel 111
Verletzung von Rechtsvorschriften 113
Versicherungsfall 71
Warten an der Haltestelle 111
Weg (Begriff) 110
Zweck des Weges 116
Wegeunfälle
  Statistik 3
Widerspruch 148, 213, 216
  Begründung 216
  fehlende Rechtsbehelfsbelehrung 216
  Form 216
  Frist 216
Widerspruchsbescheid 214, 217
Widerspruchsverfahren
  Dauer 220
Wiedereingliederung 153
Witwen-/Witwerbeihilfe 186
Witwen-/Witwerrente 183
  aktueller Rentenwert 184
  Einkommensanrechnung 184
  Rentenhöhe 185
Wohnungshilfe 165

Zeitarbeitsunternehmen 205